JN416381

Walking in the dust of Rabbi Jesus

# 랍비 예수

***Walking in the Dust of Rabbi Jesus***

1세기 유대인 제자들과 함께 예수의 생생한 말씀을 듣다

Walking in the dust of Rabbi Jesus

# 랍비 예수

로이스 티어베르그 지음 | 손현선 옮김

국제제자훈련원

멋진 해버롯*haverot*, 공부 친구이자 신실한 벗인

셜리, 캐서린, 힐러리… 매력적인 여인들에게

이 책을 바칩니다

| 차례 |

## 3부/ 랍비 예수와 함께 공부하는 성경

티어베르그는 예수가 유대인이라는 점과 그분이 사셨던 유대적 배경을 진지하게 고려하는 데에서 출발합니다. 저자는 독자에게 랍비 예수를 따라 유대 흙길을 함께 걸으면서 유대인의 관점에서 그분의 가르침과 행하심을 귀담아듣고 두 눈으로 보라고 권합니다. 예수가 유대인 랍비였다는 사실을 제대로 안다면 피상적이었던 우리의 성경 이해가 완전히 새로워진다고 강조하면서 《랍비 예수》를 통해 이 부분을 충분히 증명합니다.

고고학과 유대 문헌 연구, 흥미 있는 예화들과 가독성 높은 글쓰기를 통해 세상에 나온 이 책은 감칠맛 나는 음식과 같아 한번 읽기 시작하면 끝까지 놓을 수 없습니다. 학문적이면서도 그리스도인의 신앙 형성에 실제적인 도움이 되는 책입니다. 뒤에는 스터디 가이드가 함께 있어 소그룹으로 모여 공부하기에도 좋습니다. 이 책을 꼭꼭 씹어 읽는다면 예수를 더 잘 이해하고 잘 따르게 되리라 확신합니다.

- **류호준** _ 백석대학교 신학대학원 구약학 교수

이 책은 예수의 랍비적 성격과 그의 가르침을 둘러싼 유대적 배경에 주목하면서, 여러 방식으로 가해진 덧칠을 벗겨 내고 생생한 예수님의 모습을 되살리고 있다. 본문 해석에 관한 저자의 통찰과 적절한 예시를 통해 우리는 말씀 공부와 신앙생활에 대해 자기를 돌아보고 신선한 적용점을 얻는다. 저자의 흡인력 있는 스토리텔링 서술방식으로 드러나는 말씀의 능력에도 새삼 놀라게 될 것이다. 예수와 그분의 말씀을 새롭게 만나기 원하는 개인과 소그룹에게, 그리고 예수의 발자취를 따라 제자의 길을 가려는 모든 이들에게 필독서로 권한다.

**- 성주진** _ 합동신학대학원대학교 구약학 교수

로이스 티어베르그는 학계의 출중한 길잡이다. 덕분에 우리는 예수께서 살아가셨던 유대적 정황에 깊이 몰입하여, 그분의 말씀을 깊이 이해하고 하나님을 온전하고 풍성하게 사랑할 수 있게 된다. 이 책을 읽으면 당신의 생각과 마음과 삶이 달라질 것이다!

**- 마르바 던** _ 신학자, 강사, 《안식》, 《고귀한 시간 낭비, 예배》 저자

이 책은 진지하게 성경을 공부하는 학생을 위해 로이스가 쏘아 올린 한 방의 조명탄이다. 저자의 능숙한 안내를 따라가다 보면 최고의 스승인 예수의 말씀을 원래의 유대 배경 안에서 제대로 이해하고 적용할 수 있을 것이다. 잔치는 이제부터다.

**- 마빈 윌슨** _ 고든대학 성경신학 연구교수

저자는 1세기 이스라엘과 지중해 세계의 언어와 문화에 관한 최근의 학문적 성과를 바탕으로 독자들과 만난다. 이 책에는 당신의 삶에 당장 적용할 수 있는 실제적이면서도 위대한 지혜가 가득하다. 《랍비 예수》는 예수의 제자라면 누구나 읽어야 하는 책이다.

- **데이비드 비빈** _ 〈예루살렘 퍼스펙티브〉*Jerusalem Perspective* 작가 겸 편집자

이 책에서 저자는 과학자(그녀는 실제로 과학자다!)의 훈련된 사고와 예수의 참 제자(그녀는 실제로 제자다!)의 열정을 결합하여 예수의 삶과 증거를 조망할 소중한 창窓을 제공한다. 난 로이스가 다룬 주제에 관해 집필하거나 강의할 기회가 생기면 꼭 그녀에게 자문한다. 《랍비 예수》는 예수를 사랑하고 그분이 오시길 사모하는 사람들이라면 꼭 읽어야 하는 필독서다.

- **티모시 브라운** _ 웨스턴 신학교 총장

로이스 티어베르그의 유대 배경 연구는 예수님의 가르침에 기상천외하고 영감으로 충만한 빛을 비춘다. 많은 그리스도인이 이 책에서 자극을 받아 우리의 위대한 랍비 예수의 마음을 더 닮아가기를 바란다.

- **버지니아 레이미 몰렌콧** _ 《감각적 영성》*Sensuous Spirituality* 저자

| 서문 |

# 성경이 입체적으로 보이기 시작한다!

나는 작가, 성경 교사, 답사 여행 인솔자로 살아가면서 아브라함, 룻, 다윗 그리고 예수께서 사셨던 땅을 찾은 수천 명의 제자와 동행하는 특권을 누려왔다. 이들이 여기 와서, 성경 이야기가 실제 시공간을 바탕으로 일어난 사실임을 서서히 깨달아가는 과정을 지켜보는 것은 참 즐거운 일이다. 이 땅과 민족 그리고 성경 문화에 관해 더 배워가면서, 그들은 하나님이 구속 계획을 이루시기 위해 선택하신 맥락을 아는 것이 믿는 자로서 말씀을 삶에 적용하는 데 도움이 된다는 걸 발견한다. 여행 후 많은 이들이 내게 말한다. "이젠 성경이 완전히 새롭게 읽혀요."

많은 이들이 더욱 깊어진 믿음을 안고 이스라엘, 터키, 그리스를 떠나 고국으로 돌아갔지만, 그들의 허기도 한층 더한 상태였다. 순례자가 되어 예수께서 거니셨던 땅을 걸어보았던 데서 오는 설렘은 하나님의 말씀을 더 깊이 이해하고 싶은 목마름으로 커갔다. 이스라엘의 무덥고 건조한 기후에 생각나는 생수 한 병만큼이나 절실한 목마름이었다.

그런 경험이 뜻하는 바를 나도 잘 안다. 나 역시 같은 여정을 통과했기 때문이다. 나는 성경을 많이 읽는 기독교 가정에서 성장했으며 대학까지 계속 기독교 학교에 다녔고, 유수한 신학교에서 학위도 받았다. 그분의 삶을 묘사한 여러 이야기에 전부터 익숙했고 그것을 믿었다. 성경이 하나님의 영감으로 된 하나님의 말씀임을 믿었고 예수의 메시아 되심과 그분의 대속적 죽음도 확신했다. 하지만 나는 예수가 1세기 유대 문화 속에서 '유대인 남자'로 살았다는 사실이 무엇을 의미하는지 돌아볼 생각조차 하지 못했다. 예수님이 유대인이었다니! 이 얼마나 급진적인 생각인가!

그렇게 막상 유대인의 사유思惟 세계로 들어가 보니 '예수님의 믿음'faith of Jesus이 무엇이었을까 궁금해지기 시작했다. 예수님의 '삶의 방식'에 관한 말씀에서 내가 뭘 배워야 할지를 고민했다. 그분의 생애는 단지 죽으심을 설명하기 위해 필요했을까? 아니면 우리가 이해하고 따라야 할 하나의 본本이었을까? 하나님과 동행하면서 예수님을 닮는다는 것은 과연 어떤 의미일까? 그렇게 예수를 더 깊이 믿고 싶은 열망으로 유대 세계를 탐사하기 시작했다.

성경의 배경이 된 여러 나라와 문화를 탐사하는 과정에서 깨달은 바가 있다. 내게 정말 필요한 것은 단지 '예수에 대한 믿음'faith *in* Jesus이 아니라 '예수의 믿음'faith *of* Jesus이라는 사실이다. 예수의 제자가 되려면 예수님은 왜 그리고 어떻게 자신의 믿음을 삶으로 살아냈는가를 알아야 한다. 그래야 예수를 더 가까이 따를 수 있다. 이 깨달음이 지금은 너무도 당연한 것으로 여겨져 예전엔 이런 생각을 하지 못했다는 게 믿어지지 않을 정도다.

처음부터 하나님은 인간 문화의 맥락 안에서 말씀하고 행동하는 길을 택하셨다. 고로 그분의 아들도 똑같은 일을 한 것은 그리 놀랍지 않다. 예수님은 유대인처럼 사셨고, 유대인처럼 말씀하셨고, 유대인처럼 예배드리셨다. 예수님의 언행과 가르치는 방법은 그분의 출신 배경인 셈족 문화의 관습, 전통, 관행의 연장선에 있었다. 예수님은 19세기 네덜란드 이주민이 사는 미국 북서부 아이오와에서 태어나지 않으셨다. 그분은 정치적·종교적 격전지였고 수 세기 동안 고대 세계의 교차로였던 유대에서 태어나셨고, 세상에서 자신의 이름으로 불리도록 하나님이 택하신 유대 민족과 함께 성장하셨고, 막강한 로마 제국 치하에서 사역하셨다. 하나님의 메시지는 예나 지금이나 시간을 뛰어넘는 불변성을 갖지만, 그 메시지가 처음 계시된 대상은 현실의 시공간에서 살아가는 현실의 민족이었다. 고로 그 고대사회를 이해하는 것은 성경 이야기를 해석하고 자신의 삶에 적용하는 데 결정적인 역할을 한다.

어떤 의미에서 성경 공부는 우리의 21세기 문화와 서구적 태도를 잠시 접어두고 예수의 출생지이자 고향인 이스라엘의 시공간으로 들어가는 작업이다. 우리는 하나님의 위대한 구속을 염원하며 종교적 열정으로 들끓었던 동방 문화 속으로 들어가야 한다. 예수 시대의 유대인은 자신의 역사에 해박했고 어떻게 하나님의 말씀을 삶으로 살아낼지를 두고 맹렬하게 토론했다. 히브리어 성경은 그들의 일용할 양식이었고 성경 토론은 그들과 예수님의 일상을 지배했다. 그 시대적 배경으로 들어가면 성경이 우리의 문화와 시대상에 훨씬 더 와 닿는다.

이것이 예수님을 믿는 믿음에서 예수님의 믿음을 실천하는 법을 배우는 데로 나아간 나의 여정이었다. 내가 그 전에 성경에서 배운 것이 틀린 게 아니었다. 고대 유대의 맥락을 연구하는 과정에서 나의 교리관은 거의 달라지지 않았다. 36년간의 집중적인 문화 탐구 후에도 난 여전히 하나님이 우리의 창조주이고 예수님이 우리의 구세주이며 성경이 하나님의 영감으로 된 말씀임을 믿는다. 성경을 고대 근동문화 관점에서 조망한다는 것은 이를테면 '보너스 통찰'을 얻는 것이다. 원어로 성경을 읽으면 확실히 더 깊이 있게 본문을 파악할 수 있는 것과 같은 이치다.

성경의 맥락과 문화를 연구하는 여정 어딘가에서 이 책의 저자인 로이스 티어베르그를 만났다. 내가 알았던 숱한 사람들과 마찬가지로, 성경의 고대 세계를 처음 경험한 후 성경 이야기를 원原 맥락original context 속에서 이해하고 싶다는 목마름이 그녀에게도 생겼고 그것은 계속 커져만 갔다. 로이스는 내가 만난 어떤 학생보다 더욱 치열하고 주도적으로 궁구했다. 이미 갖추고 있던 과학자로서의 소양과 훈련, 기술도 성경 본문을 심도 있게 탐구하는 데 밑거름이 되었다.

그녀는 특유의 끈기로 고대 언어를 배우고 이스라엘 땅을 연구하며 유대 사상을 탐구하고 고고학의 최근 발견 사항을 검토했고, 덕분에 맥락 속에 놓인 본문을 탐구하는 일에 일가견을 갖게 되었다. 얼마 지나지 않아 예수님의 생애에 관한 그녀의 연구에서 새로운 통찰을 얻게 되었고 이젠 내가 그녀에게서 배우는 처지가 되었다. 로이스의 통찰 덕분에 예수님의 믿음에 대해 더 깊이 이해하게 되었고 "[예수님이] 걸어가신 대로 걸어갈"(요일 2:6, NASB) 용기를 얻었다.

앤 스팽글러와 공저한 로이스의 초기작, 《랍비 예수의 발치에 앉다》*Sitting at the Feet of Rabbi Jesus*는 예수님의 세계 속으로 들어가는 입문서였다. 예수님은 유대라는 맥락 속으로 오셨다는 것과 그러한 배경이 갖는 뜻을 설득력 있게 제시함으로써 나사렛 출신의 선생을 더 이해하고 싶어 하는 많은 신자에게 훌륭한 길잡이가 되었다. 이제 나는, 예수의 제자 되기를 갈망하는 이들에게 이 책이 더 놀라운 영향을 주리라 믿는다. 독자들은 일상의 행보에서 예수의 가르침이 뜻하는 바를 발견할 것이고, 더 깊은 도전을 받게 될 것이다.

각 장은 현대의 학문적 성과, 고대 문헌 연구, 최근의 고고학적 발견에 대해 신중하게 분석하면서도 읽을수록 시공간을 거슬러 과거 예수님이 거니셨던 세계를 여행하는 듯한 착각을 불러일으킨다. 당신은 랍비의 발자취를 따라가다가 갈릴리 언덕의 연녹색 올리브의 아름다움을 발견할 것이고, 울퉁불퉁한 발아래 길을 느낄 것이고, 흙 내음도 맡을 것이다. 귀를 쫑긋 세운 제자들 앞에서 현인들이 토라를 강론하는 소리를 듣게 될 것이고 단연코 최고의 해석자인 메시아 예수를 만나게 될 것이다. 그분은 성육신한 하나님일 뿐 아니라 성육신한 말씀이셨다. 그분의 생애는 실제적 의미에서 살아 있는 육신 안에 임한 말씀(성경)이었다. 그리고 당신은 '예수님의 믿음'을 갖고, 그분의 참 제자가 되고 싶은 열망과 도전을 받게 될 것이다. 이제 우리 함께 유대의 랍비였던 예수의 발자취를 따라 그 흙먼지 속으로 들어가보자.

레이 밴더 란
〈온세상이알게하라〉That the World May Know 선교회 창립자

1부

# 새로운 귀로 랍비의 말씀을 듣다

우리에게는 파격 그 자체인 예수님의 말씀이 1세기 제자들의 귀에는 어떻게 들렸을까?
처음 든 생각은 '정말 우리(유대인) 입맛에 딱 맞네!'였을 것이다.
으뜸 되는 계명과 관련해서 예수님은 유대 신앙의 핵심을 천명한 쉐마로 말씀을 시작한다.
유대인은 2천 년 넘게 매일 아침저녁으로 쉐마를 낭송하면서
오직 한 분 하나님을 온 마음과 힘과 정성을 다해 사랑하기로 다짐했다.
예수님이 쓰신 언어와 그분이 성경을 대하는 방식,
그리고 유대 민족에 관해 배우면 배울수록
우리는 예수님이 남기신 소중한 말씀을 더 깊이 이해할 수 있을 것이다.

1장

# 세월의 흙먼지 털어내기

비가 방울로 떨어지다가 여울을 이루듯 성경도 그러하다.
오늘 조금 공부하고 내일 좀 더 공부하다 보면
어느덧 유유히 흐르는 강 같은 명철에 이를 것이다.
- 아가, 미드라쉬 라바 2:8

명망 있는 이탈리아 예술품 보존가인 피닌 바실론이 그녀의 필생 과업이 될 레오나르도 다빈치의 〈최후의 만찬〉 복원 작업을 이끌어달라는 청을 받은 건 1977년이었다. 그때만 해도 그녀는 역사상 가장 유명한 그림을 복원하는 그 후 23년의 여정이 자신의 신경줄을 얼마나 너덜너덜하게 만들지 상상조차 하지 못했다.

다빈치가 1498년 이탈리아 밀란의 수도원 벽에 완성한 이 그림은 수세기에 걸쳐 혹사를 당했다. 늘 실험 정신이 투철했던 레오나르도가 새로 빚은 물감은 처음부터 불안정했고 다빈치가 사망하기 전부터 이미 껍질이 일어나기 시작했다. 완성 즉시, 걸작이라는 세인의 칭송을 받았지만, 벽화 자체는 오염과 습도에 무방비로 방치되었다. 바실론이 복원 작업에 착수했을 당시 이 대작은 5백 년 지난 먼지와 곰팡이, 양초 숯 검댕에 가려 거의 보이지 않을 지경이었다.

하지만 그녀가 이끄는 팀이 마주한 진짜 문제는 다른 데 있었다.

1700년대에 거의 재앙 수준으로 시도한 복원 작업을 원상 복구하는 것이 더 큰일이었다. 과거의 복원가들은 바니스, 풀, 왁스를 두껍게 덧칠했고 매번 덧칠할 때마다 그림은 더 칙칙해졌다. 최악은 어설픈 아마추어들이 다빈치의 작품을 보정하는 과정에서 원래 이미지를 제멋대로 왜곡한 부분이었다. 그들은 자기가 이해하지 못한 디테일은 붓질로 뭉갰고 빈 구멍은 나름의 해석으로 메워버렸다.

바실론 팀은 그림 표면을 1제곱센티미터씩 촬영하고 최첨단 기술로 분석하는 작업을 수개월 진행한 후에야 비로소 복원 작업에 돌입할 수 있었다. 그리고 그 후 20여 년 동안 현미경 위에 쭈그리고 앉아 5백 년 묵은 때와 덧칠 흔적을 각고의 노력으로 긁어냈다. 운이 좋은 날엔 우표 한 장만한 이미지가 모습을 드러냈다.

1999년, 마침내 다빈치의 원元 필치가 드러났다. 복원팀의 상상을 뛰어넘는 치밀한 노동의 결실이었다. 바실론은 이 작업을 "느리고도 엄중한 정복"이라고 부르며 "한 겹 한 겹, 하루 하루, 한 조각 한 조각, 1밀리미터 1밀리미터씩, 우리가 영영 잃어버렸다고 생각했던 차원과 강렬한 표현과 색감이 되살아났다"라고 말했다.[1]

음울한 그늘이 물러나자 환히 밝아진 만찬장이 모습을 드러냈다. 베드로의 수염과 코는 후대의 보정 작업으로 인한 어설픈 둔중함을 벗어던졌다. 마태는 흑발이 아닌 눈부신 금발이었다. 도마에게는 왼손이 생겼다. 안드레는 더 이상 시무룩한 표정이 아니라 화들짝 놀란 영 딴판의 얼굴이 되었다. 꾀죄죄한 덧칠 흔적이 제거되자 예수님의 얼굴이 광채를 발했다.

다빈치는 제자 중 한 명이 곧 자신을 배반할 것임을 예수님이 공개하는 그 운명적 순간을 묘사했다. 복원 작업 덕분에 수 세기 동안 우중충한 그늘에 가려 있던 그리스도와 제자들의 표정과 몸짓이 되살아났고, 거장의 솜씨에 담긴 본연의 아름다움이 드러났다.[2]

그리고 만찬 장면의 본질에는 변함이 없었다.

## 예수의 세계를 발굴하다

첨단기술 덕분에 바실론이 다빈치의 원 필치를 드러내는 것이 가능해졌던 것처럼, 최근 수십 년간 학계가 새로 발견한 사실 덕분에 복음서 기자들이 애당초 제공한 예수 상像을 복원하는 일이 가능해졌다. 성경 고증과 고대 문헌의 발견이란 면에서, 예수 시대부터 과거 50년 이전까지 쌓였던 것보다 더 큰 진전이 지난 50년 동안에 이루어졌다. 역사의 칙칙한 때를 걷어내자 예수의 생애와 시대상에 관한 디테일이 그 모습을 드러냈다.

환골탈태한 〈최후의 만찬〉이 공개된 바로 그해, 나는 이스라엘로 생애 첫 답사 여행을 떠났다. 우리의 여정에서 등골이 서늘했던 사건 중에 하이라이트는 히스기야 왕이 주전 701년에 예루살렘 지하에 팠던 수로 답사였다. 반쯤 얼이 나가 눈앞의 캄캄한 돌벽 터널을 뚫어지도록 들여다보던 우리 일행은 얼음장 같은 기혼 샘물의 급류 속으로 발을 내디뎠다. 허리춤까지 차오른 물에 실려 좁고 캄캄한 수로를 500미터 정도 손전등으로 비추며 더듬더듬 앞으로 나아갔다. 마침내 출구가 눈에 들어오자 우린 크게 안도의 한숨을 내쉬었다.

더 짜릿했던 순간은 수로의 출구가 실로암 연못 유적지와 맞닿아 있다는 사실이었다. 예수님이 치료하신 맹인이 씻은 후 눈을 뜨는 기적을 체험한 그 유명한 실로암 못 말이다(요 9:7). 그런데 연못은 물웅덩이 정도의 깊이에 폭은 몇십 센티미터, 길이도 고작 몇 미터에 지나지 않았다. 실망스러웠지만 주후 4세기의 기독교 전승에 의하면 바로 이곳이 그 유명한 유적이었다.

아니, 그렇다고 우린 믿었다.

2004년, 우리가 방문한 지 5년 후 예루살렘의 인근 대로에서 지하에 묻힌 하수관이 터졌다. 거대한 토굴 장비가 요란스레 현장에 도착했다. 흙 속으로 밀어 넣은 불도저 날에 뭔가 딱딱한 물체가 부딪혔고 기계는 굉음을 내며 작동을 멈췄다. 털어낸 흙 아래엔 고대의 회칠한 계단이 있었다. '불도저'란 소리에 내로라하는 고고학자들이 한달음에 현장으로 달려왔다. 발굴해보니 계단은 몇 발짝 아래에서 거대한 사각 연못의 한 면과 맞닿아 있었다. 몇 주가 지나자 (폭 약 48미터, 길이 61미터의) 저수지가 모습을 드러냈다. 이 저수지는 예루살렘 성 내부의 주요 담수원이었던 '진짜' 실로암 연못으로 확인되었다. 석회 마감재 안에 박혀 있는 주화들은 예수님 당대에 사용된 주화로 고증되었다.[3]

실로암 연못을 발굴하는 과정에서 고고학자들은 연못에서 성전으로 이어지는 1세기의 계단식 도로를 발견했다. 이 넓은 도로는 1세기 예루살렘의 주도로 중 하나였다. 아마도 절기를 기념하고자 수일 혹은 몇 주간 여행한 순례자들이 성전으로 올라갈 때 밟는 마지막 계단이었을 것이다. 일부 순례자는 성전에 입장하기 전 몸을 정결케 하고자 실로암 연못에 들렀을 것이다.

요한복음을 다시 읽어보면 실로암 연못이 예수님의 사역에서 비중 있는 역할을 하는 장면이 또 있다. 즐거운 초막절(숙곳) 주간 중 대제사장은 매일 밤 엄청난 환호를 받으며 이 계단식 도로를 걸어 내려와 금물동이를 실로암 연못의 '생수'로 채운 다음, 성전 제단에 물을 붓는 의식을 거행한다. 절기의 마지막 날에는 군중이 다음 해 농사를 위해, '생수', 즉 비를 구하는 기도를 소리 높여 구하는 가운데 대제사장이 제단 주위를 일곱 번 돈다. 군중의 함성은 점점 더 커지다가 마지막으로 대제사장이 제단에 다가갈 즈음에는 천둥처럼 울려 퍼진다. 대제사장이 은사발에 생수를 부은 다음 희생제 장작더미 위에 생수를 붓는 의례를 거행할 때 비로소 정적이 임한다. 예수님이 일어나 외치신 것은 바로 그때였다. "누구든지 목마르거든 내게로 와서 마시라. 나를 믿는 자는 성경에 이름과 같이 그 배에서 생수의 강이 흘러나리라"(요 7:37~38).

### 그때와 지금을 이어주는 디테일

내가 이 분야를 처음 접한 것은 약 15년 전 다니던 교회에서 〈그 땅과 문화 그리고 성경〉이라는 강좌에 등록했을 때였다. 독실한 루터교 가정에서 성장한 나는 성경의 역사적 배경을 공부하면 성경 공부에 어느 정도 보탬이 되리라 생각했다. 조부모는 마다가스카르 선교사였고, 삼촌과 사촌 중엔 목회자도 몇 명 있었다. 당시 나는 과학 분야에 몸담고 있었기에 팩트와 강의에 익숙한 편이었다. 그 무렵 난 생물학으로 석사학위를 받았고, 인근 대학에 출강하며 인간 생리학과 분자 생물학을 가르치고 있었다.

강의가 시작되기 전에는 매주 고루하고 무미건조한 고고학 정보를 받아 삼킬 생각에 마음이 좀 무거웠다. 강사는 25년간 고등학교에서 강의했고 25년간 이스라엘 답사 여행을 인솔했다는 것 외엔 거의 아는 바가 없었다(난 속으로 이 남자의 나이가 87세 정도 되리라 생각했다). 80대 노익장으로부터 구약을 배우다니, 이 얼마나 적절한 일인가.[4] (강사인 레이 밴더 란이 이 두 가지 일을 '동시에' 했을 줄은 생각지도 못했다. 그래서 내 추측은 대략 40년 정도의 오차가 있었다.)

그러나 첫 회부터 수업은 마치 소방 호스에서 물을 들이켜는 느낌이었다. 성경이 곳곳에서 새로운 생명력으로 파릇파릇 싹을 틔우기 시작했다. 내가 처음 '생수'의 성경적 개념에 관해 들은 것도, 생수와 초막절과 메시아 시대의 성령 강림(겔 47장, 욜 2:23~29, 슥 14:8~18)의 연관성에 관해 배운 것도 이 강좌에서였다.

역사, 지리, 언어, 문화가 성경 본문을 풀이하는 데 얼마나 중요한지를 발견했고, 급기야 이런 호기심은 이스라엘 땅에서 그곳 학자들로부터 1세기의 유대 문화를 배우고 히브리어와 헬라어를 공부하는 데까지 날 이끌었다.[5] 그리고 몇 년 후, 이 주제에 관해 전업으로 글을 쓰고 가르치기 위해 나는 본업이었던 생물학의 세계를 떠났다.

이런 종류의 공부를 하면서 성경을 더 풍성하게 읽으려면 여러 교재를 처음부터 끝까지 완벽하게 섭렵해야 한다고 생각할지 모르겠다. 하지만 자그마한 디테일조차도 점과 점을 잇는 데 도움이 된다는 사실에 나는 놀랐다. 마치 십자말 퍼즐을 하다가 한 곳에서 막혔더라도 다른 곳을 풀다 보면 갑자기 연결된 단어들이 맞물려 들어가고 거기서 다른 단어를 풀어낼 실마리를 얻어 나머지 부분을 채워가다가 결국엔 그 단어를 맞추게 되는 것과 같은 이치다.

단순한 문화 속 디테일 하나로 실타래처럼 얽힌 난해 본문이 술술 풀릴 수 있고 그 과정에서 강력한 신학적 함의가 드러나기도 한다. 가령, 번제에 필요한 장작 무게는 보통 얼마나 될까? 이런 소소한 사실은 연구할 만한 가치가 없다고 생각할 수 있지만, 잘 알려지지 않은 이런 디테일로 성경에서 가장 난해하다고 손꼽히는 본문을 해석할 수도 있다.

창세기 22장에서 하나님이 아브라함에게 이삭을 희생제로 바치라고 한 내용을 읽고 많은 사람은 "그때 이삭이 몇 살이었나?" 묻는다. 아장아장 걷는 아기였나, 십 대였나, 성인이었나? 많은 성화聖畵에서는 연로한 아버지 뒤에서 장작 '한 묶음'을 허리춤에 끼고 가는 어린아이로 이삭을 그린다. 창세기 22장 6절에는 아브라함이 칼을 들고 이삭은 희생제에 쓸 장작을 지고 갔다고 기록했기 때문이다.

그러나 희생제는 동물을 통으로 불에 굽는 제사였기에 제대로 피운 장작불에서 몇 시간을 기다려야 하는 큰 작업이었다.[6] 땔감으로 쓰이는 큰 통나무 조각을 실어 나르려면 성인에게 요구되는 근력이 필요했다. 연로한 아브라함은 이것을 감당할 수 없었다(이삭 출생 시 아브라함은 백 세였다). 그래서 아브라함이 칼을, 이삭은 장작을 들고 간 것이다. 사실 여정 대부분은 나귀 두 마리가 그 거대한 장작 짐을 운반했다(창 22:3).

성인 이삭이 무거운 장작을 짊어지는 그림을 떠올리면 이야기는 전혀 다른 느낌으로 다가온다. 이제 우리는 이 이야기가 단지 하나님에 대한 아브라함의 굳건한 믿음에 관한 것이 아님을 본다. 아버지의 뜻을 받드는 이삭의 자발적이고도 위대한 순종도 볼 수 있다. 그리고 문득 십자가를 지고 가는 그리스도의 모습이 또렷이 우리의 시야 속으로 들어온다.

## 제자들의 귀를 통해 예수님의 말씀을 듣다

예수님이 유대인 랍비로 살며 제자들을 부르고 훈련하셨다는 사실은 무엇을 의미할까? 그리고 이렇게 가르침의 원元 맥락을 배우는 것은 우리의 소명을 실천하는 데 어떤 도움이 될까?

우리는 예수의 초기 제자들이 그 말씀에 반응하여 실천한 행동을 보며 사뭇 놀란다. 성경을 보면 제자들은 예수님을 따르고자 고향과 가족과 일신의 안락을 부인하고 세상을 변화시키는 일에 인생을 걸었다. 원 맥락 속에서 예수의 가르침은 이렇게 삶을 변화시키는 능력이 있었다. 그런데 현대의 독자들은 대체 무엇이 이런 급진적인 반응을 가져왔는지 잘 이해가 안 된다는 듯 고개를 갸웃거린다. 이 제자들과 우리 사이에는 2천 년이 넘는 시간적 간극이 존재한다. 혹시 장구한 시간이 남긴 거대한 잔해와 문화적 차이로 예수님의 충격적인 말씀의 위력이 한풀 꺾인 건 아닐까?

만일 우리가 세월의 먼지와 묵은 때를 벗겨 내고 복음서 안에 담긴 본래 예수님의 모습을 볼 수 있다면 어떤 일이 펼쳐질까? 예수님 주변의 풍경이 생생하게 되살아난다면, 그리하여 그분이 거니셨던 원 맥락 속에서 다시 한 번 주님을 시각화할 수 있다면? 예수님의 말씀은 불변하지만, 그 말씀을 본래의 정황 속으로 가져가 이해한다면 훨씬 풍성한 의미를 건져 올리게 될 것이다. 랍비나 회당, 유목민, 농부, 왕, 양치기가 함께 살아가는 당시 세계는 현대를 사는 우리에게는 너무도 이질적으로 다가온다. 그 흐릿한 배경의 초점을 제대로 찾는다면 우린 새로운 선명함으로 예수님을 조망할 수 있다.

> 세상은 세 가지 기반 위에 서 있다. 토라, 예배 그리고 친절한 사랑의 행동.
>
> – 미쉬나, 아봇 1:2

사도행전 초반의 성령 충만한 기도, 기쁨 충만한 모임, 넉넉한 사랑의 나눔, 활발한 이웃 전도 등 놀랍도록 뜨거운 초대교회의 모습을 보면 자연스레 고개를 드는 의문이 있다. 혹시 초기 예루살렘 교회는 예수님을 이해하는 데에 오늘날 제자들보다 유리한 조건에 있었던 게 아닐까.

몇 년 전까지만 해도 나는 예루살렘 교회의 초대교인들이 다들 율법을 준수하는 유대인이었다는 생각을 전혀 하지 못했다. 그들은 그리스도를 믿은 후에도 계속 토라를 공부했고 성전에서 예배드렸다. 사실 사도행전 전반부에서 급부흥하는 초대교회 구성원은 거의 100퍼센트 유대인이었다. 복음이 이방인을 위한 것일 수도 있다는 생각이 교회 내에서 대두한 것은 하나님이 베드로의 고정관념을 깨뜨리시어 이방인 백부장 고넬료를 전도하게 하신 후였다(사도행전 10장).

이는 그리스도인이 초대교인들의 기쁨 충만한 교제를 논할 때 종종 간과하는 부분이다. 우리는 예루살렘 교회의 기막힌 부흥의 이유를 신자들이 받은 성령 충만에서 찾는다. 그러나 이방인으로 이루어진 고린도 교회 역시 동일한 성령 충만을 경험했다. 그런데도 그들은 미숙함과 분열과 음행으로 고전했다. 어째서 이런 차이가 생겼을까? 고린도 사람들이 그리스도를 만난 건 멋진 일이었지만 그들은 대부분 이교 출신이었고, 성경—예수님이 읽으시던, 우리의 구약성경—에 흠뻑 젖어 살던 삶은 아니었다. 고린도인들은 그리스도가 선 발판이었던 토라를 통한 도덕률 훈련을 받지 못했다. 고린도인에게는 아직도 따라가야 할 진도가 한참 남아 있었다.

이방인은 예수를 그들의 구세주와 하나님으로 예배하였지만, 유대인 신자들은 예수를 그들의 '랍비'로도 알았다. 유대인은 예수의 제자가 된 후에 그 말씀을 암송해야 할 의무가 있으며 하나님의 말씀을 어떻게 삶에 적용할지에 관한 랍비의 해석인 '할라카'를 준행해야 함을 익히 알고 있었다.

## 왜 우린 몰랐을까?

요즈음에는 예수의 유대 문화적 배경에 관해 알고자 하는 것을 자연스럽게 받아들인다. 그런데 과거에는 왜 이런 의문을 가지지 않았을까? 동네의 마트 진열대 사이를 걷다 보면 답이 떠오른다. 생선초밥, 자이로스, 김치, 타히니. 50년 전만 해도 우리 부모 세대는 듣도 보도 못한 이국적인 음식들이다. 어머니가 최신 유행이라는 '피자'라는 음식 만들기를 처음 시도한 것은 1960년대 후반이었다. 수십 년 전만 해도 우리 가족 식단은 가짓수 면에서 놀랄 만치 단출했다. 크림소스와 비프를 올린 토스트, 마카로니와 스팸 햄, 다진 소고기 덮밥. 흰 빵 중심의 세계에서 나는 무슨 음식을 주문해야 할지도 몰랐다.

우리 집 식탁 위엔 소경을 고치시는 예수님의 작은 점토 형상이 있다. 점토 아랫면에는 페루 수공예품이라는 스티커가 붙어 있다. 그러나 이런 표시가 없어도 땋은 짙은 색 머리와 폰초, 페루인의 얼굴 생김새를 보면 원산지를 쉽게 짐작할 수 있다. 미국에 사는 백인이 예수를 파란 눈을 한 코카서스 백인으로 설정했던 것처럼 이 작품을 만든 사람 역시 자신이 몸담은 현실 안에서 예수를 상상했을 것이다. 복음이 전 세계로 확산하며 사람들은 자동으로 자신의 고유한 문화적 렌즈를 통해 예수의 모습을 그려나갔다.

레오나르도 다빈치의 〈최후의 만찬〉도 마찬가지란 걸 알면 놀랄 것이다. 이 대작은 예수의 운명적 마지막 밤에 대한 그리스도인의 상상력에 독보적인 영향을 미쳤다. 하지만 세부적으로 들어가 보자면 문화적 오류투성이다. 유월절 식사는 늘 밤에 했는데, 배경의 창밖 풍경은 대낮이다. 예수님과 제자들 얼굴은 셈족이 아닌 창백한 유럽인의 얼굴이라는 점도 지적하지 않을 수 없다.

가장 많은 오류는 식탁 위에 차려진 음식에 있다. 양고기와 무교병 등 유월절을 기념하는 데 필수적인 음식들이 빠져 있다. 그 대신 발효된 음식을 엄격하게 금하는 유월절 기간에 부푼 빵 덩어리가 있고, 충격적이리만치 '정결하지'*kosher* 않은 오렌지 조각 고명을 얹은 장어구이 한 접시가 놓여 있다![7]

물론 다빈치의 목표는 결정적인 순간에 포착한 제자들의 반응을 묘사하는 것이었고, 천재적 기술과 심오한 표현력으로 그 일을 해냈다. 그러나 다빈치는 하나님의 구속을 기념하며 메시아에 대한 기대감으로 부풀어 올랐던 유월절 절기의 기본 요소들을 빠뜨렸다. 사실 예수님은 유월절 상징을 사용하여 자신이 곧 믿는 자들을 속량하기 위한 속죄제가 되실 것이며 죄 사함의 '새 언약'이 시작되었음을 알리신다.[8] 이 그림만 본다면 예수님 자신이 하나님의 오랜 약속의 성취라고 강력하게 선포하셨음을 놓치기 쉽다.

그리스도인이 이런 디테일을 놓쳤던 건 분명 무지 때문이다. 하지만 그간 우리가 성경을 읽는 방식에서도 그 원인을 찾을 수 있다. 예수께서 살아가신 유대적 맥락과 관련해서 내가 주로 들었던 바는 그분이 그것을 얼마나 반대하셨고 끝장내려고 하셨는가가 대부분이었다. 이런 태도는 안타깝게도 여전하다.

몇 달 전, 우연히 차에서 라디오를 듣는데 어떤 대중 설교자는 이렇게 말하고 있었다.

> 예수님이 오셨을 때 모든 것이 달라졌고, 모든 게 변했습니다. … 예수님이 원하신 건 희생제를 드리는 사람들의 태도를 새롭게 하는 것 이상이었

습니다. 예수님은 희생제사 제도 자체를 철폐하셨습니다. 모든 의식과 모든 의례, 모든 희생제와 성전과 지성소를 포함한 모든 외적 부산물과 함께 유대교에 종지부를 찍으시기 위함이었습니다.[9]

만일 이것이 예수의 가르침이었다면, 사도행전에 나온 예수의 열성적인 초기 제자들은 그분의 말귀를 제대로 못 알아들은 게 분명하다. 베드로와 다른 초대 그리스도인들은 날마다 성전 예배에 참여하는 일을 계속했다(행 3:1, 21:23~26).

물론 예수님은 제사장 집단 내부의 부정부패를 비판하셨고 40년 후에 성전이 파괴될 것도 예언하셨다. 에센파와 같은 유대 종파 역시 제사장들의 부패를 성토하며 예배 정화를 위해 노력했다. 그러나 에센파는 성전을 버린 반면,[10] 예수의 제자들은 결코 성전을 버리지 않았다. 이것이 암시하는 바는 예수가 성전 '예식'에 반대하는 말씀을 하신 적이 없다는 것이다. 또한 비록 예루살렘 교회가 이방인은 유대인의 율법을 준수할 필요가 없다고 결의했지만, 예수를 믿는 유대인 신자들은 계속 토라를 꼼꼼히 준행했고 열심히 율법을 준행하기로 정평이 나 있었음을 알아야 한다(행 21:20, 25 참조).[11]

신약에서 '유대인'이 교회를 대적하고 예수를 배척한 이야기를 읽을 때 나는 그 글을 쓴 사람 '역시' 유대인이었다는 점을 미처 깨닫지 못했다. 성경 저자들은 종종 자신을 반대하던 유대 지도층을 '유대인'이라는 표현으로 칭했다. 사도행전은 수천 명의 '유대인'이 실제로 그리스도를 '믿었다'는 사실을 알려준다(행 2:41, 5:14, 6:7, 21:20). 따라서 로마서 9~11장에서 바울이 문제 삼은 것은 유대인 중 그리스도를 믿는 이가 '아무도' 없었다는 게 아니라 유대인이 '모두' 믿지는 않는다는 것이었다. (이방인도 100퍼센트 예수님을 받아들인 건 아니지 않은가?)

학자 루크 티모씨 존슨은 많은 1세기 문서들에서 반대자를 '외식하는 자', '소경', '귀신 들린 자'와 같이 신랄한 관용적 표현으로 칭하는 문화를 엿볼 수 있다고 고찰한다. 우리 기준으로 보자면 모든 논쟁이 감정적으로 격앙되고 욕설로 가득 찬 것 같다. 세례 요한은 청중을 '독사의 자식들'(마 3:7)로 불렀고 바울은 반대자들이 스스로 거세하길 원한다(갈 5:12)고 했다. 이 발언들 역시 존슨이 말한 문화적 맥락을 통해 조명해야 한다. 더 넓은 시대상 안에서 보면 신약의 책망은 생각만큼 그리 혹독한 것이 아니었음을 알게 된다.[12]

신약에서 유대인들은 예수를 둘러싸고 격론을 벌였고 이 '집안싸움'은 점점 과열되었다. 그러나 신약이 유대인 전체에 대해 적대적이라고 이해하게 된 것은 수 세기 후 이방인이 교회에서 압도적 다수가 된 다음의 일이었다. 세월이 흐르며 신약에 대한 반유대적 이해가 반유대주의에 힘을 실어주었고, 이 때문에 많은 그리스도인이 성경과 신앙의 유대적 배경에 별다른 관심을 두지 않게 되었다.

나 자신도 첫 번째 이스라엘 답사 여행 전에 있었던 기막힌 만남 이전엔 이런 태도가 존재하는지조차 거의 의식하지 못한 채 살았다. 동네 이웃과 담소를 나누던 중 답사 이야기가 나왔다. 교회에서 활발하게 활동하고 있었으니 관심을 보일 거로 생각하고 말을 꺼냈으나 이웃은 찡그리며 퉁명스레 말했다.

"대관절 왜 거기에 가고 싶어 하죠? 유대인들은 우리에게 예수님을 준 것 외엔 한 번도 도움이 된 적이 없어요."[13]

글쎄, 그거면 충분한 것 아닐까?

## 새로운 앎의 도구들

우리는 다양한 민족들이 지구 행성을 모자이크처럼 뒤덮고 있음을 그 어느 때보다 깊이 의식하고 있다. 이렇게 민감성이 높아졌으니 예수님의 유대적 배경을 더 깊이 탐구하는 것이 자연스러운 듯하다. 그러나 아이러니하게도 우리 시대는 민족적 이질성을 포용하는 면에는 더 깨어 있게 되었지만, 예수님에 관해선 정확히 반대로 가고 있다.

1999년 〈내셔널 가톨릭 리포터〉 잡지는 "예수 2000"이란 대회를 주최하여 다음 천 년을 위한 새로운 예수 '이미지'를 공모했다. '민중의 예수'란 제목의 수상작은 예수를 짙은 색 피부에 두꺼운 입술을 한 여성으로 묘사했다.[14] 예수님이 백인이 아니란 사실은 이해할 만하나 '유대인'이 아니라는 사실은 대체 어떻게 이해해야 할까?

이는 수 세기 전에 〈최후의 만찬〉을 관리했던 사람들이 취했던 접근법이었다. 다빈치의 그림이 칙칙해질 때마다 당대 화가들은 자신이 보기에 합당한 방식으로 보정하고 덧칠하여 얼굴을 '환하게' 만들었다. 유사한 방식으로 우리가 종종 마주치는 예수는 그분이 계셨던 문화적 맥락이 아니라 만인의 문화에 녹아들어 가도록 '덧칠'한 것이다. 예술가들이 각자의 취향에 맞게 또 한 겹을 덧입힌 결과물이다.

이러한 이유로 '예수 새롭게 보기' 유형의 신간이 나올 때마다 기존 내용과 지나치게 달라지지 않을까 하는 의구심이 든다. 어떤 책에서 예수는 방황하는 구루guru이고, 다른 책에서는 반체제 인사가 되었다가, 또한 비즈니스 CEO로 등장하거나, 꿈꾸는 신비주의자가 되기도 한다.[15] 이제 우리는 예수를 또 하나의 그럴싸한 인물로 포토샵 처리하지 말고, 본래의 자리로 되돌려놓아야 한다. 고문헌과 예수 시대의 고적古蹟 연구

분야에서 여러 진전이 이루어진 덕분에 이런 복원 작업을 할 만한 충분한 도구가 확보되었다.

세월의 퇴적층을 벗겨내고 만나는 진짜 예수는 어떤 모습일까? 분명 후대의 유대 현실을 예수에게 투사하는 것은 잘못이다. 예수를 한 손엔 베이글, 한 손엔 큐브 퍼즐을 든 모습으로 그리는 것은 또 다른 왜곡의 오류를 범하는 것이다. 베이글과 큐브 퍼즐, 둘 다 예수 시대 수 세기 후 관습의 산물이기 때문이다. 예수는 맛짜(무교병)를 잡수셨고 하누카(수전절)를 기념하셨다. 무교병과 수전절은 둘 다 예수 시대 이전부터 내려온 전통이다.[16]

예수의 시대상에 관해 우리가 과연 어느 정도까지 알 수 있을까? 실제로 그리스도 전후 수 세기의 유대 사상을 보존한 문헌이 풍부하게 존재한다. 가장 잘 알려진 것은 미쉬나와 탈무드다. 두 책은 주전 200년경부터 주후 200년까지(미쉬나) 또는 주후 400~500년(탈무드, 두 종류가 있다)[17]에 이뤄진 토라 율법에 관한 논의와 구전으로 전승된 가르침을 집대성한 것이다.[18] 정통파 유대교인들은 오늘날에도 여전히 이 책들을 공부한다. 물론 그리스도인은 이 문헌의 권위를 인정하지 않는다. 그렇다고 해도 우리는 예수님의 세계를 관류한 고대 사상의 큰 물줄기를 보여주는 이 책들을 통해 이해의 빈 구멍을 메울 수 있다. 요세푸스의 저작과 사해 두루마리와 같은 여타 1세기 문서들 역시 예수 당시의 시대상을 조명한다.

힐렐과 샴마이(BC 30~AD 10)를 비롯한 유대교의 유력한 사상가들이 예수 전후 수십 년간 활동했던 인물이라는 사실을 알고 나면 놀랄 것이다. 사도행전 5장 33~39절에서 초대교회를 옹호하는 발언을 했던 가말리엘은 힐렐의 손자이자 바울의 스승이었다. 우린 이들을 비롯한 다른 초기 랍비들의 발언을 통해 예수님 주변에서 진행되었던 시대적 담론을 재구성할 수 있다. 랍비들은 동일한 논리를 사용하여 질문에 답하고 성경을 해석하고 비유를 엮어냈는데, 이는 예수님의 말씀을 푸는 데 매력적인 실마리를 제공한다.

나는 이 책을 통해 그리스도인에게 거의 알려지지 않았지만, 예수님의 가르침을 조명하는 데 도움이 될 만한 몇몇 핵심 개념을 나누기로 작정했다. 이러한 히브리적 관점은 우리 문화에선 종종 유구한 세월 속에 잊힌 성경적 지혜의 빗장을 여는 열쇠가 된다.

물론 예수님 당시의 세밀한 시대상에 대해선 학자들 사이에서도 의견이 분분하고, 특히 유대교는 그 견해가 폭넓고 다양하기로 정평이 나 있다. 내 생각이 최종적인 것도, 최선도 아니다. 하지만 유대 전통을 통해 성경적 문화와 관점, 그리고 가치관이 어떻게 보존됐는지를 알면 당신도 놀랄지 모른다.

요한복음 7장에서 자신이 '생수'의 근원이라는 주장이 몰고 온 정서적 파문을 가늠하려면 가물어 쩍쩍 갈라진 중동 땅으로 가서 아랍인에게 비가 얼마나 중요한지를 물어봐야 한다. 또는 마을 회당을 찾아가 한 주 내내 계속되는 숙곳 절기에 날마다 '생수'를 달라고 열렬하게 기도하는 것을 들어보라(한 유대교 기도집에는 장장 50쪽에 달하는 '생수' 기도가 나온다). 유대교는 1세기부터 오늘날까지 부분적이나마 예수의 시대상을 보존해 왔다. 어떤 예배 형식은 수천 년을 거슬러 올라가는 문화적 기억의 보존 장치다.[19]

케네스 베일리는 아랍족 연구를 위해 수십 년간 중동을 여행하면서 중동의 전통 사회가 어떻게 서구 사회와는 달리 성경의 문화적 관점을 고수해왔는지를 고찰했다. 그의 말이다. "우리 서구인에게는 서구에서 중동으로 넘어가는 문화적 거리가 현재에서 1세기로 되돌아가는 거리보다 크다. 동서양의 문화적 골은 1세기의 중동과 지금 시대의 보수적 중동 촌락 사이에 놓인 골보다 깊고 넓다."[20]

왜 하나님은 지금 우리에게 이런 발견과 통찰을 허락하신 걸까? 아마도 그 어느 때보다 그것을 절실히 필요로 하기 때문일 것이다. 실상 성경 문화는 우리보다는 세계의 여러 다른 문화권에서 더 쉽게 이해될 것이다. 성경 번역의 선구자 유진 나이다의 말이다.

> 어떤 면에서 성경은 이제껏 쓰인 그 어떤 책보다 번역 친화적인 종교 서적이다. … 성경의 문화적 속성을 오늘날 현존하는 문화들과 비교해보면, 여러 면에서 과학기술 중심의 서구 문화보다는 비서구적 문화에 놀랄 만치 근접해 있다는 사실을 알게 된다. '서구' 문화야말로 이 세계의 별종이다. 그리고 성경을 가장 수용하지 않는 것처럼 보이는 곳도 … 다름 아닌 서구 세계다.[21]

인류 역사 내내 사람들은 대가족을 이루며 농업으로 생계를 유지하며 노예제와 전쟁의 그늘 아래 살았다. 그리고 세계 전역에서 전통적인 어린이 교육의 중심은 신에 관한 이야기를 들려주는 것이었고, 일상생활은 종교적 관습을 축으로 돌아갔다. 우리의 개인주의, 세속주의, 물질주의, 성경 문맹주의를 돌아볼 때, 서구 세계에 사는 우리야말로 예수의 세계와 가장 괴리된 삶을 살아간다. 어쩌면 우리야말로 가장 많은 걸 배워야 하는 사람들이 아닐까?

## '단지' 랍비가 아니다

오해해선 안 될 부분이 있다. 내가 예수를 '랍비'로 칭한다고 해서 예수님이 전구를 발명한 에디슨이나 새로운 컴퓨터 운영 체제를 만든 빌 게이츠처럼 새로운 사상을 주창한 혁신적인 스승에 불과하다고 말하는 건 아니다. 우리는 경쟁적 사고방식에 너무 젖어 있는 나머지 자칫 예수님이 다양한 사상과 겨루기 위해 오셨다고 생각할 수 있다. 그리고 '하나님 나라'에 관한 예수의 메시지를 세계 평화 달성을 위한 또 하나의 복안 정도로 오해할 수도 있다.

그러나 당시의 유대 청중 입장에서 보면, 예수의 하나님 나라 선포는 하나님이 약속하신 메시아가 도래했다는 충격적인 선언이었다. 메시아의 임무는 이 땅에 하나님 나라를 세우는 것이기 때문이다. 고로 당신께서 곧 그리스도이며 하나님이 자신을 통해 세상을 구속하실 것이라는 예수의 발언은 유대 세계의 근간을 뒤흔드는 주장이었다.[22]

예수님은 당대의 유대 사상에 반대하실 때나 수긍하실 때 언제나 신적 권위를 가지고 말씀하셨다. 우리는 이러한 예수님의 말씀을 유대적 맥락 안에서 들음으로써 어떻게 말씀을 삶에 적용할지를 배우고 제자로 성장하는 데 도움을 받을 수 있다.

이 점을 고려할 때 예수를 '랍비'로 칭하는 것은 여전히 적절하다. 예수의 사명 중에는 구속한 백성에게 어떤 삶을 살아야 할지를 가르치는 일도 포함되어 있기 때문이다. 이는 또한 하나님이 바라시는 바이기도 하다.[23] 예수님은 이 일을 하기 위해 다른 초기의 유대 현자들이 제자를 가르치고 양육할 때 썼던 방법을 사용하셨다. 복음서 전반에 걸쳐 예수 주변 사람들은 예수를 '선생'과 '랍비'로 칭했고, 초대교회 교인들은 하나같이 스스로를 '제자'로 불렀다. 그들은 예수님이 가르쳐주신 삶의 '도'를 좇는 마테타이*mathetai*, 학생였다.

## 예수의 흙먼지를 따라 걷다

예수님이 최초의 제자들을 가르쳤던 방식은 그분만의 독특한 방식이 아니었으며 수 세기 전부터 이어져 온 유대교의 광범위한 전통을 계승한 것이었다. 예수님은 제자들에게 교재나 커리큘럼을 배부하지 않으셨다. 예수님은 각 사람에게 자신을 따르라(문자적으로, "뒤를 따라 걸으라")고 하셨다. 예수님은 제자들에게 자기 곁에서 좁은 길을 따라 걸으며 동고동락하며 배우라고 하셨다. 제자들은 예수와 더불어 삶의 여러 활동을 같이 했고 예수의 반응을 관찰하며 그가 하나님의 말씀을 삶으로 살아내시는 방식을 흉내 냈다.

이 범상치 않은 교수법에서 비롯된 잘 알려진 표현이 하나 있다. 즉, 랍비에게 배우려면 "그의 흙먼지를 뒤집어써야 한다"는 것이다. 스승이 이 고을 저 고을 돌아다니며 가르치실 때 아주 바짝 그를 쫓아다니며 자욱한 모래 알갱이가 옷자락에 들러붙을 정도가 되어야 한다.[24] 그렇게 랍비를 따라 걸을 때 당신의 마음도 변화될 것이다. 예수님 곁에서 제자들의 귀를 통해 그분의 말씀을 들으며 그분이 거니셨던 옛 세계를 활보하는 것. 이것이 앞으로 이 책에서 우리가 할 일이다.

히브리어에서 '걷다'라는 뜻의 할라크*halakh*에는 훨씬 더 풍성한 의미가 있다. 당신 삶의 '걸음'은 당신의 전반적인 라이프 스타일과 도덕적 품행을 말한다. 랍비의 토라 해석 역시 하나님의 말씀대로 '걷는' 방법이

> 내가 랍비에게 간 이유는 그로부터 토라 해석을 배우기 위해서가 아니라 그가 신발 끈을 묶고 신발을 벗는 방식을 관찰하기 위함이었다. … 사람은 모름지기 자신의 언행과 자세와 주님에 대한 충성을 통해 토라를 명료하게 드러내야 한다.
>
> **– 아리예 레이브 사라스**

란 뜻에서 할라카*halakhah*라고 한다. 예수님이 자신을 "따라 걸으라"고 제자들을 부르셨을 때 그분은 이 단어의 두 가지 의미를 다 포함하셨다. 먼저 제자들은 예수님의 문자적인 발걸음을 좇아 걸어야 하고, 후일에는 세상에 그 메시지를 전파함으로써 그분의 가르침을 따라야 한다.

할라크와 밀접한 관련이 있는 단어가 도로, 샛길, 길을 뜻하는 데레크*derekh*이다. 여기서 떠오르는 이미지는 반영구적으로 사용하기 위해 만든 4차선 포장 고속도로가 아니라 사람들의 발길이 닿는 대로 생긴 오솔길이다. 어떤 길의 종착점은 좋은 곳이고 어떤 길의 종착점은 위험하고 악하다. '길'은 당신의 삶의 방식에 대한 영적 비유다. 우리가 살아갈 길을 예수님이 사랑으로 앞서 걸어가시는 오늘날에도 이것은 여전히 진실이다. 자기 뒤를 따르려면 자기 발자국 안에 우리 발을 내딛음으로써 그 '길'의 일부가 되라고 예수님은 명하신다. 예수님의 초기 추종자들이 그랬던 것처럼 말이다.

《랍비 예수의 발치에 앉다》*Sitting at the Feet of Rabbi Jesus* 도입부에서 공동 저자인 앤 스팽글러와 나는 1세기에 널리 사용한 관용구, "발치에 앉다"sit at the feet가 함께 공부한다는 뜻이었음을 조명했다. 만일 우리가 마르다의 집에 모여 마리아와 나란히 예수의 발치에 앉아 저녁 식사 후 예수님이 제자들과 토론하시는 걸 들었다면 그분의 말씀이 어떻게 다가왔을까를 묵상했다. 앤과 나는 예수님이 몸담은 유대적 현실에서 연례 절기, 날마다 드리는 기도, 랍비의 제자훈련법 같은 기본적인 측면을 조사했다. 이를 통해 우리는 예수의 인생과 사명에 대해 새로운 통찰을 많이 얻었다.

이 책에서 난 예수의 말씀과 가르침을 유대적 맥락 안에서 더 자세히 살펴볼 것이다. 우리는 유대 사상이라는 세계를 탐구하기 위해 표면적인 것 이면으로 파고들 것이다. 우리는 예수의 언어에 의미와 깊이를 부여한 문화적 개념과 성경적 심상을 상고할 것이다. 그리고 오랜 세월, 유대 문화 속에 보존되어 온 랍비 예수를 닮는 방법을 보여주는 지혜를 찾아낼 것이다.

또한 우리는 예수님이 성경을 통해 알았던 핵심 히브리어 단어를 살피면서 그 심층적 의미가 우리 신앙을 어떻게 비추는지를 살펴볼 예정이다. 그리고 예수께서 쉐마를 삶으로 살아내는 법을 어떻게 해석하시는지를 청종할 것이다(쉐마는 온 마음을 다해 하나님을 사랑하겠다는 매일의 약속이었고, 이 쉐마야말로 고대부터 오늘날까지 유대 신앙을 지탱하는 근간이다). 이 과정에서 구세주의 부르심을 듣게 되고, 우리 삶은 근본적으로 바뀔 것이다.

2장

# 쉐마: 들은 대로 살기

'쉐마'는 '듣다'라는 뜻이고, 쉐마 암송은 '들음으로서의 믿음'을 보여준다. 우주를 무에서 창조하시고, 우리를 사랑으로 창조하사 평생토록 인도하시는 그분의 음성에 대한 믿음의 반응이다.

- 조너선 색스[1], 랍비

1945년에 랍비 엘리저 실버는 유럽 전역에서 집 잃은 유대인 아동 수천 명을 찾아 나서는 일을 진두지휘했다. 그의 목표는 나치의 손아귀를 피해 농장, 수녀원, 수도원으로 숨어들어 간 아이들을 찾아내 가능하다면 가족의 품으로 돌려보내는 것이었다.

프랑스 남부의 한 수도원에서 유대인 아이들을 받아줬다는 제보가 들어왔다. 랍비는 유력한 단서를 잡았다고 생각했지만, 막상 가보니 담당 수도사는 자신이 아는 한 아이들은 모두 그리스도인이라고 장담했고, 어떤 서류나 기록도 없었다.

슈왈츠, 하우프만, 슈나이더…. 성씨를 보면 독일인이 분명했지만, 그렇더라도 유대인일 수도 있고 이방인일 수도 있었다. 랍비는 작은 얼굴들을 찬찬히 뜯어보았다. 걸음마를 배울 때부터 수도원에 살았던 아이들도 많았다. 대체 이 아이들 중 누가 유대인 가정 출신일까?

랍비는 숙소 방문을 요청했다. 숙소에서 아이들 앞에 선 그는 히브리어로 노래를 부르기 시작했다. "쉐마 이스라엘, 아도나이 엘로헤누, 아도나이 에하드"(이스라엘아 들으라. 우리 하나님 여호와는 하나이시라). 네댓 명의 얼굴이 환하게 밝아지더니 나지막한 목소리로 노래를 따라 불렀다. 부모의 잠자리 기도와 부모들이 매일 아침저녁 암송하던 기도를 통해 들었던 그 유구한 노랫말이 아이들의 초기 기억 저편에서 수면 위로 올라왔던 것이다.[2]

유대인들은 하나님에 대한 헌신을 스스로 상기하기 위하여 날마다 두 번씩 이 여섯 단어로 시작되는 성경의 세 단락, 쉐마('슈마'[*shmah*]로 발음한다)를 반복한다(신 6:4~9, 11:13~21, 민 15:37~41, 쉐마 본문 전체는 '용어 설명' 참조). 수천 년에 걸쳐 경건한 유대인 부모는 아이들이 말을 하자마자 쉐마의 노랫말을 가르쳤다. 예수님도 십중팔구 어린 시절 요셉의 무릎 위에서 쉐마를 배웠을 거다. 이 몇 줄의 노랫말은 예수 탄생 수 세기 전부터 유대인 기도 생활의 중심축이었다.[3]

율법학자로부터 으뜸 계명이 무엇이냐는 질문을 받았을 때 예수님은 쉐마를 인용하심으로 답변을 시작하셨다. 예수님의 신앙생활에서도 쉐마는 중심 위치를 차지하고 있었던 것이다.

> 서기관 중 한 사람이 그들이 변론하는 것을 듣고 예수께서 잘 대답하신 줄을 알고 나아와 묻되 모든 계명 중에 첫째가 무엇이니이까 예수께서 대답하시되 첫째는 이것이니 이스라엘아 들으라. 주 곧 우리 하나님은 하나이시라. 네 마음을 다하고 목숨을 다하고 뜻을 다하고 힘을 다하여 주 너의 하나님을 사랑하라 하신 것이요 둘째는 이것이니 네 이웃을 네 자신과 같이 사랑하라 하신 것이라. 이보다 더 큰 계명이 없느니라(막 12:28~31).

예수님의 유대적 맥락에 관한 공부를 시작하기 전에는 대다수 그리스도인처럼 나도 쉐마가 무엇인지 듣지 못했다. 나에게 이 유명한 이야기를 요약해보라고 한다면 다른 그리스도인들처럼 하나님과 이웃 사랑에 관한 예수님의 말씀을 줄줄 읊었을 것이다. 그러면서도 수도원에 있던 그 유대인 아이들의 뇌리에 각인된 구절인 "하나님은 하나이시다"라는 알쏭달쏭한 도입부는 건너뛰었을 것이다. 하지만 이 한 줄이 유대 아이들 신앙의 초석이었다.

왜 예수님은 "하나님은 하나이시다"라는 한 줄을 인용하셨을까? 이것이 쉐마의 오프닝 문장이었기 때문이다. 그다음에 따라오는 것이 가장 큰 계명인 "네 마음을 다하고 목숨을 다하고 뜻을 다하고 힘을 다하여 주 너의 하나님을 사랑하라"이다. 유대 민족은 수천 년간 매일 밤낮으로 쉐마를 낭송하며 전심으로 하나님을 사랑하겠다는 약속을 했다.

놀랍게도 예수님이 언급하신 두 번째 계명인 "네 이웃을 네 자신과 같이 사랑하라"는 레위기 19장 18절에서 그대로 가져온 것이다. 예전엔 율법학자의 질문은 율법에 기초한 퀴즈였고 예수님의 답변은 율법이 아닌 사랑에 관한 것이었기에 듣는 사람에게는 충격이었으리라 짐작했다. 하지만 예수님의 답변이 구약의 토라(레위기와 신명기)에서 토씨 하나 안 틀리고 가져온 것임을 알았을 때 나는 정말 놀랐다.

율법학자가 어리석은 질문을 한 것도 아니었다. 오히려, 그것은 당대의 랍비들 간의 매혹적인 토론의 장에 참여하라는 초대장이었다. 십중팔구 그 율법학자는 이렇게 말했을 것이다. "모든 계명 중에 으뜸가는 것은 무엇입니까?"*Mah klal gadol ba'torah?* 하나님의 모든 가르침을 한 원리로 압축하면 무엇인지요? (우리가 '율법'이라고 번역하는 토라는 실제로 '가르침'을 뜻한다. 엄밀히 말해 토라는 그리스도인이 '오경'이라고 부르는 히브리어 성경의 맨 처음 다섯 책을 가리키지만 종종 성경 전체를 지칭하는 말로 쓰이기도 한다.) 단순히 성경을 요약해달라는 것이 아니라 나머지 모든 것이 녹아들어 간 핵심 구절 하나를 선택해 그 초점에 빛을 비추어달라는 의미였다. 율법학자는 하나님 뜻의 요체에 도달하려는 이 흥미진진한 토론에 예수님을 의견 개진자로 초청했던 것이다.[4]

율법학자의 질문을 유대적 맥락에서 들어보면 이 질문이 얼마나 심오한 것인지 깨닫는다. 그리고 예수님의 답변을 그 본래 맥락 안에서 묵상해보면 얼마나 정곡을 찌르는 답변인지 알게 된다. 하나님의 으뜸 계명에 담긴 풍성함을 맛보기 위해 우선 수 세기에 걸쳐 유대 사상의 중심이었던 쉐마의 첫 줄을 검토하는 것으로 시작하려 한다. 예수님의 나머지 말씀은 후속 장에서 검토할 것이다.

## 쉐마: 듣고 순종하라

예수님이 신명기에서 인용하신 히브리어 단어들은 위대한 지혜로 흘러넘친다. 자세히 들여다보면 쉐마의 첫 줄은 이렇게 번역할 수 있다.

쉐마*Shema*, 들으라

이스라엘*Israel*, 이스라엘아

아도나이*Adonai*, 주님

엘로헤누*elohenu*, 우리 하나님

아도나이*Adonai*, 주님

에하드*echad!*, 하나/혼자

첫 번째 단어 쉐마는 보통 '들으라'로 번역한다. 그러나 이 단어는 '소리를 지각하다'보다 훨씬 넓고 깊은 뜻이 있다. 쉐마는 "듣기, 주의하다, 들은 바에 행동으로 반응하다" 등으로 폭넓은 스펙트럼을 아우른다.

처음 들은 히브리어 수업에서 이 단어의 넓은 용례를 확인했다. 그 반에는 다른 데서 고급 히브리어 지식을 습득하고 우쭐대던 친구가 한 명 있었다. 그는 수업에 자주 지각하고 일찍 나갔으며 수업 중엔 딴청을 부렸다. 강사가 다른 사람에게 질문을 던지면 그들이 답하기도 전에 자기가 먼저 말하곤 했다. 짜증이 난 한 학생이 그가 들으라는 듯이 콕 집어 강사에게 질문했다. "누군가에게 '순종'을 가르치려면 어떻게 해야 하나요?"

강사는 응답했다.

"쉐마."

그날 오후 늦게 호기심이 발동하여 성경 컴퓨터 프로그램에서 '순종'obey이란 단어가 들어간 성구를 검색해 보았다. '순종'의 히브리어 원어는 대부분 쉐마였다!

가령 영어 성경에서 신명기 11장 13절은 "내가 오늘 너희에게 명하는 내 명령을 너희가 만일 '청종'하고…"라고 말한다. 그러나 원문은 문자적으로 "너희가 만일 '들으면'hearing"으로 읽힌다. 모세가 언약서를 이스라엘 백성에게 낭독한 후에도 백성은 "여호와의 모든 말씀을 우리가 '준행'하리이다"(출 24:7)라고 응답했다. 여기서 준행한다는 말씀은 히브리어로 "행하고 듣는다"이다. 두 동사는 실제로 유의어다. 히브리어에서 듣는다 함은 곧, 행하고 순종한다는 것과 같다.

어느 무더운 여름날 저녁, 대학 지기를 만났을 때 이 사실을 더 뚜렷하게 깨달았다. 그녀의 집 앞마당에서 담소를 나누는 동안 뒷마당에선 비명 섞인 웃음소리가 들려오며 그 집 아이들이 정원 호스와 대형 물총으로 몸이 흠뻑 젖도록 물총 싸움을 하고 있었다. 해가 지평선 너머로 저물어가며 취침 시간이 지나자 우린 대화를 그치고 아이들을 집 안으로 불러들였다. "시간이 늦었어. 이제 들어갈 시간이다." 친구가 단호하게 말했으나 낄낄거림과 추격전은 좀처럼 수그러들 기미가 보이지 않았다. 친구는 점점 더 큰 소리로 명령을 반복했지만, 전혀 효과가 없었다.

"우리 아이들이 청력에 문제가 있나 봐, 로이스." 그녀가 지친 듯 한숨을 내쉬며 말했다.

그녀가 히브리어를 공부한 걸 아는 난 이렇게 대꾸했다. "있잖아, 내 생각엔 너희 아이들의 문제는 쉐마가 안 된다는 거야." 친구의 말은 아이들의 고막에 진동은 일으켰지만, 집으로 들어가도록 몸을 움직이진 못했다. 아이들 반응만 보면 친구가 클링곤어(영화 〈스타트랙〉에 나오는 외계어—옮긴이)로 말한다고 봐도 무방할 듯했다. 친구 역시 듣기의 자연스러운 결과물은 합당한 반응이어야 함을 잘 알았다.

쉐마의 더 넓은 의미를 알면 다른 성경적 비밀에 대한 통찰도 얻을 수 있다. 시편에서 다윗은 "오 주님, 나의 기도를 들으소서"라고 간청한다. 그는 하나님이 귀머거리거나 자신에게 무관심하다고 힐난한 게 아니었다. 다윗은 하나님에게 행동을 취해 달라고 촉구한 것이었다. 천사가 사가랴에게 나타나 아내 엘리자베스가 요한을 수태했다는 소식을 전하자 사가랴는 자신들의 기도가 '들으신 바 되었다'고 했다. 그러니까 하나님이 불임 부부의 아이를 달라는 간절한 기도에 응답하셨다는 것이다(눅 1:13).

쉐마의 첫 줄에서 말하는 바는 "들어라, 주의하라, 이스라엘이여. 주님은 너의 하나님이시라"이다. 종종 하나님은 쉐마를 사용하여 이스라엘 백성에게 당신을 순종하라고, 신뢰하라고, 당신의 길을 따르라고 부르신다. 시편 81편은 바로 이 부분을 말씀하신다. 광의의 쉐마를 염두에 두고 들어보라.

> 내 백성이여 '들으라'. 내가 네게 증언하리라.
> 이스라엘이여 내게 '듣기'를 원하노라! …
> 그러나 내 백성이 내 소리를 '듣지' 아니하며
> 이스라엘이 나를 원하지 아니하였도다.
> 그러므로 내가 그의 마음을 완악한 대로 버려두어
> 그의 임의대로 행하게 하였도다.
> 내 백성아 내 말을 '들으라'.
> 이스라엘아 내 도를 따르라.
> 그리하면 내가 속히 그들의 원수를 누르고
> 내 손을 돌려 그들의 대적들을 치리니! …
> 또 내가 기름진 밀을 그들에게 먹이며
> 반석에서 나오는 꿀로 너를 만족하게 하리라 하셨도다
> (시편 81:8, 11~14, 16, 강조 저자 추가).

## 들을 귀 있는 자

쉐마란 단어를 이해하면 왜 예수님이 종종 "귀 있는 자는 들을지어다"(막 4:9 등)라는 말로 가르침을 맺으셨는지 알 수 있다. 예수님의 진의는 "너희가 내 가르침을 들었으니 이제 마음에 새기고 순종하라!"였다.

예수님은 우리가 단지 말씀을 듣는 자가 아니라 행하는 자가 되길 바라셨다(약 1:22).

씨 뿌리는 자 비유에서 이것을 확실히 볼 수 있는데, 주님은 '들을 귀'가 있다는 의미에 대해 결론을 맺으신다. 농부가 밭에 두루 씨를 뿌리는데, 땅의 상당 부분은 척박하여 딱딱한 인도에 떨어진 씨앗은 튕겨져나가고, 더러는 바위틈에서 시들고 더러는 잡초에 기운이 막혀버린다(막 4:3-20). 옥토에 떨어진 씨만이 제대로 성장한다.

예수님의 비유에서 땅은 우리의 마음이고 '듣는다'는 건 믿음과 순종으로 말씀을 받아들이는 것이다. 예수의 말씀은 우리가 어떤 유형의 청취자인지를 자가 진단하라는 촉구다. 우리 마음은 하나님의 말씀에 대해 딱딱하게 굳어 있는가? 혹은 재물과 분주한 일상 때문에 정신이 산만한 상태인가?[5] 우리는 당시 말씀을 듣던 청중이 특별히 완악한 자들이었다고 여기고 그들을 욕하길 잘한다. 그러나 우리라고 크게 다를까? 삶을 가득 둘러싼 잡초로 기운이 막히지 않은 사람이 있다는 말인가? 그리스도가 어디로 인도하시든지 진정으로 그분을 따르는 사람이 우리 중 얼마나 되는가?

이 비유는 듣기 힘겨운 만큼, 그 안에 강력한 약속을 담고 있다. 하나님은 땅의 상당 부분이 척박하다는 사실을 아시면서도 밭에 파종하는 농부와 같다. 하지만 하나님이 파종하는 씨앗은 능력으로 꽉 차 있다. 그리스도의 왕국이 '쉐마'[6]하려는, 즉 듣고 행하려는 소수를 확보할 때 얼마나 놀라운 영향을 미치는지를 보여준다. 씨앗은 고대 시절 생산성의 한계인 100배라는 막대한 소출을 낸다. 순종적인 제자 하나를 통해 하나님은 실로 기적적인 일을 행하시고 인간의 상상을 훌쩍 뛰어넘어 하나님 나라를 확장하신다.

## 지혜로운 히브리 언어

쉐마에 이렇게 폭넓은 의미가 있는 이유는 히브리어가 '어휘 부족' 언어이기 때문이다. 성경에 수록된 히브리어 어휘는 총 8천여 단어밖에 되지 않는다. 이는 영어 성경의 어휘 40만 개에 한참 밑도는 수준이다.[7] 히브리어의 부요함은 역설적으로 어휘의 빈궁함에서 온다. 고대 언어는 단어 수가 매우 적었기 때문에 언어가 실체를 온전히 묘사하려면 각각의 단어가 별도의 의미를 많이 짊어져야 했다. 단어 하나하나가 흡사 미어터질 듯한 여행가방 같은 꼴이다. 각 단어를 풀이하는 과정은 고대 저자들이 우리와 달리 어떤 이질적인 방식으로 개념들을 범주화하며 생각을 정돈해 나갔는지를 발견하는 즐거운 작업이다.

우리가 오로지 정신적 활동을 일컫는다고 생각하는 많은 히브리어 동사들은 종종 예상되는 물리적 결과까지도 내포한다. 일례로 '기억하다'는 '누군가를 배려하다'를 뜻할 수도 있다. 창세기 8장 1절은 "하나님이 노아…를 기억하사 … 바람을 땅 위에 불게 하시매 물이 줄이들었고"라고 기록했다. 하나님은 어느 날 아침 문득 방주가 어디쯤엔가 표류하고 있음을 기억해내신 게 아니었다. 하나님은 노아를 구조하러 오시는 것으로 그를 기억하셨다. 그리고 다른 사람을 '안다'는 것은 그들과 관계를 맺고 관심을 갖고 친밀해지는 것을 말한다. 아담이 하와를 '알았을' 때 하와는 가인을 잉태했다(창 4:1).

> 히브리어는 다른 어떤 언어보다 평범하지만, 그럼에도 웅장하고 찬란하다. 몇 안 되는 단순한 단어들 속에 많은 것을 담고 있으며 이로써 다른 모든 언어를 능가한다.
>
> **– 마틴 루터**

히브리어 동사들은 단순한 정신적 활동이 아닌 행동과 효과를 강조한다. 이는 히브리어에만 있는 독특함은 아니다. 페루의 신약성경 번역가 로리 앤더슨은 칸도쉬어에서 '믿다'에 해당하는 단어를 찾느라 수개월을 헤맸다. 칸도쉬어에는 성경 번역에서 절대적으로 중요한 이 단어를 옮길 만한 직접적 대응어가 없었던 것이다. 마침내 그녀는 '듣다'가 '믿다'와 '순종하다'를 뜻할 수도 있음을 발견했다. 앤더슨의 글이다.

> 칸도쉬어에서 "하나님의 말씀이 들리지 않는가?"란 질문은 "하나님의 말씀을 '믿고 따르지' 않는가?"를 뜻한다. 그들의 사고방식에서는 뭔가를 '듣는다'는 게 들은 바를 믿는다는 것이고, 믿으면 순종한다는 것이다. 영어에서처럼 각각이 구별되어 있지 않다.

그녀를 비롯해 여러 성경 번역자들이 동일한 현상을 호소한다. 그들은 종종 토착어에서 우리가 매우 중요하다고 보는 정신적 활동을 묘사하는 단어를 찾지 못해 고전한다. 생각이 그것의 예견된 결과와 묶여 있어 일대일 대응어가 존재하지 않는 토착어에서는 이런 경우가 부지기수다.[8]

이걸 이상하다고 여기는 이유는 서구적 관점 탓도 있다. 플라톤을 포함한 헬라 문화에서는 정신세계를 으뜸으로 치면서도 물리적 실체는 무가치한 것으로 보았다. 그 결과 서구 문화는 지성을 보물처럼 떠받들면서도 행동은 폄하하는 경향이 있다. 그리스도인 중에서도 행동은 무의미하며 심지어 믿음에 반하는 '죽은 행위'라고 보는 이들이 더러 있다.

인터넷에서도 종종 이런 불운한 단절과 마주친다. 어떤 그리스도인은 자기가 신학적 오류라고 생각하는 것에 무례하고 볼썽사나운 모욕으로 응하면서도 '이단' 배척은 잘못이 아니기에 거리낌을 느끼지 않는다. 바른 지식을 '안다'는 건 중차대한 일이지만, "네 이웃을 사랑하라"는 그리스도의 계명에 '순종'하는 건 자기와 무관한 일로 여긴다. 그러나 성경은 심판 날에 우리가 생각 없이 한 모든 말에 책임을 져야 한다고 했다(마 12:36). 우리가 인터넷에 쓴 글을 그분이 천상의 모니터로 훑어보시며 읽으신다고 상상해보라.

(다른 언어도 그렇지만) 히브리적 논리에 의하면, 행동은 우리 머릿속에 있는 것에서 연유한다. 만일 당신이 누군가를 '기억한다'면 당신은 그들을 배려하는 행동을 할 것이다. 만일 당신이 누군가의 소리를 '듣는다'면 그들의 말을 따를 것이다. 만일 당신이 누군가를 '안다'면 당신은 그들과 가까운 사이가 될 것이다. 히브리 사람들은 머리에서 마음까지의 30센티미터가 세상에서 가장 긴 거리임을 안다. 그러므로 일단 당신의 신앙이 그 거리를 이동한다면 자연스럽게 손과 발을 통해 밖으로도 나올 것이다.

## 에하드: 하나뿐인 내 사랑

쉐마의 첫 줄에서 또 다른 핵심어는 에하드*echad*다. 에하드의 가장 흔한 뜻은 단순하게 '하나'이지만, 단일한, 홀로, 독특한, 통일된 등과 같은 뜻을 함께 품고 있다. 에하드의 의미가 이렇게 다채롭고, 첫 줄 나머지 부분의 문형이 난해하기 때문에 쉐마를 둘러싼 논쟁도 수천 년간 끊이질 않았다.

신명기 6장 4절에 동사가 아예 없다는 것도 문제다. 문자적으로 독해하면 "야훼… 우리의 하나님… 야훼… 하나"[9]이다. 이 구절은 "주님은 우리의 하나님이시다, 주님 홀로" 또는 "우리의 하나님 주님, 주님은 하나이시다", 둘 중 하나로 해석할 수 있다. 더 보편적인 독법은 두 번째, '하나님은 독보적이시다'는 의미의 "주님은 하나이시다"이다. 단 한 분의 하나님이 계시며, 그분이 이스라엘의 하나님이시다. 고로 흔히들 이 첫 줄을 유일신 사상에 대한 신앙 진술로 이해한다.

에하드는 유대인과 그리스도인이 첨예하게 대립하는 지점이다. 유대인은 종종 삼위일체나 그리스도의 신성을 믿을 수 없는 근거로 에하드가 '하나'를 뜻한다는 사실을 든다. 그리고 그리스도인은 하나님이 지으신 아침과 저녁이 함께 '욤 에하드'*yom echad,* 한날를 이루듯 에하드가 복합적 통일체를 가리킬 수 있다고 맞선다(창 1:5 참조). 아담과 하와가 결혼으로 '바사르 에하드'*basar echad,* 한몸 된 것도 같은 맥락이다(창 2:24).

쟁점은 쉐마를 신앙 신조로 해석하는가에 있다. 즉, "하나님은 하나이시다"는 하나님이 어떤 존재이신가에 관한 진술이다. 흥미롭게도 가장 널리 읽히는 유대 성경 역본에서는 신명기 6장 4절을 "우리 하나님 주님, 주님은 하나이시다"가 아니라 "주님은 우리의 하나님이시다, 주님 홀로alone"라고 번역했다.[10] 이는 최근 수십 년간 학계에서 신명기 6장 4절의 에하드가 고대에서는 '하나'보다는 '홀로'라는 뜻으로 쓰였을 가능성이 크다고 믿었기 때문이다. 가령 스가랴 14장 9절에서도 에하드는 '홀로'의 의미로 쓰였다. "여호와께서 천하의 왕이 되시리니 그날에는 여호와께서 '홀로 한 분'[에하드]이실 것이요 그의 이름이 '홀로 하나'[에하드]이실 것이라." 이것은 온 인류가 우상숭배를 그치고 오직only 하나님만 경외하고 홀로alone 그의 이름만을 부르게 될 메시아 시대에 관한 환상이다.

유대인 학자 제프리 타이가이는 비록 성경이 뚜렷하게 유일신 사상을 설파하지만, 쉐마 자체는 신앙 선언문이 아니라는 주장을 한다. 그는 쉐마의 첫 줄을 "야훼와 이스라엘의 합당한 관계 묘사"로 규정한다. 그의 말이다. "즉, 야훼 홀로 이스라엘의 하나님이라는 것이다. 이는 오직 하나의 하나님만 있다는 의미의 유일신 사상의 선포가 아니다. … 비록 이 민족은 그들이 신으로 여기는 다양한 존재와 사물을 경배하지만, 이스라엘은 오직 야훼만을 인정해야 한다는 것이다."[11]

왜 에하드의 의미가 중요할까? 이것으로 쉐마가 소통하려는 의미가 달라지기 때문이다. 쉐마는 단지 하나님에 대해 특정 신앙을 가지라는 계명이 아니라 한 분 하나님에 대한 절대 충성의 촉구다. 하나님만이 우리가 경배할 대상이다. 우리가 섬길 분은 오직 그분밖에 없다. 종종 쉐마를 신앙 신조나 기도문으로 보기도 하지만, 실은 매일 두 번씩 이스라엘이 하나님과 맺은 언약을 상기하라는 충성 맹세로 이해하는 게 더 옳다.

신앙을 정의하려고 신조와 선언을 암송하는 데 익숙한 서구 그리스도인들은 여기 쉐마에서도 동일한 것을 찾는다. 그래서 예수님의 말씀을 하나님의 '하나 됨'을 믿는 것이 지극히 중요하다는 뜻으로 오해한다. 하지만 이 으뜸 계명 한 줄을 제대로 이해하자면, 실은 단 한 분의 참 하나님께 자신을 헌신하라는 호소인 것이다.

신명기 6장 4절을 이런 식으로 읽으면 또 다른 의문이 풀린다. 으뜸 계명이 무엇이냐는 질문을 받으셨을 때 예수님은 왜 하나님이 '하나이시다'는 구절을 인용하심으로 답변의 포문을 여셨을까? 자신의 주인 되신 하나님께 헌신하라는 내용으로 이 한 줄을 읽으면 ('왜' 우리 온 존재를 다해 하나님을 사랑해야 하는가를 설명하는) 쉐마의 다음 줄로 물 흐르듯 연결된다. 만일 주님'만'이 우리의 하나님이라면, 그리고 우리가 다른 신을 경배하지 않는다면, 우리는 마음과 힘과 뜻을 다하여 하나님을 사랑할 수 있다. 두 문장은 더불어 하나의 계명을 이룬다. 바로 가장 으뜸되는 계명인 '주 너의 하나님을 사랑하라'가 된다.[12]

다시금 히브리어 맥락에 비추어 보면, 예수님의 말씀은 우리를 뇌 속에서 진행되는 정신활동 너머로까지 부르시는 것이다. 우리는 단지 '듣기'만 할 게 아니라 주의하고 반응하고 순종해야 한다. 그리고 우리의 부르심은 단지 하나님의 한 분 되심을 믿는 데서 그치지 않고 하나님을 우리 삶의 중심에 놓는 것이다.

그렇게 하려면 온 마음과 뜻과 힘과 생각을 다하여 하나님을 사랑해야 한다. 히브리어 맥락에서 각각의 단어를 살펴보면 우리의 부르심과 예수님이 이해하신 성경의 핵심 본질에 관한 이해의 지경이 넓어질 것이다. 다음 장에서 이 부분을 이어서 살펴보자.

3장

# 가진 전부를 바쳐 하나님 사랑하기

하늘에 계신 너의 아버지의 뜻을 행하기 위해
표범처럼 강하고 독수리처럼 날렵하고
고라니처럼 민첩하고 사자처럼 용맹하라.
- 쥬다 벤 테마[1]

새벽 미명의 추위 속에서 빅터 프랭클의 해진 유니폼 사이로 칼바람이 몰아쳐 살을 에어 냈다. 빅터와 동료 죄수들은 아우슈비츠 수용소 게이트를 통과하여 작업장으로 터벅터벅 걸어가고 있었다. 그들 앞에 영원처럼 긴 또 하루가 펼쳐지고 있었다. 무리는 체온을 유지하기 위해 나닥다닥 붙어 웅덩이와 진흙탕을 거쳐 하수구가 있는 돌길을 걸었다.

세운 옷깃 너머로 한 남자가 빅터에게 속삭였다. "아내들이 지금 우리 꼴을 보면 어쩔까! 아내들은 여자 수용소에서 형편이 나았으면 좋겠어. 우리가 무슨 일을 당하는지 정말 몰랐으면 좋겠어." 순간 지난 삶이 주마등처럼 프랭클의 머릿속을 스쳐 가며 비현실적일 정도로 또렷하게 아내의 모습이 떠올랐다. 그녀의 따듯한 미소, 진솔하면서도 힘을 북돋아 주는 고갯짓, 웃을 때 눈을 찡그리던 모습까지. 아내에 대한 강렬한 사랑이 조수처럼 밀려왔고 황폐하고 암울한 현실 너머로 그를 들어 올렸다. 《죽음의 수용소에서》*Man's Search for Meaning*에서 프랭클은 말한다.

> 어떻게 이 세상에서 아무것도 남은 게 없는 남자가, 비록 짧은 찰나일지언정 사랑하는 이를 떠올리며 이런 환희를 경험할 수 있을까? … 나는 난생처음 "천사들이 세세토록 무한한 영광을 묵상하느라 여념이 없다"는 말의 의미를 이해할 수 있었다.[2]

프랭클은 가장 암담한 시간에 아내 사랑으로 마음에 기쁨이 가득 차오르는 경험을 했고, 그때 어떻게 천사들이 하나님을 경배하고 사랑하며 영원의 매 순간을 보낼 수 있는지를 깨달았다. 짧은 순간이나마 프랭클은 으뜸 되는 계명의 진수를 맛보았다. "너는 마음을 다하고 뜻을 다하고 힘을 다하여 네 하나님 여호와를 사랑하라"(신 6:5).

우리를 위한 그리스도의 엄청난 희생을 아는 그리스도인은 왜 온 마음을 다하여 하나님을 사랑해야 하는지를 어렵지 않게 이해한다. 그런데 마음과 뜻과 힘이라는 쉐마의 둘째 줄이 진짜 의미하는 바가 뭘까? 그것은 우리 삶에서 구체적으로 어떤 모습으로 나타나는 걸까?

## 어떻게 사랑을 명령할 수 있지?

예수님이 인용하신 첫 단어는 '베아하브타'*ve'ahavta*이다. 문자적인 뜻은 "그리고 넌 사랑하리라"and you shall love이다. 얼핏 보면 미래에 관한 진술처럼 들리지만 실은 계명이다.[3] 어떤 의미에서는 미래를 묘사하는 것으로 읽을 수도 있다. 마침내 그리스도 앞에 서서 우리를 위해 주님이 성취하신 바를 볼 때 우리는 정말로 온 마음을 다하여 주님을 사랑하게 될 것이다. 천사들과 똑같이 세세토록 하나님을 경배하는 데 아무 어려움을 겪지 않을 것이다. 우리가 사랑하는 구세주의 존전에서 세세토록 거하는 것이 바로 천국이다.

더 평범한 의미에서, 베아하브타는 미래에 관한 것이 아니라 오늘을 위한 계명이다. 중세의 유명한 유대 철학자 마이모니데스는 이렇게 썼다.

> 하나님에 대한 합당한 사랑은 어떤 모습일까? 그것은 영혼이 하나님 사랑에 묶일 때까지 지극히 강력한 사랑으로 하나님을 사랑하는 것이다. 우리는 사모하는 여인 아무개 외에는 아무 생각도 할 수 없는 '상사병' 환자 같이 … 되어야 한다. 앉으나 서나 먹을 때나 마실 때나 온통 그녀 생각이어야 한다. 하나님을 사랑하는 사람이라면 사실 이보다 더 치열해야 하며, 우리에게 주신 "마음을 다하고 뜻을 다하고"(신 6:5)라는 계명처럼 늘 하나님 사랑에 사로잡혀 있어야 한다.[4]

마이모니데스가 이 설교의 근거로 든 것은 쉐마의 뒷부분에 나오는 한 줄이다. 즉, 듣는 자들은 집에 앉아서나 길을 걸을 때나 자리에 누울 때나 일어날 때나 하나님 말씀을 생각해야 한다는 것이다(신 6:7). 랍비 제프리 스피처는 에하드, 즉 하나님이 오직 한 분이시라는 개념을 사랑에 빠지는 것과 연결한다. 그의 글이다.

> 누군가 사랑에 빠지면 이렇게 된다. 세상엔 그가 사랑하는 대상만 존재한다. 그 사랑과의 관계는 완벽한 하나 됨의 경험을 제공한다. 사랑에 빠진 사람은 외치고 싶어 한다. "듣고 있는가! 난 사랑에 빠졌다고! 바로 이 사람이라고!" 이와 크게 다르지 않은 것이 "이스라엘아 들으라. 우리 하나님 여호와는 하나이시니!"이다. 누군가 사랑에 빠지면 그 사람에 관한 모든

것을 알고 싶어 하며("이 말씀을 강론할 것이며"), 온종일, 심지어 밤새 대화가 이어진다("누워 있을 때에든지 일어날 때에든지").[5]

사랑은 한 시간 찬양에 맞춰 몸을 흔들 때 느끼는 희열 그 이상이다. 브라이언 맥라렌은 일부 "영적 희열 중독자들"은 영적 환희의 바다에 몸을 맡기고자 눈물을 자아내는 메시지와 마음을 설레게 하는 음악의 적절한 배합을 찾아 이 교회 저 교회를 기웃거린다고 했다. 분명 하나님의 임재는 실제적이며 오감으로 와 닿을 수도 있다. 그러나 어떤 이들은 충만한 경배가 주는 '느낌'의 도취경만 바란다. 메시지에 반응하거나 교회 공동체에 속하는 일은 그들의 관심사가 아니다.

"때론 '느낌'이 예배의 목적인 것처럼 여기는 사람이 너무 많아 보인다. 더 나쁜 건 '느낌'을 기독교의 지상 목적으로 보는 것이다"라고 맥라렌은 말한다. 그는 하나님이 이렇게 묻지 않으실까 상상한다. "결코 '그 느낌'을 얻지 못하더라도, 여전히 날 계속 예배할 수 있느냐? 단지 느낌을 얻기 위해서가 아니라 날 위해서 말이야?"[6]

사랑에 해당하는 히브리어, '아하바'*ahavah*의 폭넓은 뜻을 안다면 하나님을 사랑하라는 계명의 본질을 조명할 수 있을 것이다. 아하바는 다른 이를 향한 애정이라는, 사랑에 대한 흔한 이해를 넘어선다. 아하바는 단지 내면의 정신 상태가 아니라 사랑과 연관된 행동까지 아우른다는 면에서 쉐마와 유사하다. 아하바는 또한 "~를 향해 사랑스럽게 행동하다" 또는 "~에게 충성하다"를 뜻할 수도 있다. 고대의 조약에는 평화 조약을 체결한 적국의 왕이 상대국 왕을 '사랑'(아하바)하기로 서약했다는 내용이 나온다. 이는 상대국 왕이 머릿속에 떠오를 때마다 그가 얼마나 멋진 남자인가 훈훈한 상념에 잠긴다는 뜻이 아니라 신의를 지킨다는 뜻이다.

아하바의 뉘앙스를 알면 또 하나의 퍼즐이 풀린다. 하나님은 사람들에게 특정한 감정 반응을 기대하시며 '사랑하라'고 명령하셨을까? 물론 하나님은 그런 의도가 아니었다. 이스라엘 민족에게 언약의 일부로서 하나님을 사랑하라는 명령이 주어진 것은 열정적 감정을 앞세우기보다는 순종의 대상인 하나님께 전적으로 충성하고 헌신하라는 뜻이었다.

척 워녹 목사는 이를 이렇게 표현했다.

> 사랑은 행동을 의미했다. 사랑은 하나님의 백성이 다른 모든 족속과 구별되는 특별한 방식으로 살아간다는 걸 의미했다. 오직 한 분 참 하나님만 예배하는 것을 의미했다. 그러니까 위험 분산 차원에서 태양신, 달신, 수확의 신을 위한 우상을 만들고 숭배하는 것이 아니란 말이다. 하나님을 사랑한다는 것은 오직 한 분 하나님, 아브라함과 이삭과 야곱의 하나님에게 당신의 운명을 맡긴다는 뜻이다.[7]

감정이 중요하지 않다는 말이 아니다. 그러나 감정은 하나님의 백성이 그분의 너그러운 돌봄, 자비로운 죄 사함, 기도 응답을 경험한 다음에 사후적으로 임하는 것이었다. 하나님을 열렬히 사랑했던 다윗 왕은 경배의 기쁨으로 체통도 잊고 춤을 추었고, 옷자락과 왕족의 위엄일랑은 훌훌 벗어버렸다(삼하 6:14~16).

'사랑'에 대한 이런 풍성한 정의를 통해 우리는 남을 사랑하는 것이 단지 정신적 느낌이 아니라 행동을 포함해야 함을 배운다. 단지 이웃에 관해 좋은 생각만 하는 것으로는 이웃을 사랑하라는 하나님의 계명에 온전히 순종할 수 없다. 이웃을 사랑하려면 의자에서 엉덩이를 떼고 몸을 일으켜 우리가 할 수 있는 어떤 방식으로든 이웃을 도움으로써 하나님 사랑을 보여주는 데까지 가야 한다.

난 사랑하는 나의 작고 검은 턱시도 고양이 다니엘에게 자주 사랑 고백을 한다. 늘 온갖 병을 달고 다니고 생긴 게 이상하다는 점을 감안하면 내 사랑은 조금은 특별해 보인다. 1년 전 음식 알레르기로 가려움증이 생긴 다니엘은 가슴팍에서 꼬리까지 털을 핥아댔다. 앞모습은 준수했지만, 등은 스핑크스처럼 털이 빠지고 주름이 자글자글했다. 우린 결국 가려움증을 해결했지만 지금도 털은 일부만 복원되어 절반은 탈모 상태다.

어느 날 문득 내가 다니엘을 향해 품었던 온갖 훈훈한 내면의 상념은 실은 사랑이 아니었다는 생각에 이르자 둔기로 한 대 맞은 듯했다. 내가 일정을 조정하여 매일 아침저녁으로 녀석에게 약을 먹이고, 끝도 없이 배변 박스 주변을 더럽힐 때마다 몸을 씻겨주고 매달 수의사에게 돈을 지불하는 일을 하지 않는다면 그것은 사랑이 아니다. 사랑은 내향적이면서도 외향적이며, 훈훈한 감정과 그 결과물인 행동까지 모두 포함한다.

아하바의 이러한 활동적 측면을 알 때 예수님 말씀이 밝히 이해된다. 예수님이 원수를 사랑하라고 명하셨을 때 내적 애정보다는 원수를 향한 우리의 행동을 염두에 두신 것이다. 이런 식으로 말씀을 읽는다면 "너희 원수를 사랑하라"는 구절은 그다음 구절인 "너희를 미워하는 자를 선대하며"(눅 6:27)와 비슷한 말이 된다. 원수를 공명정대하게 대하고 그들을 위해 기도하고 복수하지 않으며 그들이 당신에게 아무리 무례하게 굴어도 친절하게 대하는 것이 원수를 향한 사랑을 삶으로 실천하는 모습이다. 누군가 당신에게 잔인하게 군다면 억지로 그가 좋은 사람이라고 생각하며 자신을 기만할 필요는 없다. 사랑으로 행

> 평화를 사랑하고 그것을 도모하라. 이웃을 사랑하고 그들을 토라로 끌어당기라. 이것이 아론의 제자가 되는 길이다.
>
> **– 미쉬나, 아봇 1:12**

하려고 최선을 다하다 보면 언젠가는 감정이 달라지기 마련이다.

## 마음을 다하여

영어에서 'heart'(마음)는 우리의 감성을 지칭하며 때로는 우리의 합리적 사고인 '머리'와 대비되는 개념으로 사용되기도 한다. 그러나 히브리어에서 마음*lev* 혹은 *levav*은 단지 감정이 아니라 머리와 생각까지 아우르는 말이다. 마음은 당신의 모든 내면생활의 중심이다. 생리학에 대한 원시적인 이해를 반영한다면 이스라엘이 어떻게 이런 결론에 도달했는지 어렵지 않게 알 수 있다. 여러 고대 문화권에서는 지성이 심장 속에 있다고 짐작했는데, 그 이유는 심장이 몸에서 유일하게 움직이는 기관이고 감정이 강렬해지면 심장박동이 빨라지기 때문이다. 그리고 심장이 박동을 멈추면 사람은 죽는다.

'마음'이 종종 '머리' 혹은 '생각'을 뜻한다는 사실을 알면 명쾌해지는 성경 구절이 있다. 일례로 "오늘 내가 네게 명하는 이 말씀을 너는 마음에 새기고"(신 6:6)의 진짜 뜻은 "이 계명이 네 '생각'의 일부로 녹아 들어가야 한다"는 것이다. 그리고 잠언 16장 23절, "지혜로운 자의 마음은 그의 입을 슬기롭게 하고 또 그의 입술에 지식을 더하느니라"의 진짜 뜻은 "지혜로운 자는 그의 말을 곱씹어 '생각'하므로 설득력 있게 말할 수 있다"는 것이다. 이처럼 구약에서 '마음'이란 단어가 등장하면 감성뿐 아니라 지성의 측면도 고려해야 하는데, 그 이유는 히브리어에서 마음은 머리를 뜻하는 것일 수도 있기 때문이다.

이것은 우리가 주님을 사랑하기 위해서 우리의 감정뿐 아니라 생각까지 동원해야 한다는 의미다. 바울이 말하듯 "모든 생각을 사로잡아 그리스도에게 복종"(고후 10:5) 시켜야 한다. 유구한 유대 문화에서 우리가 배울 것이 하나 있다면, 종교적 신앙을 획득하기 위한 그들의 처절한 열심일 것이다. 예수님 당대의 랍비라면 성문 토라와 그 외의 성경 본문을 통째로 암송하여 언제든 자유자재로 지혜를 끌어낼 뿐 아니라 백과사전 분량의 구전 주석을 암송하는 것이 당연한 일이었다. 예수님 역시 당대 최고의 랍비들에게 논쟁에서 밀리지 않았으며 어린 시절과 성인기 학습의 결과, 랍비들의 존중을 받았다.

> 소몰이 막대기가 밭길을 따라 암소를 몰아가듯 토라의 말씀은 공부하는 자를 사망의 길에서 생명의 길로 몰아간다.
>
> **– 탈무드, 하기가 3a**

오늘날에도 정통파 랍비들은 방대한 분량의 주석 본문을 암송한다. 한 학자는 더 이상 필요하지 않다며 20권짜리 탈무드 전집을 제자에게 물려주었다. 그 역시 다른 랍비들처럼 탈무드에 대한 기억을 생생하게 유지하기 위해 시간을 정해 놓고 책별로 암송했다. 히브리 대학 교수였던 그가 예루살렘 거리에 나가면 이 방대한 지식의 소유자를 알아보고 난해한 본문에 대한 고견을 물어오는 사람들이 있었다.[8]

이런 소문에 대해 처음엔 인간적으로 불가능한 일이라고 생각했다. 그러나 우리 기억에 저장된 온갖 대중문화에 생각이 미쳤다. 흘러간 옛 노래를 틀어주는 라디오 방송에 주파수를 맞추고 한번 테스트해보라. 수년간 듣지도 못했던 노래 몇백 곡이 한 절 한 절 입에서 줄줄 흘러나올 것이다. 당신이 나와 같은 세대라면 "Monday Monday, can't trust that day…"(1963년 The Mamas & Papas가 냈던 정규 앨범에 수록된 〈Monday, Monday〉라는 타이틀 곡—편집자), "Yesterday, all my troubles seemed so far away"를 흥얼거릴 것이다. "Here's the story of a lovely lady…"(여기 매력적인 아가씨 이야기가 있습니다)로 시작하는 도입부만 들어도 시트콤 〈브레이디 번치〉Brady Bunch 주제곡을 따라 부를 수 있다. 또 다른 시트콤 〈길리건 아일랜드〉Gilligan's Island는 어떤가? 우리의 뇌는 이처럼 시트콤과 톱 40 히트곡으로 가득 차 있지만, 예수님 동시대인의 머리에는 찬송이나 노래로 불렀던 시편, 성경과 기도문으로 가득 차 있었다.

암송 중심의 성경 교육이 지나치다고 생각할지도 모르겠지만, 고대부터 현재까지 대부분 사회에서 사람들은 오늘날 우리보다 훨씬 더 경전에 해박했다. 실제로 근대 서구 문화는 역사상 가장 세속적인 문화로 꼽힌다.[9]

## 온 생을 다하여

우리는 "혼을 다하여"with all your soul 하나님을 사랑하라는 구절을 건성으로 대하는 경향이 있다. 우리 문화에서 '마음과 혼'을 다해 어떤 내상을 사랑한다는 것은 영혼과 감정을 동원해, 열렬하게 사랑함을 뜻한다. 그러나 우리가 '혼'이라고 해석하는 '네페쉬'*nephesh*에 대해 히브리어는 단지 영이나 속사람 이상의, 다른 의미로 지칭하기도 한다. '네페쉬'는 호흡이 지속되는 기간인 '인생'이란 뜻도 된다. 고로 이 구절에 대한 유대적 해석은 '당신의 온 생을 다하여' 주님을 사랑한다는 것이고, 인생 내내 매 순간 사랑한다는 뜻이다. 이렇듯 온 생을 다하여 하나님을 사랑한다는 말은 일, 취미, 스포츠, TV, 최신 영화 간간이 하나님을 위한 짧은 순간을 끼워 넣겠다는 우리의 문화적 통념과는 사뭇 반대된다.

온 '네페쉬'를 다하여 하나님을 사랑한다는 건 또한 하나님을 위하여 내 삶을 희생할 의향이 있다는 말이다. 유대인은 여건이 허락한다면 세상을 떠날 때 마지막 헌신으로 쉐마를 낭송하려 한다. 허다한 유대인 순교자들이 마지막 숨을 거둘 때 쉐마를 외쳤다는 사실로 이것을 입증할 수 있다. 주후 1세기에 토라를 가르쳤다는 이유로 로마에 공개적으로 고문을 받다 죽은 랍비 아키바에 관한 위력적인 일화가 전해져 온다. 아침 쉐마를 암송할 시간이었다. 고문받던 아키바가 고통으로 절규하는 대신 쉐마를 암송하는 소리가 제자들 귀에 들렸다.

제자들이 외쳤다. "선생님, 지금도요?"

죽어가는 랍비가 설명했다.

"내 평생 '혼을 다하여 네 하나님 여호와를 사랑하라'는 구절을 읽을 때마다 궁금했다. 과연 내가 이걸 실천할 특권을 누릴 수 있을까? 이제 기회가 왔으니 기쁨으로 그 기회를 잡아야 하지 않겠나?" 그는 영혼이 떠나갈 때까지 "이스라엘아 들으라. 우리 하나님 여호와는 하나이시니"라는 쉐마 문구를 반복했다.[10]

이는 우리를 향한 예수님의 부르심이고 주님도 행하셨던 바다. 예수님은 온 생을 다해 마지막 숨 쉴 때까지 하나님을 (그리고 우리를) 사랑하셨다.

### 헤세드: 길게 행동하는 사랑

히브리어에는 영어에서 찾을 수 있는 어떤 개념보다 풍성하고 심오하게 "평생에 걸친 사랑"을 일컫는 단어가 있다. 바로 '헤세드'이다. (쉐마에는 이 단어가 직접 나오진 않지만, 여기서 헤세드를 논하지 않는 건 말이 안 된다고 생각한다.) 언약 관계에 근거한 헤세드는 영원토록 제자리를 지키는 바위처럼 견고하고 충성스러운 사랑을 의미한다. "산들이 떠나며 언덕들은 옮겨질지라도 나의 자비[헤세드]는 … 흔들리지 아니하리라"(사 54:10).

헤세드는 어떤 죄나 배신도 견디며 그 과정에서 상함을 고치고 은혜롭게 용서를 건네는 끈덕진 사랑이다. "이는 주께서 영원하도록 버리지 아니하실 것임이며 그가 비록 근심하게 하시나 그의 풍부한 인자하심[헤세드]에 따라 긍휼히 여기실 것임이라"(애 3:31~32).

헤세드는 하나님이 사랑하시는 것처럼 사랑하는 것이다. 하나님의 임재가 시내산에서 모세를 지나치시며 자신의 실체를 드러내실 때 하나님은 그분의 큰 헤세드를 선포하셨다(출 34:6). 성경학자 존 오스왈드는 이렇게 설명했다.

> 헤세드는 … 단연코 독보적인 하나님 묘사어다. 이 단어는 권좌에 있는 사람이 전적인 무자격자에게 베푸는 선함과 너그러움을 말한다. 이것이 이스라엘이 경험한 하나님이었다. 하나님은 백성이 자신을 찾지 않고 있을 때 자신을 계시하셨고, 백성이 끈질기게 언약을 깨뜨리고 언약 준행의 모든 근거를 산산이 부서뜨린 뒤 한참이 지났어도 계속 언약을 지키셨다. … 인간과 달리 하나님의 신성은 변덕스럽지 않고 믿음직했으며, 자기 유익만 챙기거나 탐욕스럽지 않았다. 하나님의 신성은 신실하고 진실하고 바르며 너그러웠다. 언제나.[11]

다른 히브리어 단어처럼 헤세드는 단지 감정이 아니라 행동을 포함한다. 헤세드는 사랑하는 자의 유익을 위해 개입하여 구출하는 것이다. 아브라함의 종은 우물가의 우연한 만남을 통해 기적적으로 이삭의 신붓감을 찾은 후 이렇게 하나님을 찬양했다. "나의 주인에게 주의 사랑[헤세드]과 성실을 그치지 아니하셨사오며"(창 24:27). 헤세드는 종종 활동적이기에 자비 또는 사랑으로 번역되지만, 가장 자격 없는 자에게까지 요동치 않는 성심으로 행하시는 헤세드의 의미를 온전히 전달하지는 못한다.

헤세드는 마약중독자 아들을 감옥에서 보석으로 꺼내기 위해 밤길을 운전해 가는, 뼛속까지 고단한 아버지의 사랑과 같다. 헤세드는 장애인 자녀에게 스푼으로 밥을 떠먹이고 뒤를 닦아주며 아무도 알아주지 않는 하루하루를 살아가는 엄마의 사랑이다. 헤세드는 오래 참는 눈물의 기도로 탈진한 남편이 무너지지 않도록 붙잡아주는, 이름도 빛도 없이 섬기는 아내의 사랑이다. 헤세드는 수십 년이 지나도 의지할 수 있는 사랑이다. 헤세드는 연애의 짜릿함이 아니라 충성스러운 안정감이다.

아버지가 소천하기 2년 전 우리 부모님은 결혼 63주년을 기념하셨다. 난 부모님이 결혼한 지 20여 년 후 7남매 중 막내로 태어났다. 내가 부모님 사이에서 보았던 사랑은 신혼부부의 열정이라기보다는 인생의 고점과 저점을 동행하는 차분한 헌신에 가까웠다. 그들 세대에서는 비범하다고 할 수 없지만 두 분이 자식들에게 주신 선물은 날이 갈수록 진귀한 것이 되어가고 있다. 바로 사랑하는 가족 안에 우리 삶이 안정적으로 닻을 내렸다는 그 느낌 말이다. 한 해 한 해 인생의 풍파를 함께 겪어내심으로써 부모님은 하나님의 헤세드를 삶으로 보여주셨다.

요즘 사람들에게는 헤세드가 점점 이해하기 어려운 개념이 되어가는 건 아닌가 싶다. 우리에게 사랑이란 데이트, 연애, 촛불 켜진 레스토랑, 황혼의 해변길 산책 같은 것이다. 우리는 단기적 사랑에 초점을 맞춘다. 영화에서는 열렬한 키스 한 번에 따분한 탈모 남편을 헌신짝처럼 버리고 정체불명의 나그네를 따라나서는 주부가 마치 진짜 사랑을 발견한 것처럼 그린다. 평생에 걸친 충성이 너무도 희귀해 이렇게 된 걸까? 결손가정에서 자라는 이들이 점점 많다 보니 결코 끝나지 않는 사랑에 대한 상상력이 사라진 건 아닐까?

많은 그리스도인이 하나님과 우리의 관계를 연애하는 사이라고 이야기한다. 우린 그리스도를 영접한 날을 회상하며 그 첫날을 애틋하게 추억한다. 그렇다면 우리는 데이트만 하고 결혼은 하지 않았던가? 짜증 나고 침울한 날 나는 하나님의 헤세드에 매달린다. 좋을 때나 나쁠 때나 하나님은 나로부터 발을 빼지 못하신다. 어떤 일이 있어도.

## 너희의 매우를 다하여?

발렌타인데이에 우편함을 열었더니 로맨틱하게 보이는 근사한 카드가 놓여 있다고 해보자. 카드엔 연인의 필체로 딱 한 줄이 적혀 있다.

> 나의 매우를 다하여 당신을 사랑해요I love you with all of my very.

나의 '매우'very를 다하여? 대체 이게 무슨 말이람? 대체 어떤 사람이 이런 이상한 오타가 찍힌 카드를 살까? 그러나 이 기이한 문구는 실제로 하나님을 사랑하라는 계명의 마지막 줄에 있는 단어다. 너는 마음을 다하고 혼을 다하고 '매우'를 다하여 너의 하나님을 사랑하라. 우리만큼이나 히브리어 화자들도 이 문구를 이상하게 여긴다. 마치 모세의 말을 처음 들었을 때 이스라엘 군중이 어리둥절해하며 웅성거리는 소리가 들리는 것만 같다. "나의 매우를 다하여? … 매우 뭘?"

'매우'란 뜻의 '메오드'*me'od*는 우리가 형용사를 강화하기 위해 쓰는 '매우'와 똑같은 방식으로 흔하게 사용되는 부사다. 쉐마 이외에 메오드가 명사로 사용된 적은 거의 없다.[12] 벌리츠 히브리어 회화책의 첫 장에서 이 단어를 발견할 가능성이 크다. 사람을 만날 때 하는 첫인사는 "마 쉴롬카?"*Mah shlomkha?,* 안녕하세요?이고 이에 대한 일상적인 반응은 "토브 메오드"*Tov me'od,* 매우 좋아요이다. 창세기 1장 31절에서 하나님은 자신이 손수 만드신 작품들을 둘러보시며 그냥 피조물이 좋다*tov*라고 하시지 않았고, "토브 메오드"심히 좋다라고 하셨다.

히브리어 학자 랜덜 부스는 "매우를 다하여"란 쉐마 구절을 "너의 결정적 한방을 다하여!"라고 해석한다. '매우'란 단어는 하나님을 가슴 벅차게, 열심히, 광적으로 사랑하도록, 또는 여러 번역에서처럼 '힘'을 다하여 사랑하도록 우리 등을 떠민다.

영어 화자는 메오드를 '기력'이나 '힘'으로 정의한 것을 보면서 문제가 해결되었다고 여기고 신경을 끈다. 그러나 히브리어에서 실제 문구는 "너의 '매우'를 다하여"임을 기억하라. 히브리어 화자들은 이 기이한 구절을 발설할 때마다 진짜 뭘 말하려고 이런 이상한 문장 구조를 썼는지 절로 묵상이 되었을 것이다.

'매우'의 진짜 뜻이 무엇인지에 관한 논의는 1세기 문헌에서도 발견된다. 이것을 '힘'이라는 의미로 "너의 많음much-ness을 다하여"로 해석하거나, 흥미롭게도 너의 '머리'mind, 너의 생각, 의식, 지력를 다한다는 뜻으로 보는 경우도 있다('머리'는 "마음을 다하고"에도 내재되어 있지만 "매우를 다하여"라는 구절과도 연관된다고 보는 설교자가 있다). 일부 주석가는 메오드란 단어 자체가 애매하여 두 가지 의미가 병렬되어 있다고 설명하며 쉐마를 세 부분에서 네 부분으로 확대했다.

바로 이러한 이유로 상당수 학자들이 일부 복음서 본문에 있는 예수님의 쉐마는 신명기처럼 3단 구조가 아니라 4단 구조라고 본다.[13] 마가복음 12장 30절은 마음, 목숨soul, 뜻mind, 힘의 네 요소를 가지고 있다. 그런데 마태복음 22장 37절은 마음, 목숨, 뜻, 이렇게 세 요소만 있다. 마태복음에선 '뜻'이 '힘'의 자리를 꿰찬다.[14] (누가복음 10장 27절은 마가복음처럼 4가지 구성요소이지만, 예수님이 아니라 율법학자가 인용한 것이다.)

그렇다면 예수님이 실제로 말씀하셨던 바는 무엇이었을까? 예수님이 성경에 관해 이야기하신 거라면 간단하다. 예수님은 복음서 언어인 헬라어를 구사하지 않으셨고 히브리어 성경의 신명기 본문을 인용하셨다. 그러나 복음서 기자들은 청중을 위하여 예수님의 말씀을 해석하여 이 요상한 단어 메오드를 자신이 이해한 대로 뜻 및/혹은and/or 힘으로 설명했다. 메오드란 단어가 이처럼 애매하기에 다른 선생들처럼 성경기자들도 두 가지 설명을 제시했고, 그래서 으뜸 되는 계명은 3단이 아니라 4단이 되었다.

오늘날 우리에게 도움이 될 만한 메오드에 관한 또 다른 설명이 있다. 당신의 메오드는 또한 당신의 맘몬, 당신의 돈과 관련되어 있다. 이는 '너의 매우를 다하여'가 '너의 증가를 다하여'all your increase를 뜻할 수 있기 때문이다. 하나님이 평생에 걸쳐 당신에게 주신 것 덕분에 당신은 '커졌다.' 당신의 재물과 소유, 가족과 자녀… 이 모든 것이 하나님으로부터 온 은혜의 선물이다. 당신이 가진 모든 것을 가지고 하나님을 사랑하는 것은 실로 고귀한 부르심이다.

당신은 어떻게 돈으로 하나님을 사랑할 수 있는가? 명확한 방식 하나는 궁핍한 자들과 나누는 것이다. 예수님과 유대 전통은 모두 이런 나눔을 마땅히 해야 할 일로 기대했다(여기에 관해선 뒤에서 더 다룬다). 이것을 재정적 진실성을 실천하는 관점에서 바라볼 수도 있다. 제자도는 아주 작은 결정까지도 '대가 지불'을 요구한다. 계산원이 물건값을 적게 계산한 것을 알면 거스름돈을 되돌려 주어야 한다. 공제 금액을 부풀리지 않고 세무 신고를 하면 환급액이 줄어들 수 있다. 수상쩍은 사업 기회를 포기한다면 순이익이 감소할 것이다. 주차하다 남의 차를 박은 후 내빼지 않고 연락처를 남기면 '상당한' 대가 지불을 해야 한다. 이런 소소한 '비용'이 발생할 때마다 억울해하는 대신 이런 비용이 공의의 하나님에게 '당신을 사랑합니다'라고 고백하는 방법이라고 받아들인다면 어떨까?

### 현대판 쉐마

예수님이 하나님 말씀의 진수라고 보셨던 본문을 다시 읽으며 우리는 이를 현대적 방식으로 새롭게 표현할 수 있을 것이다. 이런 식이다.

"이스라엘아 들으라. 여호와는 너의 하나님이시며 오직 그분만이 너의 하나님이시다! 너는 네가 생각하는 모든 생각을 다하여 하나님을 사랑하고, 매일 매시간 하나님을 위하여 살고, 하나님을 위하여 너의 삶을 희생할 각오를 해야 한다. 네 지갑 속의 모든 잔돈과 네가 가진 전부를 가지고 하나님을 사랑하라!"

"이스라엘 여러분, 주목하십시오! 하나님 우리 하나님! 그분은 오직 한분 하나님이십니다! 여러분은 하나님을, 여러분의 하나님을 전심으로 사랑하십시오. 여러분의 전부를 다해, 여러분이 가진 전부를 다 드려, 그분을 사랑하십시오"(메시지성경).

또는 히브리어로 말하고 싶다면 이렇게 해보라.[15]

쉐마 이스라엘, 아도나이 엘로헤누, 아도나이 에하드!
뵈아하브타 엘 아도나이 엘로헤카
베콜 레바브카
우베콜 나프쉐카,
우베콜 메오데카!

*Shema Israel, Adonai elohenu, Adonai echad*!
*Vé'ahavta et Adonai elohekha*
*b'khol levavkha*,
*uv khol nafshekha*,
*uv khol me'odekha*!

—

# 4장
# '이웃 사랑' 계명에 담긴 하나님의 진심

—

모든 사람 속에는 동류 인간의 무언가가 있다. …
고로 "네 이웃을 사랑하라"라고 한 것이다.
실은 이웃이 당신 자신이기 때문이다.

**- 모세 코르도베로[1], 랍비**

스물두 살 나이에 인생의 바닥을 친 앨의 이야기다. 앨은 누이에게 쓴 편지에서 자신이 태어난 날을 저주하며 자기는 가족에게 짐만 되는 존재라고 단언했다. 어린 시절 앨은 저능아란 꼬리표를 달고 여러 번 학교에서 쫓겨났다. 가정부조차 앨을 "그 멍청한 애"라고 불렀다. 앨은 휴학을 했다가 고등학교를 졸업했지만, 대학은커녕 기술학교도 들어갈 수 없었다. 앨에게는 일자리가 절실히 필요했지만, 인생의 돌파구가 될 직업을 찾지 못했다.

그러던 중 친구 아버지 프레드 홀러는 앨에게 기회를 주었다. 다들 생각하듯이 앨이 구제불능이거나 모자라지 않다고 믿었던 홀러는 자신이 근무하던 사무실에 견습 직원으로 일할 수 있게 했다.

여기까지 앨의 사연을 전하던 라디오 진행자 폴 하비가 부연 설명을 했다. "자신보다 열등한 머리를 시공간의 난해한 세계로 인도하는 일이 앨의 숙명은 아니었습니다. 사실 프레드 홀러가 스위스 연방 특허청에서 일할 기회를 주지 않았다면 앨은 하마터면 스물두 살의 나이에 아무짝에도 쓸모없는 인생의 나락으로 떨어질 뻔했습니다. 첫 번째 성공에서 용기를 얻은 앨은 자기 잠재력을 실현하는 삶을 사는 법을 배웠습니다. 이것이 비교를 불허하는 천재 알베르트 아인슈타인의 시작이었습니다."[2]

유명한 인물과 사건 이면의 잘 알려지지 않은 이야기를 소개하는 하비의 〈나머지 이야기〉 코너는 많은 청취자의 마음을 사로잡았다. 훗날의 명성이 부여하는 낙관적 관점을 배제하고 어떤 인물의 초창기 역정을 들어보면 영웅들을 신선한 관점으로 바라볼 수 있다. 그리고 그런 의외의 사연은 유명 인사들의 성취에 새로운 후광을 더했다.

예수님이 하신 말씀의 유대적 맥락과 예수님이 알고 계셨던 구약성경의 관련 본문을 찾아보면 말씀의 '나머지 이야기'가 드러난다. 지난 장에서 확인한 대로 "너의 하나님 여호와를 사랑하라"는 으뜸 계명을 히브리 원어의 맥락 안에서 다시 보자, 새로운 의미를 발견할 수 있었다.

예수님에 의하면 이와 똑같은 다른 계명이 있는데, 바로 "네 이웃을 네 자신같이 사랑하라"이다(마 22:39). 이 한 줄에 담긴 '나머지 이야기'를 알게 된다면 하나님의 말씀이 활짝 열려 근저에 묻힌 지혜가 모습을 드러낼 것이다.

## '우리'라는 관점에서 생각하기

"네 이웃을 사랑하라"는 계명이 참으로 중요하다는 메시지는 신약 곳곳에서 울려 퍼진다. 바울은 이 한 계명을 준행하면 율법 전체를 다 이루는 것이라고 단언했다(갈 5:15). 베드로도 제자들에게 "무엇보다도 뜨겁게 서로 사랑할지니"(벧전 4:8)라고 권면했다. 요한은 자신의 서신에서 "우리는 서로 사랑할지니 이는 너희가 처음부터 들은 소식이라"(요일 3:11)라고 썼다. 야고보는 이웃을 사랑하라는 계명을 "성경에 기록된… 최고의 법"(약 2:8)으로 불렀다.

예수님의 최초 유대인 제자들은 이 계명을 으뜸 구호로 삼고 교제와 공동 기도와 함께 떡을 떼는 일에 힘썼다(행 2:42~47). 공동체 강조는 예루살렘 교회의 특징이었으며, 효과적인 전도와 박해 중에도 강건함을 유지하는 비결이기도 했다.

의외의 사실은 초대교인들이 자기끼리 모이기를 힘썼을 뿐 아니라 유대 민족이 날마다 드리는 성전 예배에도 참여하여 더 큰 공동체 속에서도 계속 활발하게 활동했다는 것이다. 그들은 주변 세상을 성토하며 마음 맞는 친구들과만 폐쇄적으로 어울리지 않았다. 그 결과 외인들의 호감을 샀고 날마다 새신자들을 환영할 수 있었다.

이처럼 초기 예루살렘 교회는 공동체를 강조했지만, 몇 세기가 지나지 않아 교회로 몰려온 이방인들은 개인 경건과 개인 예배를 강조하기 시작했다.[3] 주후 400년 무렵에는 은둔자의 철저한 고독이 하나님께로 나아가는 첩경이라고 많은 그리스도인이 믿게 되었다. 현대의 그리스도인, 특히 미국 개신교도들은 여전히 '예수님과 나'라는 개인주의 정서를 강하게 고수하고 있으며 '그리스도와의 일대일 관계'가 신앙의 진수라고 강조한다.

이와는 대조적으로 유대교는 수 세기 동안 '인생은 더불어 사는 것'이라고 주창해 왔다. 유대적 사고방식에서 종교는 본질적으로 공동체적이다. 그리스도인은 하나님께 가까이 나아가고자 고독을 찾아 나섰지만,

유대인이 드리는 많은 기도는 '민얀'*minyan*, 즉 열 명 이상의 성인 남자가 있는 모임에서만 낭송할 수 있었다. 이스마르 스콜쉬는 "나 홀로 거룩은 없다"란 글에서 '민얀' 관행은, 사람들이 하나님을 예배하고자 모일 때 그들 가운데 하나님이 임하셔서 그 장소를 거룩하게 하신다는 믿음을 전제로 한다고 설명한다.[4]

최근에 이 차이를 절감한 일이 있었다. 난 기독교식 '묵상 시간'QT에 유대인의 매일 기도집인 아미다*Amidah*를 읽기로 결심했다. 나는 아미다가 공동체에서 집단으로 낭송하는 기도문이라고 알고 있었다.[5] 아래 구절을 낭송하던 중이었다.

> 우리를 치유하시면 우리가 나을 것입니다. 우리를 도우소서. 그리하면 우리가 도움을 얻을 것입니다. 당신은 우리의 기쁨이기 때문입니다. 우리의 모든 상처에 온전한 치유를 허락하소서. 오 하나님이시여, 왕이시여, 당신은 참되고 자비로운 의사이십니다. 오 주님, 주님의 백성인 이스라엘의 병든 자를 치유하시는 당신을 찬양합니다.

오로지 '우리'와 '우리 백성'이라는 틀로 짜인 고대 기도문(물론 주기도문도 그러하다)을 가지고 나 홀로 기도했다. 며칠 후 다수가 모이는 기독교 예배에 참석했다. 거기서는 모든 찬양의 초점이 하나님과 '나'였다. "사랑해요, 목소리 높여. 경배해요, 내 영혼 기뻐…", "큰 죄에 빠진 날 위해 … 또 나를 오라 하시니", "여기 내가 예배하러 옵니다, 여기 내가 무릎 꿇고 옵니다." 수백 명에 달하는 무리가 나란히 서서 경배하는 목소리가 바닷물처럼 어우러지며 공명하고 있었지만, 우리 모두는 각자 철저히 혼자인 척하고 있었다.

## 사랑받고 싶은 대로 사랑하라

두 가지 '사랑' 계명 모두 '모세의 율법'인 토라에서 가져왔음을 알았을 때 내가 얼마나 놀랐는지는 앞서 언급했다. "네 하나님 여호와를 사랑하라"의 출처는 신명기 6장 5절이고, "네 이웃 사랑하기를 네 자신과 같이 사랑하라"의 출처는 레위기 19장 18절이다.

> 원수를 갚지 말며 동포를 원망하지 말며 네 이웃 사랑하기를 네 자신과 같이 사랑하라. 나는 여호와이니라.[6]

신명기와 레위기 두 구절은 베아하브타*ve'ahavta*, "그리고 너는 사랑하라"라는 단어를 공유한다. 예수님은 랍비들이 쓰는 해석 방법인 '게제라 샤바'*gezerah shavah*(서로 다른 구절에서 발견되는 언어적 유사성에 근거하여 어떤 구절에 있는 불확실한 단어의 의미를 다른 구절에서 분명하게 확인 가능한 의미에 따라 검토하고, 그 불확실성을 제거하는 해석 방법—편집자), 즉 '동등 비교법'을 사용하셔서 두 '사랑' 계명을 하나로 묶으셨다.

두 구절 모두 성경의 다른 곳에서는 두어 번밖에 쓰이지 않은 베아하브타란 단어를 공유한다. 따라서 어떻게 사랑할까에 대한 설명으로 한 구절이 다른 구절의 연장선에 있다고 볼 수 있다. 즉, 하나님 사랑을 하려면 이웃 사랑을 해야 하고, 하나님 사랑의 최고의 표현은 이웃 사랑으로 나타난다는 것이다.[7]

실제로 어떻게 해야 자신과 같이 이웃을 사랑할 수 있을까? 학자 제임스 쿠겔은 이 구절에 관한 초기 설교에서 황금률이 태동했다고 본다. 그의 설명을 들어보자.

> 자신을 사랑하는 것만큼 모든 면에서 동일하게 이웃을 사랑한다는 건 … 실로 도달하기 어려운 경지로 보이며 가히 비인간적인 명령으로까지 여겨진다. 그렇다면 어쩌면 이 계명은 어떤 다른 의미로 쓰인 것일지 모른다. 가령 네가 '사랑받고 싶은 것처럼' 네 이웃을 사랑하라, 즉 네 자신이 대접받고 싶은 대로 이웃을 대접하라는 의미가 아니었을까?

쿠겔은 연이어 주전 10년경 힐렐이 한 발언을 주목한다. "네가 싫어하는 것을 주변 사람에게 행하지 말라. 이것이 토라 전체이고 나머지는 주석에 불과하다." 이는 예수님의 말씀과 비슷하다. "무엇이든지 남에게 대접을 받고자 하는 대로 너희도 남을 대접하라. 이것이 율법이요 선지자니라"(마 7:12).[8]

《랍비 예수의 발치에 앉다》에서 우리는 힐렐의 황금률 공식은 사랑의 궁극적 목적을 말한 게 아니라 '금기' 사항에 초점을 맞춘 것이라고 고찰했다. 힐렐의 말은 기준치를 지나치게 낮춘 것처럼 보이기도 하지만, 힐렐의 최저치조차 우리 대부분에게는 도달 불가한 수준임을 인정할 수밖에 없다. 과연 우리 중 누가 하루라도 남이 우리에게 하지 말았으면 하는 행동을 안 하며 살 수 있을까? 우리의 지향점은 예수님이 제시한 궁극적 목적에 있지만, 그 과정에서 랍비 사상가로부터 방법론은 배울 수 있을 것이다.

《네 이웃을 네 자신과 같이 사랑하라》*Love Your Neighbor as Yourself*에서 랍비 조셉 텔루슈킨은 힐렐의 부정적 구절에는 실제적인 효용이 있다고 주장한다. 그는 6학년 학생들에게 남이 나에게 해주기를 바라는 일과 남이 나에게 하지 말았으면 하는 일, 두 가지 '황금률'을 열거해보라고 한 교사에 관한 이야기를 한다. 학생들의 '할 일' 목록은 '사랑', '존중', '도움'처럼 짧고 간결하며 다소 막연한 내용이 대부분이었다. 그러나 '금기' 목록은 훨씬 길었으며 '때리지 않기', '훔치지 않기', '비웃지 않기', '무시하지 않기', '속이지 않기' 등 실질적인 내용이 대부분이었다. 부정적 내용이 더 구체적이고 명확했기 때문에 학생들은 이것을 더 선명하게 이해했다. 결과적으로 학생들의 행동 변화를 가져올 확률이 더 높은 것은 부정적 목록이었다.[9]

> 사랑은 애틋한 감정이 아니라, 사랑하는 대상이 궁극적 선을 얻을 수 있도록 최대한 꾸준히 소망하는 것이다.
>
> – C. S. 루이스

## 누가 나의 이웃인가?

1세기 초에 이미 랍비들 간에 "네 이웃을 사랑하라"에 관한 논쟁이 진행되고 있었지만, 예수님은 실제로 뭔가 새로운 이야기를 하셨다. 그것이 무엇인지 파악하려면 "네 이웃을 사랑하라"의 문안을 더 면밀히 살펴야 한다. 그리고 예수님이 어떻게 선한 사마리아인 비유를 통해 전혀 새로운 차원에서 이 사랑 계명을 해석하셨는지 살펴보아야 한다.

앞서 히브리어 단어를 살펴본 것처럼, "네 이웃을 네 자신과 같이 사랑하라" 이면의 단어들은 한 가지 이상으로 독해할 수 있다. 히브리어 본문은 이렇다.

베아하브타*ve'ahavta*, 그리고 너는 사랑하라

레레이아카*l'reahkha*, 너의 이웃[에게]

카모카*kamokha*, 네 자신으로/처럼

우리는 누가복음 10장 29절에서 서기관이 "누가 우리의 이웃이니이까"라고 질문한 것에 대해 본문의 명백한 의미를 혼잡하게 하려는 교활한 시도라고 여기며 눈살을 찌푸린다. 그러나 실상 서기관의 질문은 합리적이었다. 우리가 '이웃'으로 번역하는 레이아*reah*의 일반적 의미는 동반자, 동료, 친족, 친구다. 길 가는 사람 아무나 붙잡고 레이아라고 하진 않는다. 서기관은 이 구절에서 레이아의 범위가 가장 가까운 친구를 넘어선다고 전제했을 가능성이 크지만, 이에 관해선 실제로 의견이 분분했다.

가령 이 구절을 '네 친족을 사랑하라'라고 해석하는 이들도 있다. 한 초기 문헌에서는 이렇게 가르친다. "너희는 사람이 자신을 사랑하듯 형제를 사랑하며, 각 사람이 형제의 유익을 구하며, 이 땅에서 형제와 더불어 행하며, 자신을 사랑하듯 서로 사랑하라."[10] 여기서 초점은 인류 전체에 대한 사랑이 아니라 자신의 동반자에게 충성을 지키는 것이었다. 편협한 해석이긴 하지만, 적어도 이것을 실천의 출발선으로 삼을 수 있지 않을까? 실제로 우리 주변 사람에게 사랑을 나타내는 것이 온 세상을 향해 숭고하고도 막연한 애정을 느끼는 것보다 훨씬 어렵다. 찰리 브라운의 친구 리누스도 즐겨 말하지 않았던가. "난 인류를 사랑해! 내가 못 견디는 건 사람들이야."

'네 이웃을 사랑하라'에 관한 또 다른 해석은 수 세기 동안 학자들을 혼란에 빠뜨렸다. 마태복음 5장 43절에서 예수님은 "또 네 이웃을 사랑하고 '네 원수를 미워하라' 했다는 것을 너희가 들었으나"라고 말씀하셨다. 많은 그리스도인이 이 말씀을 근거로 바리새인이 원수를 미워하라고 가르쳤다고 비난했지만, 랍비 저술 어디에도 원수를 미워하라는 가르침은 없었다. 이에 대한 답은 1940년대에 사해 두루마리를 발견했을 때 드러났다. 사해 두루마리 문서의 저자인 에센파는 "네 이웃을 사랑하라"를 새로운 각도로 해석하여, "모든 빛의 아들들을 각각 하나님이 정하신 분복대로 사랑하며, 하나님이 보복하실 때 모든 어둠의 아들들을 각각 그 죄과에 따라 미워하라"고 날마다 다짐했다. 에센파는 메시아가 이 땅에 임하여 악에 대한 전쟁을 시작하시고 모든 사악한 자를 도살할 날을 하루하루 손꼽아 기다렸던 것이다.[11]

## 당신의 이웃은 당신과 똑같다

이외에도 예수 시대에 "네 이웃을 사랑하라"가 무엇을 의미했는지를 놓고는 다양한 평가가 있다. 예수님 역시 또 다른 방식으로 이 구절을 해석하셨다. 예수님이 "네 이웃을 사랑하라"를 어떻게 해석했는지를 이해하는 열쇠는 실제로 이 구절의 마지막 단어, '카모카'*kamokha*에 있다. 카모카의 문자적 의미는 '너 자신처럼'인데, 여러 다른 해석이 가능하다. 전통적으로 우리는 카모카를 "네가 네 자신을 사랑하는 것처럼"으로 해석했다. 자신을 사랑하는 만큼 남을 사랑해야 한다는 것이니 원대한 목표임이 틀림없다. 그러나 카모카를 다른 방식으로도 해석할 수 있다. 두 종류의 사랑을 비교하는 대신 '너 자신'을 너의 '이웃'과 비교하는 것이다. 그러니까, "'너와 흡사한' 너의 이웃을 사랑하라"는 것이다.

이 해석을 같은 논지로 뒷받침하는 구절이 몇 줄 아래 레위기 19장 34절에 나온다. "너희와 함께 있는 거류민을 너희 중에서 낳은 자같이 여기며 '자기같이 사랑하라.' 너희도 애굽 땅에서 거류민이 되었었느니라." 더 쉽게 말하면 이런 뜻이다. "외국인에게 사랑을 보여주라. 그들도 너희와 같기 때문이다. 너희도 한때 애굽에서 외국인이었기 때문이다."

외국인이 처한 상황이 내가 겪은 바와 얼마나 비슷한지를 인식하고 외국인을 체휼해야 한다는 것이다.

> 자신이 죄를 짓는다는 것을 아는 죄인이, 자신이 의롭다는 것을 아는 의인보다 낫다.
>
> **– 야코브 호로비츠, 랍비**

이웃을 나 자신과 비교하는 것이 혁신적인 발상은 아니다. 하지만 이것이 어떻게 레위기 19장 18절의 참 지혜를 드러내는지 살펴보자. "원수를 갚지 말며 동포를 원망하지 말며 네 이웃 사랑하기를 네 자신과 같이 사랑하라. 나는 여호와이니라." 이웃에게 분노하고 있는가. 잊지 말라. 당신도 똑같다는 것을.

내 삶에서도 이 점을 발견했다. 가슴 설레는 계획을 잘 짜는 친구가 하나 있었다. 그런데 내가 흥분하여 친구의 계획에 맞춰 내 일정을 조정하면 친구는 변심하여 계획을 취소하곤 했다. 수년간 그런 일이 누차 반복되니 슬슬 짜증이 났다. 그러던 중 남에게 똑같은 일을 하는 내 모습을 깨달았다. 나 역시 친구처럼 뭔가를 약속한 다음 중간에 발을 빼 사람들을 크게 당황하게 했고, 나 역시 친구처럼 '마음만은' 내가 약속한 일을 실행에 옮기길 원했다는 걸 깨달았다. 우린 둘 다 선한 의도로 가득한 지옥행 열차를 타고 있었다! 그러나 선한 의도와 선한 일은 같지 않다. 친구의 모습에서 나 자신을 발견했을 때 난 비로소 분노를 극복할 수 있었다.

남들이 범한 죄를 나도 똑같이 범했다는 사실을 깨달을 때 우린 남을 향해 앙심을 품어서는 안 되고 다만 용서하고 사랑해야 함을 깨닫는다. 우리 자신을 포함하여 모든 사람은 결점이 있고 죄성으로 충만하다. 하지만 자신도 똑같은 죄를 범하기에 그들을 사랑해야 한다. 우리는 다 약점과 허물이 있다는 면에서 똑같다. 우리가 사랑받을 자격이 없는 것처럼 보이는 이들을 사랑해야 하는 이유는 자기 자신이 무자격자이며 하나님의 자비가 필요한 존재이기 때문이다.

예수 시대에도 "네 이웃을 사랑하라"를 이런 의미로 해석한 이들이 있었다. 초기에 어떤 현자는 이렇게 가르쳤다. "당신의 이웃이 행한 잘못을 용서하라, 그리하면 당신이 기도할 때 당신의 죄가 사함을 받을 것이다. 다른 이에 대해 분을 품은 채 주님으로부터 치유를 기대하는가? '자신과 같은 사람'에게 자비롭지 못하다면 어찌 내 죄를 용서해달라고 구하겠는가?"[12]

이런 식으로 "네 이웃을 사랑하라"를 이해하면 이것이 예수님의 주기도문 논리와 일맥상통함을 깨닫는다. "우리가 우리에게 죄 지은 자를 사하여 준 것같이 우리 죄를 사하여 주시옵고"(마 6:12). 이 기도를 또 다른 방식으로 드릴 수도 있다. "우리가 우리 자신과 똑같은 다른 죄인을 사랑하는 것처럼 비록 우리가 죄인이지만 우리를 사랑해 주옵소서."

생각해보면 죄의 용서는 사랑의 가장 강력한 시험대이다. 당신을 합당하게 대한 사람을 사랑하기는 쉽지만, 당신에게 상처를 입힌 사람을 사랑하는 것은 훨씬 더 어려운 일이다. 그렇다면 우리가 하나님께 범한 죄를 거듭거듭 용서하신 하나님은 우리를 많이 사랑하심이 틀림없다.

## 왜 사마리아인인가?

"누가 우리의 레이아입니까"라는 서기관의 질문에 대한 답으로 예수님은 오늘날 그리스도인에게 가장 친숙한 비유인 선한 사마리아인 이야기를 들려주셨다. 한 남자가 예루살렘에서 여리고로 가던 중 노상강도의 습격을 받아 발가벗겨진 채 피를 철철 흘리며 반죽음 상태로 길가에 쓰러져 있었다. 지나가던 제사장과 레위인 모두 남자를 보고 걸음을 멈추지도, 돕지도 않고 지나친다. 그러나 무시당하던 사마리아인은 남자를 구조하여 상처를 싸매고 기름과 포도주로 치료한 다음, 조심스레 자기 나귀에 태워 여관으로 데리고 가 넉넉하게 비용을 지불한다(눅 10:30~35).

이 비유에 담긴 인간적 긍휼의 아름다움을 못 보고 지나치는 사람은 없다. 그러나 우리 대부분은 결정적인 한마디를 제대로 이해하지 못한 채 지나친다. 예수님이 받은 질문은 "내 이웃이 누구니이까"였다. 얼핏 보면 답은 "길가에 쓰러져 죽어가는 남자"인 것 같다. 그러나 다시 보라. 예수님은 답변 도중 질문의 머리를 틀어 말씀하셨다. "네 생각에는 이 '세 사람 중에' 누가 강도 만난 자의 이웃이 되겠느냐?" 예수님의 질문을 보면 피해자는 이웃 후보 명단에 들어가 있지도 않다. 예수님의 질문에 대한 답은 사마리아인이 되어야 했다!

그러나 아이러니하게도 사마리아인은 이웃 후보로는 가장 부적합한 자였다. 사마리아인이 유대인을 손대접했다는 소식은 거의 듣기 어려웠으며, 성전 절기를 맞아 예루살렘으로 올라가던 중에 많은 순례자가 사마리아인에게 봉변을 당하기도 했다.[13] 이 비유를 들으면서도 제자들은 머릿속으로 최근에 접한 사마리아인의 만행 소식을 떠올렸을 것이다. 이 비유 바로 앞 장에서도 예수님 일행의 통행을 거부한 사마리아 고을 이야기가 나온다. 그때 제자들은 분을 못 이기고 예수님께 물었다. "주여 우리가 불을 명하여 하늘로부터 내려 저들을 멸하라 하기를 원하시나이까?" 새롭게 받은 권능을 써서 사마리아 마을을 초토화하고 싶어 제자들은 몸이 근질거렸다(눅 9:51~55).

사마리아인을 '이웃'으로 규정하신 것은 분명 아직도 투덜거리고 있을 제자들의 마음을 바늘처럼 콕콕 찔렀을 것이며 나머지 청중은 자신이 가장 멸시하는 원수도 이웃의 범주에 포함된다는 말씀에 큰 압박을 느꼈을 것이다.

하지만 예수님은 어쩌면 전혀 다른 생각을 하고 계셨을지 모른다. 그건 이스라엘 역사책에서 가장 먼지가 많이 덮인 책장에 기록된, 잘 알려지지 않은 사건이었다. 역대기의 성전 헌물, 지파 우두머리, 우상숭배하는 열왕의 행적에 관한 끝도 없는 기록… 저 밑에 파묻혀 있는 놀라운 이야기가 역대하 28장 1~15절에 나온다.

사건은 이스라엘과 유다의 분단 후에 일어났다. 두 소왕국 모두 거듭되는 주변국들과의 전쟁으로 국력을 소진하며 아등바등 위태로운 명맥을 이어가고 있었다.

하나님의 인도로 함께 홍해를 통과하고 함께 광야를 방황하다 함께 약속의 땅에 들어간 지파들은 그들 역사의 저점에서 서로 칼을 겨누는 동족상잔의 전쟁을 벌였다. 이스라엘이 유다를 침공했고, 유다는 완패하여 12만 명이 동족의 칼에 목숨을 잃었다. 이스라엘군은 이제 20만 명을 사마리아에 노예로 끌고 가야 할 참이었다.

그런데 그때 하나님의 선지자 오뎃이 행군하는 이스라엘 군대를 막아섰다. 이 늙고 왜소한 선지자는 유다가 이스라엘에게 패한 것은 오직 유다의 우상숭배를 벌하기 위해 하나님이 허락하셨기 때문이라고 노도와 같이 책망했다. 이스라엘은 훨씬 더 큰 우상숭배의 죄를 범하지 않았던가! 만약 이스라엘이 유다 형제를 노예로 삼으면 그들의 죄가 더 가중될 것이며 이스라엘을 향한 하나님의 진노가 하늘에 사무칠 것이었다. 이러한 선지자의 책망은 이스라엘인의 폐부를 찔렀다. 그다음에 군 지도자들은 가히 믿기 어려운 행동을 했다.

이 위에 이름이 기록된 자들이 일어나서 포로를 맞고 노략하여 온 것 중에서 옷을 가져다가 벗은 자들에게 입히며 신을 신기며 먹이고 마시게 하며 기름을 바르고 그 약한 자들은 모두 나귀에 태워 데리고 종려나무 성 여리고에 이르러 그의 형제에게 돌려준 후에 사마리아로 돌아갔더라(대하 28:15).

교전국 간에 적군의 상처를 싸매주고 이렇게 신사적으로 풀어주는 긍휼이 일어난다는 것은 흔히 들어볼 수 없는 이야기다. 이스라엘과 유다 지파에 기막힌 은혜가 임했고, 그 순간 상상하기 힘든 선행이 이뤄졌다. 포로를 나귀에 태우고 기름을 부은 것은 상대편을 왕족처럼 대우했다는 암시로 볼 수도 있다. 왕의 대관식이 이런 식으로 거행되었기 때문이다(왕상 1:38~39).

예수님은 사마리아 비유를 말씀하시는 중 여러 방식으로 열왕기상 이야기를 암시하신다. 첫째, 예수님은 이것이 여리고에서 일어난 일임을 강조하시는데, 예수님이 비유에서 구체적으로 지명을 언급하신 일은 몇 번 되지 않는다. 예수님의 이야기 속 피해자는 유다 포로들처럼 벌거벗었고, 사마리아 군대가 유다 포로들에게 행했던 것과 똑같이 선한 사마리아인은 피해자에게 기름을 붓고 나귀에 태워 여리고로 데리고 갔다. 예수님이 이 비유를 풀어나가실 때 질문을 던졌던 서기관은 틀림없이 그 디테일을 알아챘을 것이고, 사마리아인의 삶을 통해 옛적에 일어난 큰 긍휼의 장면을 떠올렸을 것이다.[14]

이런 디테일을 머릿속에 넣어두면 "누가 나의 이웃이니이까"라는 서기관의 질문에 대한 예수님의 기상천외한 답변이 더 명료하게 이해된다. 이웃은 서기관의 원수인 사마리아인이다. 단지 이 사마리아인뿐 아니라 자기 조상들이 옛날에 행했던 그대로 남에게 자비를 베풀었던 다른 사마리아인들이다. 이제 어떤 메시지를 가지고 집에 돌아갈지 분명해졌다. 그러니까, 서기관도 돌아가서 사마리아인처럼 하라는 것이다. 그 사마리아인처럼 행하라, 그리고 당시 서기관이 가장 멸시했던 원수 부류에 속했던 사마리아인을 사랑하라.

실제로 옛적의 '선한 사마리아인'이 회개하고 자기 원수를 사랑하기로 했던 그 시점은 바로 그들이 레위기 19장 18절의 진리를 깨우쳤던 시점이었다. 그들의 원수는 자신과 똑같은 죄인이자 자신의 형제들이라는 진리 말이다! 사마리아인들이 이웃에게 사랑을 베푼 이유는 그들이 인간성이나 죄성 모든 면에서 똑같다는 것을 깨달았기 때문이었다.

그리고 이제 당신도 알 것이다. … 그 나머지 이야기를.

2부

# 랍비 예수의 말씀으로 살다

때로는 예수님의 말씀이 수수께끼와 같다는 것을 인정해야 한다.
왜 예수님은 '나쁜 눈'에 대해 경고하셨을까?
왜 "하나님의 이름이 거룩히 여김을 받으시오며"라고 기도하셨을까?
예수님이 사용하셨던 유대 관용구와 그 이면의 발상을 알게 되면,
오늘날 예수님의 제자로 살아가는 데 필요한 생생하고 실질적인 통찰을 얻을 수 있다.
예수님이 말씀하신 여러 주제 중 남 판단하기, 혀 놀림 조심하기 등은
수 세기에 걸쳐 유대 사상에서 크게 강조돼온 것이다.
우리는 유대인의 사유를 통해 랍비 예수의 발자취를 따라 걷는 데
필요한 놀라운 지혜를 얻을 수 있다.

5장

# 좋은 눈 얻기

누구든지 좋은 눈, 겸손한 영, 겸허한 혼을 지닌 사람은
우리 조상 아브라함의 제자다.
그는 이 세상을 즐기면서 다가올 세상의 상속자도 될 것이다.
- 미쉬나, 아봇 5:19[1]

'아멜리아 베델리아'를 아는가? 모든 지시를 문자 그대로 따랐던, 한 가정부의 엉뚱한 모험 이야기가 내용의 주를 이룬다. 가정부의 고용인이 "Dress the chicken"이라고 지시하면 아멜리아는 작은 옷을 봉제해서 닭에게 입혔다(dress에는 '옷 입히다' 외에 '(음식 재료로) ~을 만들다'는 뜻이 있다—옮긴이). "Put out the lights"라는 지시를 받으면 벽에 붙어 있는 전구를 모두 떼어내 뒷마당 빨랫줄에 널어놓는다(put out는 '끄다'는 뜻 외에 '내어놓다'는 뜻도 있다—옮긴이).

저자 페기 패리쉬가 아멜리아 캐릭터의 모델로 삼은 인물은 카메룬 출신의 한 가정부였는데, 그녀는 영국 주인들의 지시 사항을 고지식하게 문자 그대로 따르다가 실제로 우스꽝스러운 실수를 많이 했다고 한다. 언어가 어떻게 기능하는지 몰라 저지르는 아멜리아의 실수를 보며 유치원생도 웃는다.

하지만 우리도 성경을 읽으며 비슷한 실수를 한다. 모든 언어에는 토

착어의 맥락 밖에서는 의미가 온전하게 전달되지 않는 관용구와 비유가 있기 때문이다. 영어권에서 사용하는 표현을 보자. "덤불 주변을 치다"beat around the bush, '변죽을 울리다'는 의미, "양동이를 걷어차다"kick the bucket, '죽다', '자살하다'는 의미, "누군가의 염소를 가지다"get someone's goat, '남을 짜증 나게 하다'는 의미와 같은 표현들은 단어 하나하나의 조합으로는 결코 올바로 해석할 수 없다. 오히려 머리를 쥐어짜고 추측을 하면 할수록 삼천포로 빠질 뿐이다. "흐름을 포착하려면"catch a person's drift, '상대방의 말뜻을 알아들으려면'이라는 의미 그 문화를 알아야 한다.

이와 비슷하게, 몇몇 유대 관용구를 이해하면 어떤 종류의 '눈'을 가져야 하는지에 관한 예수님의 알쏭달쏭한 이야기가 제대로 해석된다.

> 눈은 몸의 등불이니 그러므로 네 눈이 성하면 온몸이 밝을 것이요 눈이 나쁘면 온몸이 어두울 것이니 그러므로 네게 있는 빛이 어두우면 그 어둠이 얼마나 더하겠느냐(마 6:22~23).

오랜 세월 동안 이 알 듯 말 듯한 말씀을 두고 온갖 추측이 난무했다. 뉴에이지 스승인 엘리자베스 클레어 프러핏은 이 말씀에 대해, 우리의 이마 정중앙에는 영적 계몽에 결정적인, 제3의 보이지 않는 '내적인' 눈이 있다는 뜻이라고 해석한다. 또 이 말씀이 우리가 하나님의 신성과 하나라는 뜻이라고 보는 이도 있다.[2] 한 목회자는 이런 생각을 반박하면서, 예수님은 단지 시력의 건강함에 관해 말씀하셨으며 우리가 세상을 볼 수 있음에 감사하라고 하신 것이라고 가르친다.[3]

우리는 어떻게 예수님의 진의를 알 수 있을까? 예수님은 뉴에이지 스승이나 21세기를 살아가는 목회자가 아니라 유대인 랍비였다는 사실에 답이 있다. 이 '눈'에 관한 암호 같은 말씀을 해독하려면 말씀을 히브리어 맥락 안에서 들어야 하며 예수님이 사용하셨던 비유적 언어를 파악해야 한다.[4] 히브리어에는 '눈'을 사용하여 남을 대하는 자세를 설명하는 관용구가 많기 때문이다.

'좋은 눈'과 '나쁜 눈'을 비교하실 때 예수님은 아마도 성경 시대부터 오늘날까지 히브리 언어에서 사용되는 두 관용구를 비교하셨을 공산이 크다.[5] '좋은 눈'*ayin tovah*, 아인 토바을 가졌다는 것은 남의 필요를 살피고 가난한 자에게 넉넉하게 베푼다는 뜻이다. 그러나 '나쁜 눈'*ayin ra'ah*, 아인 라아을 가졌다는 것은 욕심이 많고 자기중심적이며 주변의 궁핍을 외면한다는 뜻이다.[6]

예수님은 다른 곳에서도 '나쁜 눈'이란 관용구로 '인색함'을 표현하셨다. 일례가 온종일 인부들을 고용한 후 저물녘에 모든 일꾼에게 동일한 품삯을 준 농부의 비유다. 일찍 온 일꾼들이 불평하자 농부는 대답한다. "내 것을 가지고 내 뜻대로 할 것이 아니냐 내가 선하므로 '네 눈이 나쁘냐'"(마 20:15, 강조 저자 사역. 개역개정 성경은 "네가 악하게 보느냐").

두 표현 모두 잠언에도 등장한다. "악한 눈이 있는 자는 재물을 얻기에만 급하고 빈궁이 자기에게로 임할 줄은 알지 못하느니라"(잠 28:22). 다른 구절을 보자. "선한 눈을 가진 자는 복을 받으리니 이는 양식을 가난한 자에게 줌이니라"(22:9). 그리고 히브리어에는 오늘날까지 이 관용구가 사용된다. 이스라엘에선 지역 자선단체의 모금원들이 대문을 두드리며 이렇게 말한다. "아름다운 눈으로 기부하세요"*ten b'ayin yaffa*. '아름다운 눈'은 '좋은 눈'의 다른 표현이다.

'좋은 눈'이나 '나쁜 눈'을 가졌다는 발상은 히브리어의 '보다'seeing가 남을 대하는 태도와 반응까지 아우르는 확장적 개념이라는 사실에서 비롯된다. '보다'는 어떤 경우에는 필요에 부응한다는 뜻으로 쓰이기도 한다. 히브리어 동사는 정신적 활동을 거기서 예상되는 물리적 결과와 결부시킨다.

하나님은 아브라함이 이삭을 희생제물로 바치기 직전에 이삭을 대신할 숫양을 공급하셨다. 그래서 아브라함은 그 산을 "하나님이 공급하시다"로 이름 지었는데, 히브리어를 직역하면 "하나님이 보시다"이다(창 22:14).[7] 아브라함이 뜻한 바는 하나님은 우리의 필요를 보시면 반드시 응답하신다는 것이다. 즉, 하나님은 매우 '좋은 눈'을 가지셨다.

'좋은 눈' 또는 '나쁜 눈'에 관한 예수님의 가르침을 보면 그분이 1세기 유대 현실에 완벽하게 맞물려 살아가셨음을 알 수 있다. 예수님의 활동 시기로부터 불과 수십 년 후 랍비 조슈아는 "나쁜 눈, 악한 의도, 인류에 대한 증오가 사람을 세상으로부터 밀어낸다"라고 말했다. 이 랍비 역시 예수님과 마찬가지로 이기심과 탐심이 우리 삶을 망가뜨린다고 가르쳤다.[8]

> 인색함은 주변 사람과 인류로부터 고립을 자초하게 한다. 유리창을 통해 내다볼 때, 창 한 면을 은으로 덮는다면 그 창은 거울이 되어 당신은 오직 자신만 보게 된다.
>
> – M. 즈보로브스키

또 다른 유대 선생 요하난 벤 자카이Yohanan ben Zakkai, 주후 30~90년는 제자들에게 이런 질문을 던졌다. "인생에서 걸어야 할 최고의 길은 무엇인가?" 첫 번째 제자는 "좋은 눈*ayin tovah*을 가지는 것입니다"라고 답했다. 다른 제자는 "좋은 친구가 되는 것입니다"라고 했다. 세 번째는 "좋은 이웃이 되는 것입니다"라고 답했다. 또 다른 이는 "미래에 지혜롭게 대처하는 것입니다"라고 말했다. 마지막으로 한 제자가 답했다. "좋은 마음을 가지는 것입니다." 자카이는 마지막이 나머지를 다 아우르기에 가장 지혜로운 답변이라고 말했다. 좋은 마음을 가지면 '좋은 눈'을 비롯한 여타 모든 것을 가진다.

이 '눈'에 관한 비유적 언어를 이해하지 못하면 예수님의 메시지를 온갖 그릇된 방식으로 해석한다. 하지만 예수님의 말씀을 관용구로 읽으면 그 의미가 완벽하게 통한다. 만일 당신이 너그러운 사람이라면 평생에 그 너그러움이 드러날 것이고, 만약 이기적이라면 이기심은 당신의 영혼 자체를 좀먹을 것이다.

마태복음 6장에서 예수님이 자기 소유의 재물을 남과 나누는 것에 관해 설교하셨음을 감안한다면 6장의 이 단락이 직소 퍼즐처럼 딱 맞아 들어간다. 22~23절 직전에 예수님은 제자들에게 "보물을 하늘에 쌓아 두라"(마 6:19~21)고 하셨는데, '보물을 쌓아둔다'는 것은 실은 가난한 자에게 베푼다는 뜻을 지닌 또 다른 유대 관용구이다.[9] 그리고 이 말씀을 하신 직후에 예수님은 두 주인, 즉 하나님과 돈을 겸하여 섬길 수 없다고 분명히 말씀하신다. 이 단락 전체(마 6:19~24)가 다른 이들과 우리의 자원을 나누는 것에 관한 이야기다.

본문의 '눈'이 실은 돈에 대한 태도임을 알기 전에는 이 세 말씀이 별 연관성이 없어 보였고, '빛으로 가득한 몸'에 관한 예수님의 말씀도 혼란스럽고 이상하게 다가왔다. 그러나 이젠 예수님의 포괄적인 메시지가 선명하게 이해된다. 예수님은 이웃에게 잘 퍼주는 손이 되고 돈에 종노릇하지 말라고 제자들에게 권면하셨던 것이다. 주변 사람을 돌아보는 것은 그저 좋은 습관이 아니다. 예수님은 이것이 우리 인격의 요체라고 말씀하신 것이다.

이 문맥에는 또 다른 관용구가 가까이 숨어 있다. 마태복음 6장 1절에서 예수님은 제자들에게 사람에게 잘 보이려고 '의'를 행하지 말라고 하신다. 예수님이 모든 종류의 의로운 행위를 일절 금하신 것으로 생각할지 모르나 유대 어법에서 '체다카'*tzedakah*는 통상 '구제'를 뜻한다. 예수님이 바로 다음에 하신 말씀을 보면 예수님이 여기에서 의미하신 바가 구제임을 알 수 있다. "[그러나] 구제할 때에 … 나팔을 불지 말라"(6:2). 빈민 구제를 뜻하는 체다카는 2천 년 동안 일상적으로 사용된 유대 관용구이다. 이 표현은 남을 돕는 것이 해도 그만, 안 해도 그만인 선택 사항이 아님을 암시한다. 구제는 마땅히 해야 할 본분이며 하나님이 백성에게 마땅히 기대하시는 바다. 예수님도 구제를 기대하셨다. 예수님은 "'만약' 구제한다면" 이라고 하시지 않고 "구제할 때에"라고 하셨다. 예수님은 지난 세월 유대인들이 그랬던 것처럼 제자들도 구제하는 게 마땅하다고 생각하셨다.

### '눈'의 중요성

왜 예수님은 타인을 향한 한 사람의 '눈'을 그렇게 중요하게 여기셨을까? 그 이유는 우리와 돈의 관계가 우리와 하나님 관계의 현주소이기 때문이다. '나쁜 눈'을 가졌다는 것은 당신이 소유한 적은 것에 집착하며 더 많이 가진 자를 원망하고 더 적게 가진 자를 돕길 거부한다는 뜻이다. 그런 태도는 하나님은 인색하시며, 당신을 돌볼 마음이나 능력이 전혀 없으신 분임을 당신이 확고하게 믿고 있음을 드러낸다. 그리고 당신의 태도는 또한 스스로 얼마나 이웃의 곤고함으로부터 단절되어 있는지를 드러낸다. 스스로 하나님과 주변 사람 모두를 차단할 때 당신의 삶은 실제로 어두워진다는 예수님의 말씀은 지당하다.

한편 삶에서 하나님이 돌보심을 확실히 믿는다면 당신은 그분이 물질적 필요뿐 아니라 정서적, 영적 필요까지 채워주심을 확신할 것이다. 비록 세상 잣대로는 부자가 아닐지라도 당신의 소유는 '충분'하며 안전하다는 반석같이 견고한 지식 위에 서 있다. 그 열매가 너그러운 태도와 이웃을 향한 '좋은 눈'이다. 이런 식으로 생각할 때 어찌 인생이 환해지지 않을 수 있을까?

'좋은 눈'이나 '나쁜 눈'을 가졌다는 사실은 더 근본적인 문제를 건드린다. 가령, 인생에서 당신을 움직이게 하는 1차 동인은 무엇인가? 당신은 일신의 안락에 따라 반응하는가 아니면 자기 너머를 내다보는가? 우리의 기독교 문화는 그 어느 때보다 자기 중심성을 강화하는 방향으로 나아가고 있다.

우리는 사람들을 교회로 끌어들이기 위해 개인적으로 느끼는 필요에 호소하는 설교를 점점 더 많이 한다. "성공적인 결혼생활을 위한 하나님의 비밀", … "당신의 규모 있는 삶을 위한 예수님의 계획", … "아름다움과 체중 감량을 위한 성경적 식이요법." 아무리 우리의 욕구가 타당하고 설교에 좋은 메시지가 담겨 있다고 해도 이런 자가치유적인 양식을 계속 받아먹다 보면 우리 죄를 지적하거나 남을 돌아보라고 부담을 주는 설교를 들으면 견딜 수 없게 된다. 우리가 듣고 싶어 하는 건 오로지 "그게 나에게 어떤 유익이 있을까?"이다.

놀라운 사실은, 지금 이 시대는 노골적으로 '나쁜 눈'에 호소하는 설교자를 우리 스스로 찾아다닌다는 것이다. 근래에 TV 설교자 베니 힌은 휴거가 임박했고 휴거 직전에 악인에게서 의인에게로 엄청난 '부富의 이동'이 일어난다고 '예언'했다. 예언 직후 그는 시청자들이 자신의 사역에 오늘 '씨앗 선물'을 보낸다면 하나님이 '번영의 기름부음'을 허락하신다고 자신했다.[10]

하지만 예수님의 메시지는 베니 힌의 것과 정반대다. 예수님은 제자들에게 '좋은 눈'을 가지면 그들의 삶이 내면으로부터 빛을 발할 것이라고 하셨다. 이것이 그저 뜬구름 잡는 소리일까? 예수님의 제자들이 실제로 주님의 구령에 맞춰 가난한 자를 도왔을 때, '빛으로 가득하리라'는 예수님 말씀은 진정 실현되었을까?

우리는 사도행전에서 그 일을 목도한다. 예수님의 처음 제자들은 예수님의 명령을 일점일획까지 실행에 옮겼다. 제자들은 '눈'에 관한 예수님의 설교가 무엇을 의미하는지 정확히 알았다. 예루살렘에 모인 신자들은 차고 넘치도록 베풀었고 아낌없이 서로의 필요를 채웠다.

> 믿는 사람이 다 함께 있어 모든 물건을 서로 통용하고 또 재산과 소유를 팔아 각 사람의 필요를 따라 나눠 주며 날마다 마음을 같이하여 성전에 모이기를 힘쓰고 집에서 떡을 떼며 기쁨과 순전한 마음으로 음식을 먹고 하나님을 찬미하며 또 온 백성에게 칭송을 받으니 주께서 구원받는 사람을 날마다 더하게 하시니라(행 2:44~47).

최초의 신도들은 지상의 모든 안락을 포기한 채 빈궁하게 살지 않았다. 그들은 잉여분을 나누었고 모두가 풍성히 누렸다.[11] 그들은 경이롭고 사랑이 풍성하신 하나님이 늘 공급해주실 것을 추호도 의심하지 않고 확신했기 때문에 사회적 지위나 물질적 안정을 바라며 소유를 움켜쥐지 않았다. '좋은 눈'을 가지라는 랍비 예수의 가르침대로 그들은 치열하게 말씀을 삶으로 살아냈다. 그리고 이런 순종 덕분에 그들의 삶은 눈부시게 빛났다.

## 헌금 접시 돌리기

나눔에 대한 예수님의 강조는 다른 곳에서도 여실히 확인된다. 《접시 돌리기: 왜 미국인들은 더 많이 기부하지 않는가》*Passing the Plate: Why American Christians Don't Give Away More Money*에서 저자 크리스천 스미스와 마이클 에머슨은 오늘날 더 이상 예수님의 메시지에 반응하지 않는 미국의 현실을 드러낸다.

1996년에 그들이 실시한 자선 습관에 관한 설문 조사에서 미국에 사는 그리스도인의 35퍼센트가 한 번도 자선단체에 기부한 적이 없다고 응답했다. 꾸준히 교회에 출석하는 이들 중 4분의 1이 어떠한 종교적, 세속적 사업에도 돈을 낸 적이 '한 번도 없다'고 응답했다. 1년에 형식적으로 내는 5달러조차 안 내는 것이다. 그리스도인 가구 당 평균 기부액은 연간 200달러 정도였다.[12]

왜 이리 많은 그리스도인이 이렇게 '나쁜 눈'을 가지게 되었을까? 한 가지 주요한 요인은 한 사람의 가치가 자신이 소유한 자동차의 가치에 달려 있다고 확신하는 소비주의에 있다. 우리는 아직 수중에 들어오지 않은 저 온갖 물건들이 없어서 이렇게 불편한 거라고 끊임없이 속삭이는 광고 세례 속에서 살아간다. 만일 당신에게 끝없이 불만에 찬 '나쁜 눈'이 없다면, 그건 광고를 덜 보기 때문일 것이다. 1930년 한 광고업 전문지는 광고 산업의 목적은 사람들을 '불행하게 만드는 것'이라고 단언했다. "광고는 대중이 자기가 사는 모습에 불만을 품고 주변의 볼품없는 것들에 불만족하도록 만든다. 만족한 고객은 불만에 찬 고객만큼 돈벌이가 되지 않는다."[13]

우리가 사는 세상은 자칫 잘못하면 〈야채 이야기〉*Veggie Tales* 시리즈의 오이 레리처럼 되기에 십상이다. 레리가 새로 뽑은 수비 액션 지프를 타고 토마토 밥을 지나칠 때 밥이 한마디 건넨다. "그렇게 멋진 장난감이 있어서 정말 행복하겠다." 레리의 대답이다. "글쎄, 거의 그렇지…. 딱 한 가지, 수비 액션 캠핑카만 있으면 '진짜' 행복해질 텐데."

"그럼 그 캠핑카를 갖게 되면 행복하겠네?" 밥이 물었다.

"아, 모르겠어. 산악자전거도 늘 갖고 싶었고, 제트 스키도. 아, 참. 수비 액션 행글라이더도 있지." 레리가 한숨을 쉬었다.

"래리, 얼마나 많은 물건을 더 가져야 행복해지겠어?" 밥이 놀라며 물었다.

"모르겠어. 얼마나 많은 물건이 더 있느냐에 달려 있겠지?"[14]

물론 우린 더 많이 베풀 형편이 되길 바라지만, 월말이 되면 잔고가 거의 없다. 스미스와 에머슨은 많은 경우 문제는 우리의 수입이 아니라, 규모가 큰 구매 때문이라고 말한다. 그들의 글이다.

> 돈 있는 많은 가정이 단 두 가지, 집과 차의 구매 결정만으로 수십 년간 긴축재정이라는 감옥에 갇힌다. 종종 상환능력 최대치까지 끌어온 주택 담보 대출과 자동차 대출을 갚는 것만으로도 생활이 빠듯하다는 느낌을 받는다. … 실제 연봉은 넉넉하게 베풀 만한 수준이지만 … 그들은 나눔에 쓸 돈을 거의 남기지 않고 소비하기로 약정한 것이다.[15]

우리 중에는 배우자나 직업을 놓고 열심히 기도하는 이들이 많다. 이 결정이 하나님을 섬기는 데 얼마나 결정적인지 알기 때문이다. 하지만 차나 집을 장만하는 결정 역시 그만큼 중요하다는 사실을 우리는 간과한다.

불어나는 가족 수에 맞춰 더 큰 집을 알아보러 나선 당신에게 예수님이 부동산 중개사로 나오셨다고 해보자. "다음 집은 근사해요. 욕실 다섯 개에 거품 목욕 시설이 있고, 뒷마당엔 수영장도 있죠. 집값은 40만 달러에요. 가격은 좀 세지만 학군이 아주 좋아요. … 참, 바로 옆집도 한번 보세요. 수리를 좀 해야 하지만 25만 달러밖에 안 해요. 만약 이 집을 산다면 대출 상환할 돈을 아껴 케냐의 고아원을 통째로 후원할 수도 있어요.[16] 이봐요, 뭔가 선한 영향력을 끼치게 해달라고 최근에 기도하지 않았나요? 몸바사 바로 외곽에 아주 괜찮은 작은 집이 하나 있는데 전화할 수 있어요. 당신 돈으로 아이들 수백 명의 생명과 영혼을 구할 수 있죠. 정말 사랑스러운 아이들이란 점을 말하지 않을 수 없네요. … 잠깐만요, 연락처 찾아볼게요."

### 나눔에 관한 유대인의 지혜

유대교는 나눔을 강조하면서도 접근 방식에 관한 한 실용적이다. 정통 유대교인은 최소한 소득의 10분의 1을 자선 활동에 기부하는 일을 당연시한다. 그러나 나눔에는 상한선도 있다. 대단한 부자가 아니라면 소득의 10분의 2 이상 기부를 만류한다. 왜? 모든 걸 다 내어주면 내가 가난해져 다른 누군가를 도울 수 없게 되기 때문이다. 어떤 현자의 말이다. "한 번에 일천 세겔을 나누는 것보다 일천 회에 걸쳐 매번 1세겔씩 나누는 편이 낫다. 그 이유는 우리가 나눌 때마다 더 친절한 사람이 되기 때문이다."[17]

그리고 궁핍한 자를 너그럽게 판단하라. 한 랍비의 말이다. "가난한 사람이 당신에게 원조를 요청하면 그의 허물을 핑계 삼아 내빼지 마라. 그렇게 하면 당신이 그릇 행한 일을 하나님이 눈여겨보실 것이고, 그러면 분명 많은 것이 하나님 눈에 띌 것이다."[18] 우리가 지혜롭지 못한 선택을 한 사람을 불쌍히 여기지 않는다면, 자신이 잘못했을 때 하나님이 도와주실 것을 어떻게 기대하겠는가?

유대인은 나눔을 크게 강조하는 민족이다. 유대인은 그저 가난한 사람뿐 아니라 온갖 종류의 종교적, 사회적 필요가 있으면 나눌 것을 강조한다. 율법을 준행하는 유대인 공동체는 인생의 중요한 길목마다 나눔의 기회를 마련한다. 모든 명절 행사와 결혼식, 장례식에서 모금이 이뤄진다. 한 사람이 받을 수 있는 최고의 찬사는 '자선의 대가大家'를 뜻하는 '바알 체다카'라는 칭호다. 바알 체다카는 손을 활짝 펴 궁핍한 사람들에게 나눠주고 항상 대문을 활짝 열어 손 대접을 하는 사람을 뜻한다.[19]

> 누가 부자인가?
> 자신이 가진 것에 행복을
> 느끼는 사람이다.
>
> **– 미쉬나, 아봇 4:1**

과거 수 세기 동안은 가정의 안주인이 나눔의 책임자 역할을 했다. 예수 시대에도 이런 정황을 발견할 수 있는데, 요안나와 수산나 같은 부유한 여인들이 예수님을 후원했다(눅 8:3). 유대교에선 아주 어릴 적부터 나눔을 가르치기 위해 나눔의 과정에 아이들이 참여하게 했다. 아이들은 훗날 가치 있는 일에 기부할 목적으로 가정의 체다카 저금통에 동전을 넣고 모금원들이 대문을 두드리면 체다카 저금통의 돈을 내주는 일을 맡았다.

많은 그리스도인이 전자 송금으로 교회에 헌금하는 추세인데, 한번쯤 고민해봤으면 하는 부분이다. 부모가 매주 헌금함에 돈을 넣는 모습을 보지 못한다면 자녀들은 어떻게 헌금 생활을 배울 수 있을까?

남에게 '좋은 눈'을 보여주는 다른 방법은 게미룻 하사딤*gemilut hasadim*, 즉 '사랑 어린 선행'*hesed*을 하는 것이다. 구제가 매우 중요하지만 게미룻 하사딤은 구제보다 더 나은 것으로 이해된다. 주린 노숙자에게 10달러짜리 지폐 한 장을 건네는 것은 구제이지만, 함께 맥도날드에서 점심을 먹자고 청하는 것은 '사랑 어린 선행'이다. 게미룻 하사딤은 당신이 직접 손과 발을 움직여 남을 돕는 행동이다.

세 가지 대표적인 게미룻 하사딤은 병문안, 조문, 시신 매장이다. 일부 유대인은 그들의 '나눔 예산' 일부를 게미룻 하사딤에 할당하는 것을 원칙으로 한다. 내가 예루살렘에서 만난, 책을 사랑하는 한 여성은 사재를 들여 서가를 조성한 다음 여러 경로를 통하여 이웃에게 책을 빌려주거나 선물하는 일을 꾸준히 해오고 있었다.

우리가 상당히 큰돈을 오락에 쓰는 점을 생각할 때 오락 대신 특정 형태의 게미룻 하사딤을 취미로 삼아보면 어떨까? 내 친구 브루스는 차에 문제가 생겨 길에서 발이 묶인 사람을 보면 가던 길을 멈추고 돕거나 자기 휴대전화를 빌려주는 것을 원칙으로 삼고 있다. 전문 기술을 가르치는 친구 힐러리는 직업을 구하거나 취업 면접을 준비하는 사람을 돕는 일을 즐긴다. 내 친구 캐서린은 다양한 방법으로 직장 동료의 사기를 북돋아 주는 일을 도맡아 함으로써 사무실 전체의 '엄마' 노릇을 한다. 교회 예배 후 독신자나 노인을 집으로 저녁 초대하는 취미를 가져보는 건 어떨까?

우리가 영화나 놀이공원을 좋아하는 이유는 아무리 그 즐거움이 찰나적이고 인위적일지라도 잠시나마 현실에서 도피할 수 있기 때문이다. 그러나 하나님이 자신의 헤세드를 드러내시는 통로인 게미룻 하사딤을 실천하는 내 친구들은 오래 지속되는 진정한 인생의 낙樂을 누리고 있다.

## 좋은 눈으로 근검절약하기

내 차는 올해로 스무 살이 되었다. 내가 제일 좋아하는 옷가게는 시내의 중고옷가게 디토스Ditto's다. 올케는 내가 '병적으로 검소하다'라는 결론에 도달했다. 최근 몇 년의 불황으로 나 말고도 많은 이들이 근검절약할 방법을 찾고 있다.

수년 전에 이스라엘로 답사 여행을 갔을 때 검소함에 대한 색다른 시각과 마주했다. 같이 여행하는 일행과 시장에서 마지막 1세겔(현재 환율로 약 300원이다—편집자)까지 가격 흥정을 하려던 우리에게 가이드가 최근 몇 년간 상인들은 최악의 경기를 지나고 있다고 일러주었다. 여러 정치적 사건들로 관광객의 발길이 뜸해졌고 거리는 수개월째 한산했다. 많은 상점이 가게문을 닫지 않으려고 안간힘을 쓰며 버티는 중이었다. 우리에게 몇 세겔 차이는 저렴한 기념품을 구했다는 자랑거리 정도였지만, 그곳 상인들에게는 가족이 하루 먹고살 돈이었다.

우리가 검소함이라고 부르는 것이 때론 인색함이 된다는 사실을 깨달았다. 검소함은 돈을 아끼기 위해 자신이 써야만 하는 것을 쓰지 않는 것이다. 가령 우리가 일꾼의 품삯을 깎거나 팁을 박하게 주거나 물건값을 과하게 깎아 그들에게 갈 것을 아끼는 일은 상대방의 희생을 발판 삼아 이기적으로 절약하는 것이다.

> 마음이 선한 자는 가난한 자를 발 벗고 찾아다닌다.
>
> **– 탈무드, 샤밧 104**

자영업자인 내 친구는 절대 할인쿠폰을 사용하지 않는다. 요즘 같은 때에 가게 주인들이 자영업으로 생계를 유지하는 것이 얼마나 힘겨운지 그 고충을 잘 알기 때문이다. 할인쿠폰을 사용하지 않는 것은 그 나름의 '좋은 눈' 실천법이다. 타인의 필요를 배려하기 위해서는 때론 우리의 가계부 너머를 바라봐야 함을 그는 알고 있다.

## 토라의 핵심 가르침

가난한 자를 보살피는 것은 수천 년간 유대교에서 중추를 이루는 사상이었다. 유대인들은 과연 어디서 이런 사상을 가져왔을까? 바로 토라에 있는 하나님의 독보적인 계명들이 그 출처였다.

우리 중에는 구약의 율법과 규례라면 거리낌 없이 건너뛰는 이들이 많다. 부정不淨한 음식이나 정결례 불결에 관한 율법을 들으면 이상해하면서 싫어한다. 그러나 이스라엘은 이런 규범을 놀랍게 여기지 않았다. 희생제와 음식에 관한 율법은 이스라엘의 주변국 사이에선 흔한 일이었기 때문이었다.

정작 모세의 처음 청중이 충격받았을 대목은 빈궁한 이웃을 보살피는 일에 관해 제시하신 하나님의 장황한 계명이었을 것이다. 그들은 가난한 자에게 주기 위해 1년 치 십일조를 저축해야 했고, 농부는 과부와 이방인이 줍도록 이삭을 남겨두어야 했다(레 19:9~10). 빈궁한 자에게는 무이자로 돈을 꿔줘야 했고 7년간 갚지 못하면 탕감해주어야 했다(신 15:1~3). 농부가 흉년으로 부득이하게 땅을 팔면 50년마다 돌아오는 희년에 땅을 농부에게 돌려주어야 했다(레 25:28).[20]

이스라엘 주변국 신들의 주된 관심사는 희생제물과 의례였다. 그들은 도덕적이지도 않았고 종종 질릴 정도로 변덕스럽고 잔인했다. 이스라엘의 하나님은 자신에 대한 경배와 이웃에 대한 긍휼을 결부시켰다는 면에서 달랐다.[21] 그러나 하나님이 요구하신 건 의례뿐이라고 사람들이 믿기 시작하자 그분은 선지자들을 보내 가난한 자에 대한 공의가 자신의 최대 관심사임을 일깨우셨다. 이는 또한 예수님의 가르침의 핵심이기도 했다.

오늘날 사람들은 예수님이 유대인이었다는 사실을 안다 해서 과연 무엇이 달라질까 의아해한다. 당시 문화가 바로 지금 그리고 여기에서 우리에게 영향을 미친다면 어떻겠는가? 1세기 이스라엘의 의례와 음식에 관한 율법은 여러 면에서 주변국들과 유사했다. 그러나 토라의 남다른 특징은 사회적 약자를 향한 지대한 관심이었다. 예수님도 같은 부분을 강조하셨다. 우리가 예수님의 말씀을 히브리 배경 안에서 읽을수록 깨닫는 사실이 있다. 초대 유대 제자들처럼 예수님을 따르길 원한다면 매우 '좋은 눈'을 갖고 살아가야 한다는 것이다.

## 6장
# 그 이름의 비밀을 드러내는 사람

무엇이 그 이름을 거룩하게 할까?
하나님의 이름을 사랑하도록 다른 사람을 이끄는 행실이 그렇게 한다.
**- 탈무드, 요마 86b**

마다가스카르의 루터파 선교사였던 나의 할아버지 티어베르그는 평소에 하도 희한한 일을 자주 겪어서 웬만한 일에는 놀라지도 않았다. 그러나 어느 토요일 늦은 저녁, 주일예배 설교를 준비하던 할아버지를 누군가가 찾아왔고, 그다음 일어난 일은 할아버지의 평상심을 깨뜨리기에 충분했다.

그날 일찍, 할아버지의 설교를 들었던 말라가시 부족의 파날라라는 남자가 이렇게 선언했다. "난 그리스도인이 되겠다. 더 이상 마귀에게 종노릇 하고 싶지 않다." 자신의 결단을 보여주려는 듯 파날라는 부적과 점치는 도구로 가득한 바구니를 꺼내와 불살라달라고 했다. 그런데 그날 밤 할아버지 집을 찾은 한 마을 사람은 말했다. "파날라에게 귀신이 들어갔어요. 와서 귀신을 쫓아내 주세요!"

할아버지는 책이 널려 있는 책상에서 몸을 일으켜 마을로 걸음을 재촉했다. 할아버지의 신학 서적 어디에도 축귀 사역에 관한 내용은 없었다. 루터파는 전례와 평안을 전하는 일, 젤리 샐러드 대접하는 데엔 뛰어났지만, 축귀에는 문외한이었다.

할아버지는 제자들이 어떻게 귀신을 쫓아냈는지 머릿속 기억을 황급히 들췄고 제자들이 기도한 대로 하면 되리라는 희망을 품었다. 파날라의 초막에 다가가자 빙 둘러앉은 무리 가운데에서 이 세상 것이 아닌 듯한 노래가 올라왔다. 무리 한가운데에 파날라가 이리저리 걸어 다니며 휘파람을 불고 입에 거품을 뿜으며 미친 듯이 팔을 휘젓고 있었다.

할아버지는 한 손으로 파날라의 어깨를 꽉 잡고 명했다. "예수의 이름으로 명하노니 물러가라!" 파날라는 즉각 죽은 사람처럼 뒤로 넘어갔고 아연실색한 마을 사람들은 외쳤다. "마귀가 떠났다!" 몇 분 후 파날라가 깨어났다. 파날라는 다음 날 세례를 받았고 다시는 귀신 들리지 않았다.[1]

인류 역사 내내 사람들은 '예수의 이름으로' 기도했고 세례를 받았고 귀신을 쫓아냈다. 예수님도 우리가 "이름이 거룩히 여김을 받으시오며"라고 천부에게 기도할 것을 가르치셨다. 그러나 우리는 이 구절을 비롯하여 '이름'에 관한 다른 성경 구절들 앞에서 넘어진다. 히브리어는 아직도 이름에 관한 관용구를 사용한다. 하나님의 이름을 거룩히 여긴다는 것의 의미에 관해 우리는 유대 문화를 살펴보며 큰 지혜를 얻을 수 있다.

### '엘 알'의 이름으로?

수년 전, 이스라엘행 비행기가 착륙할 무렵에 있었던 일이다. 열 시간 비행으로 여기저기 욱신거리는 몸을 일으켜 머리 위 선반에서 납작 눌린 여행 가방을 꺼내고 있을 때였다. 당시 기초적인 히브리어밖에 몰랐던 내 귀에 비행기 안내 방송의 마지막 한 문장이 들려왔다. "베쉠 엘 알, 샬롬"*B'shem El Al, Shalom*. 직역하면 "엘 알*El Al*의 이름으로 평안하세요"였다. 승무원은 항공사의 이름으로 고객들에게 축복의 메시지를 전하지 않고 "엘 알의 공식대표로서 작별인사를 드립니다"라고 말했다.

성경 시대부터 오늘날까지 '~의 이름으로'라는 표현은 종종 '~을 대표하여' 혹은 '~을 위하여'라는 뜻의 히브리어 관용구다. 영어에서도 비슷한 의미로, 경찰관이 "법의 이름으로 멈추시오!"라고 외친다. 경찰관이 자기보다 큰 권위를 대표하고 있음을 범법자에게 알리는 것이다. 동일한 방식으로 할아버지는 그리스도의 공식 대사로서 귀신을 쫓으셨다. 예수님이 창조 세계의 진정한 주님이시기 때문에, 그리고 예수님이 영적 세계에 권위를 행사하시기 때문에, 마귀는 할아버지에게 복종했다.

'~의 이름으로'라는 표현을 문자적으로 읽는다면, 이름을 정확하게 발음하고 입 모양을 잘 만들어 제대로 소리를 내는 것이 결정적인 요소라고 생각할지 모른다. 히브리어 이름을 제대로 발음하는 것이 너무도 중요하다고 여긴 나머지 모든 이름의 철자를 고쳐 새로운 번역 성경을 출간한 단체가 한둘이 아니다.[2] 그러나 할아버지의 경험은 사실이 그렇지 않음을 증거한다. 할아버지가 기도했을 때 그의 입술을 가르고 나온 이름은 '제슈쉬'*Jesosy*로, 그 지역의 말라가시 방언에 따른 발음이었다.

예수 이름의 권능은 특정 단어를 정확히 발음하는 데 있는 게 아니라 그 이름으로 불리는 존재의 궁극적 권위에 있다. 헝가리어에서는 예수님을 '예쥬스낙'*Jézusnak*이라고 부르고 마오리어에서는 '아이후'*Ihu*, 아이티 크롤어에서는 '젯지'*Jezi*라고 한다. 세계 전역에서 사람들은 그들이 아는 방식으로 그리스도의 이름을 불렀고 예수님은 기꺼이 그들의 기도에 응답하셨다.

## 이름 안에 무엇이 들어있을까?

성경 시대에 이름이 얼마나 중요했는지는 아무리 말해도 지나치지 않는다. 고대 사유思惟에서는 사물이나 존재가 이름을 갖지 않았다면, 아예 없는 것과 같았다. 이집트 문헌에서는 창조 이전의 시간을 "그 어떤 것에도 이름이 지어지지 않은 시간"[3]이라고 설명했다. 하나님은 우주를 한 조각 한 조각 존재 가운데로 호명하신 후 낮, 밤, 하늘, 땅, 바다와 같은 이름 짓기로 창조를 완성하셨다. 이름 짓기는 또한 하나님의 주권 행사이기도 했다. 누군가의 이름을 지어주는 이가 권위를 가지기 때문이다. 하나님이 아담에게 모든 동물의 이름 짓는 일을 맡기셨을 때 그것은 창조 세계를 다스리는 일에서 아담이 담당할 첫 실습과제였다(창 2:19).

고대 근동에서 한 사람의 이름은 그의 정체성 및 평판과 밀접한 연관이 있었다. 하나님은 한 인생을 새로운 길로 인도하실 때에도 새 이름을 주셨다. '아브람'이 '아브라함'이 되고, '야곱'이 '이스라엘'이 된 것은 하나님이 그들에게 허락하신 새로운 방향을 나타내기 위함이었다. 때로는 자기 이름이 더 이상 적합하지 않다고 여겨 스스로 개명하는 경우도 있었다. '즐겁다'라는 뜻의 나오미는 남편과 두 아들을 잃은 후 스스로 '쓰라리다'라는 뜻의 '마라'로 개명했다(룻 1:20). 그 시점에 그녀의 인생은 쓰라림 그 자체였다.

이름이 이토록 의미심장하기 때문에 이방 세계에서는 신의 이름을 부르는 주문을 외워 영적 세계를 조종하려는 관행이 만연했다. 이방인들은 다신교의 신들을 더 강력한 마술적 힘에 종속된 유한한 존재로 이해했다. 만약 그 신들의 이름을 안다면 그들을 소환하여 당신의 명령을 수행하게 할 수도 있었다.

하지만 성경 전반에 걸쳐 보자면, 인간이 해리포터식 마법 주문으로 생각하고 신성한 이름을 부르면 하나님은 늘 응답을 거부하셨다. 사도행전 19장에서 스게와의 일곱 아들은 톡톡히 값을 치르고야 이를 깨달았다. 바울이 전파하는 예수의 이름으로 귀신을 쫓아내려던 이들에게 귀신은 이렇게 비아냥거렸다. "내가 예수도 알고 바울도 알거니와 너희는 누구냐?" 그런 다음, 귀신은 그들을 덮쳐 발가벗기고 상처투성이가 되어 피를 철철 흘리며 도망칠 때까지 흠씬 두들겨 팼다(행 19:13~16). 분명 스게와의 아들들은 예수의 이름을 완벽한 히브리 억양으로 정확하게 발음했을 것이다. 그러나 그들은 예수님의 제자가 아니었기에 예수의 이름으로 명할 권한이 없었다.

### 하나님의 구원, 예슈아

예수님의 히브리어 이름은 '예슈아'*Yeshua*다. 예수님의 유대적 맥락을 연구하는 많은 사람은 예수님의 유대적 삶과 현실에 관한 민감성을 유지하고자 예슈아라는 호칭을 선호한다. 이 책에서 나는 '지저스'Jesus를 썼는데, 영어 화자들에게는 이것이 가장 친숙한 발음이기 때문이다.[4] 또 다른 이유는 자신의 유대적 뿌리에 관심을 두게 된 사람들을 접하며 깨달은 바가 있어서다. 어떤 이들은 지나치게 열심을 내다가 완전히 새로운 단어를 골라 사용하는 바람에 자신과 타인 사이에 장벽을 세우기도 한다. 하나님께로 가까이 나아가는 데 유익한 통찰을 발견했다면 당신은 이를 공유할 의무가 있다. 그러려면 당신이 섬이 아닌 교량이 되어야 한다. 그래서 난 일부러 널리 알려진 단어를 사용한다.

천사는 요셉에게 장차 아들을 예슈아로 부르라고 했는데, 그분이 자기 백성을 죄에서 구원할 것이기 때문이었다(마 1:21). 실제로 예슈아는 (영어에서 Joshua로 번역하는) '여호수아'*Yehoshua*의 줄임태이고 문자적인 뜻은 '하나님의 구원'이다.[5] 예수님의 이름이 원래는 '예슈아'였음을 알면 '하나님의 구원'이라는 그 기막힌 뜻을 더 의식할 수 있다.

때로는 예수님의 이름이 메시지의 일부가 되었다. 어느 날 예수님이 여리고 외곽의 흙길을 따라 이동하고 계실 때 저만치 앞에 있는 나무에서 파란색이 어른거렸다. 거기를 자세히 들여다본 예수님은 거부였던 세리장 삭개오를 발견하셨다. 삭개오는 마을을 지나는 위대한 랍비의 얼굴이라도 한번 보고자 나무에 올라갔던 것이다. 플라타너스 고목 아래에서 걸음을 멈추신 예수님은 삭개오를 부르시며 내려오라고 하셨고 그날 삭개오의 집에서 식사하시겠다고 당당히 말씀하셨다. 삭개오가 자신의 부정한 행실을 회개했을 때 그날 '구원'(예슈아)이 삭개오의 집에 임하였기 때문이었다. 예수님은 당신 이름의 뜻을 사용하여 삭개오가 죄 사함과 구원을 받았다고 선포하셨다(눅 19:1~10).

## 선지자의 이름으로

한 사람의 이름과 정체성 사이에 연관성이 있어서 발생한 관용구가 더러 있다. '당신의 이름'이란 표현은 때때로 '당신'을 대신하기도 한다. 예를 들어, 시편 75장 1절이다. "하나님이여 우리가 주께 감사하고 감사함은 주의 이름이 가까움이라." 시편 기자의 진의는 하나님의 '이름'이 가깝다는 게 아니라 '하나님'이 가깝다는 것이다.

'이름'이 관용구로 어떻게 쓰이는지 파악하면 예수님의 다소 기이한 말씀이 해석된다. "선지자의 이름으로 선지자를 영접하는 자는 선지자의 상을 받을 것이요 의인의 이름으로 의인을 영접하는 자는 의인의 상을 받을 것이요 또 누구든지 제자의 이름으로 이 작은 자 중 하나에게 냉수 한 그릇이라도 주는 자는 내가 진실로 너희에게 이르노니 그 사람이 결단코 상을 잃지 아니하리라 하시니라"(마 10:41~42).

여기 예수님의 말씀은 얼핏 보면 수수께끼처럼 들린다. 어떻게 사람이 선지자를 '선지자의 이름으로' 영접하는 것일까? NIV 성경(1984년판)은 '~의 이름으로'라는 관용구를 명쾌하게 의역하고 있다. "'누군가가 선지자라는 이유로'because he is a prophet 선지자를 영접하는 자는 선지자의 상을 받을 것이요." 여기서 '~의 이름으로'는 실은 한 사람의 이름과 무관하며 '누군가의 정체성 때문에'를 뜻하는 관용구다.

이 수수께끼를 풀려면, 예수님의 메시지에도 당시의 유대적 습성이 녹아 있었음을 알아야 한다. 즉 주님은 청중이 메시지를 간파할 만큼 성경을 숙지한 상태임을 전제하셨고, 논점을 분명히 하기 위해 에둘러 성경을 활용하셨다.[6] 예수님은 제자들을 파송하실 때 하나님이 돌보시니 염려하지 말라고 하셨다. 그때 예수님은 하나님이 보내셨음을 알고 하나님의 대리인을 섬겼던 두 영웅적인 여성을 환기하신 것이다.

사렙다의 과부는 "선지자의 이름으로 선지자를 영접한" 사람이었다. 과부는 엘리야가 하나님이 보내신 선지자임을 알았다. 그랬기에 기근의 때에 얼마 남지 않은 양식을 엘리야와 나누었던 것이다(왕상 17:9~16). 결과적으로 하나님은 과부에게 '선지자의 상'을 주셨다. 하나님은 엘리야를 먹여 살리셨듯이 기근 내내 과부의 가족을 먹여 살리셨다.[7] 그리고 가나안의 기생 라합은 "의인의 이름으로 의인을 영접한" 사람이었다. 라합이 여호수아가 보낸 정탐꾼들을 숨겨준 건 이스라엘의 하나님을 믿었기 때문이었다(수 2:1~21). 라합은 정탐꾼들의 임무가 '의로운 일'이라는 걸 알았기에 '의롭다' 칭함을 받았고 정탐꾼과 동일한 상급을 받아 이스라엘 백성과 나란히 가나안 땅에 거하게 되었다.[8]

예수님이 전도하러 나가는 제자들에게 성경의 두 여인의 예를 드신 것은 먼 옛날 하나님께서 자신의 대리인을 위해 행하신 것과 똑같이 제자들을 돌보실 것을 알리기 위함이었다. 만약 누군가가 제자들의 사명을 돕고자 물 한 잔이라도 건넨다면 그들은 반드시 예수님의 상급을 받을 것이다. 하나님은 단지 제자들의 필요를 공급하실 뿐 아니라 제자를 돌보는 사람들까지 돌보실 것이다!

## 이름이 거룩히 여김을 받으시오며

그렇다면 하나님의 이름이 '거룩히 여심을 받는다', 또는 '높임을 받는다'라는 건 무슨 뜻일까? 물론 문자적으로는 하나님의 이름을 거룩하게 한다는 뜻이다. 그러나 여기서 '이름'이란 단어가 진짜 의미하는 바는 하나님의 명예다. "이름이 거룩히 여김을 받으시오며", "나라가 임하옵시며", "뜻이 땅에서도 이루어지이다"란 구절은 의미상 서로 연관되어 있다. 모두들 이 땅에 하나님의 명망이 널리 퍼져 사람들이 하나님의 통치를 받아들이고 하나님의 뜻을 행하기를 바라는 마음의 표현이다.

하나님은 자신의 명예를 심각하게 여기신다고 생각하지 않을 수도 있겠다. 그러나 하나님의 명망을 온 세상에 전파하는 것은 성경을 관통하는 핵심 주제다. 먼저 하나님은 이스라엘에게 어떻게 살아야 할지를 가르치셨다. 하나님의 의도는 이스라엘이 열방에 빛이 되는 것이었다. 다른 민족은 음란하게 우상 숭배하고 아기들 목을 베어 귀신의 제단에 바치더라도 이스라엘은 참 하나님을 경배하고 하나님이 원하시는 대로 살아가는 모습을 보여줘야 했다.

하나님은 그리스도의 강림을 통해 자신의 정체성을 보다 선명하게 드러내셨고, 죄인을 향한 하나님의 속마음과 희생적인 사랑을 계시하셨다. 그다음 하나님은 "가서 만민으로 제자 삼으라"는 명령과 함께 제자들을 파송하셨다(마 28:19). 지향점은 하나님이 누구신지를 만민으로 알게 하며, 하나님의 명망이 온 땅에 충만해지는 것이다. 하나님의 궁극적 계획은 "물이 바다를 덮음 같이 여호와를 아는 지식이 세상에 충만"하게 되는 것이다. 하나님의 '이름'이 '에하드'*echad*될 때, 그러니까 하나님 '홀로' 열방의 경배를 받으실 때 하나님 나라가 온전히 임한 것이다(슥 14:9).

> 죄를 피하거나 명령에 순종하는 일은, 그것이 두려움이나 야심 때문이 아니라면, 하나님의 이름을 공개적으로 거룩히 하는 일이다.
>
> **– 마이모니데스, 랍비**

고로 하나님의 명망, 즉 그분의 '이름'은 백성의 구원 계획에서 결정적으로 중요하다. 이 점을 감안할 때, 우리는 이름이 거룩히 여김*kiddush hashem*, 키두쉬 하셈에 관한 랍비들의 지혜를 경청함으로써 큰 통찰을 얻을 수 있다. 그 반대가 힐룰 하셈*hillul hashem*, 즉 '이름을 더럽히다'이다. 1세기부터 오늘날까지 사용되는 이 두 표현은 유대 전통에서 상당한 의미를 담고 있다.

예수님 활동 시기 약 100년 전에 살았던 유대 현자 시브온 벤 셰타크에 관한 이야기가 있다. 이 가난한 스승에게서 일상의 불편을 덜어주고자 제자들은 부유한 아랍 무역상으로부터 나귀 한 마리를 사왔다. 나귀

갈기를 빗질하던 중 누군가의 짐에서 빠져나와 나귀 갈기에 붙어 있던 값진 보석 하나가 떨어졌다. 제자들은 스승이 횡재했다고 기뻐했으나 스승은 보석 받기를 거절하며 제자들을 시켜 아랍 상인에게 보석을 돌려주게 했다. 제자들이 무역상을 찾아 그가 아끼던 보석을 돌려주자 그는 숨 가쁜 탄성을 내질렀다. "시므온 벤 셰타크의 하나님을 찬양하라!"

랍비의 위대한 정직성 덕분에 이방인이 하나님께 찬양을 돌렸다. 이것이 랍비적 어법에서 "하나님의 이름이 거룩히 여김"을 받는다는 키두쉬 하셈이 의미하는 바다. 이는 하나님을 알지 못하는 자들 가운데에서 하나님이 영광을 받으실 만한 삶을 사는 것을 뜻한다. 랍비들은 이를 세 가지로 설명했는데, 진실한 삶을 사는 것, 자기 목숨을 걸고 남을 구하는 일과 같은 영웅적 행동을 하는 것, 그리고 하나님을 높이기 위해 순교하는 것이다.[9]

키두쉬 하셈에 녹아 있는 발상에서 기독교 내부의 해묵은 논쟁에 대한 통찰을 얻을 수 있다. 우리 중에는 말로 복음을 전하여 세상을 복음화하는 것이 승인된 삶이라고 주장하는 이들이 있다. 어떤 이들은 집 없는 사람을 위해 집을 지어주고 몸의 필요를 채워주는 사회 참여를 통해 그것이 이뤄진다고 생각한다. 종종 우리는 양 갈래로 갈려 이편 아니면 저편을 택한다. 그러나 키두쉬 하셈은 사랑의 행위를 하나님의 명망과 결부시킨다. 사람들의 필요를 돌보지 않은 채 복음을 전하는 것은 공허하게 다가온다. 그러나 자신이 그리스도를 섬긴다는 걸 드러내지 않은 채 행하는 구제 역시 하나님의 이름을 높이지 않기는 마찬가지다. 예수님은 제자들을 파송하실 때 자신이 행하셨던 것처럼 병자를 고치고 하나님 나라를 선포하라고 하셨다(마 10:7~8). 양자택일이 아니라 '둘 다'인 것이다. 우리가 하나님께 영광을 돌리려면 말씀과 행위 '둘 다' 필요하다.

## 그 이름을 더럽히다

반면 '그 이름을 더럽히다'는 뜻의 '힐룰 하셈'은 극히 엄중한 죄다. 십계명 중 제3계명을 다음과 같이 해석한 랍비들은 이 부분을 발견했다. "너는 네 하나님 여호와의 이름을 망령되게 부르지 말라. 여호와는 그의 이름을 망령되게 부르는 자를 죄 없다 하지[벌하지 않고 내버려두지: leave him unpunished, NASB] 아니하리라"(출 20:7). 본문은 문자적으로 이런 말이다. "너는 '허망한 것'을 위해 여호와의 이름(명망)을 떠받들지 말라."

그리스도인들은 이 계명을 '욕설 금지'로 해석하지만 십계명 중 유일하게 하나님의 징벌 약속이 붙어 있는 것이 바로 3계명이다. 그런데 훨씬 심각한 다른 죄도 많이 있지 않은가?

유대 사상가들은 이 3계명이 훨씬 더 풍성한 의미를 담고 있다고 이해한다. 일부 랍비들은 이를 공개적으로 어떤 악한 일을 행하고 그 행위를 하나님과 결부시키는 것으로 해석한다. 이는 하나님의 명예를 훼손하는 것이므로 하나님께 직접 죄를 짓는 것이다.

몇 가지 예를 보면 왜 이 죄가 그리도 심각한지가 분명해진다. 텍사스의 포트 후드에서 자대배치 대기 중이던 군인들에게 총을 쏴 열세 명을 죽인 나이달 하산을 생각해보라. 그는 그렇게 하며 "알라후 아크바르!"(알라는 위대하시다!)라고 외쳤다. 그러나 세인들은 이 사건을 보고 알라에게 영광을 돌리기보다는 조용히 의문을 품었을 것이다. "대체 어떤 악한 신을 섬기길래 신의 명령으로 저런 끔찍한 일을 할까?"

테리 조운즈에 대해서도 동일한 이야기를 할 수 있을 것이다. 그는 2010년 9월 11일 코란을 불사르겠다고 공언한 지 수개월 만에 위협을 실행에 옮긴 플로리다의 목사다. 그는 이슬람교의 거짓됨을 성토하기 위해 이 일을 계획했지만, 오히려 모슬렘이 그리스도를 무시하고 그리스도의 제자들을 불경건한 신성모독자로 보는 결과를 초래했다. 모슬렘이 보기엔 이 사건은 네 원수를 사랑하라는 예수님의 계명이 소귀에 경 읽기가 되었음을 입증할 따름이었다. 종교를 불문하고 미국인들은 목사가 무모하게 타인의 생명을 위험에 빠뜨리고 전쟁을 부추겼다는 사실에 경악을 금치 못했다. 조운즈 목사의 행동으로 세계 곳곳에서 그리스도의 이름이 수치를 당했다.

> 하나님의 거룩한 이름이
> 더럽혀지느니 차라리
> 성스러운 토라가
> 지워지는 것이 낫다.
>
> **– 탈무드, 예바못 79a**

대중의 이목 밖에서, 평범한 사람들의 일상 속에서도 얼마든지 '힐룰 하셈'의 죄를 범할 수 있다. 기독교 지체들에게 부당한 대접을 받고 영영 교회와 담을 쌓았다는 이야기는 우리가 얼마나 많이 듣는가? 그들은 자신 있게 말한다. "난 당신이나 당신의 하나님과는 일절 상종하고 싶지 않아요!" 교회 출석자가 부정직하게 사업을 하거나 이웃에게 무례하게 굴거나 포르노를 볼 때 그들은 주변 세상에 그리스도를 내적하는 증거를 하는 것이다. 우리 각자는 실로 엄중한 범죄인 하나님의 이름을 더럽히는 죄를 쉽게 지을 수 있다.

## 궁극의 '키두쉬 하셈'

악행으로 세상에서 하나님의 평판에 먹칠을 할 수 있는 것처럼 선행으로 하나님께 큰 영광을 돌릴 수도 있다. 조너선 마일즈는 예루살렘에서 '셰벳 아힘'*Shevet Achim*이라는 사역을 시작한 그리스도인이다.[10] 그의 팀은 팔레스타인과 이라크의 어린이들을 이스라엘 병원으로 데려와 심장수술을 받게 해준다. 그리스도의 이름으로 남을 섬기기 위해 지속해서 생명의 위협을 감내하는 그들의 삶을 지켜보던 모슬렘과 유대인은 큰 충격을 받았다. 모슬렘 가족들은 유대인 의사들과 간호사들이 모슬렘 아이들에게 보여주는 긍휼에 입을 다물지 못한다.

한번은 조너선이 가자지구의 한 경찰서에 있는데, 맞은편에 앉은 험상궂은 팔레스타인 남자가 조너선을 계속 노려보았다. 급기야 이 거구의 남자는 조너선에게 다가와 몇 분간 욕설을 퍼붓고는 왜 가자에 왔느냐고 추궁했다(후에 들은 바로는 이 남자는 한때 자살 폭탄 테러에 자원하기까지 한 테러 조직의 일원이었다). 조너선은 심장수술이 필요한 아이의 가족을 만나기 위해 왔다고 설명했다. 만날 예정이던 가족이 밤늦도록 오지 않았던 것이다.

적개심을 불태우던 질문자는 일순간 바늘로 찌른 풍선처럼 맥이 풀렸다! 자기도 가족 찾는 일을 도와주겠다면서 그 남자는 조너선을 데리고 온 동네를 돌며 가가호호 대문을 두드렸다. 그 후 둘은 친구가 되었고 그는 예수님에 관해 더 많은 것을 알고 싶어 열심을 냈다. 이것이 순종하는 제자 한 사람의 영향력이다. 본보기가 되는 삶은 예비 살인자조차도 마음 문을 열고 그리스도를 따르는 일을 진지하게 고민하게 할 수 있다.

하나님의 이름을 높이는 키두쉬 하셈의 궁극의 예는 바로 예수님이다. 예수님은 선포하셨다. "내가 아버지의 이름을 그들에게 알게 하였고 또 알게 하리니 이는 나를 사랑하신 사랑이 그들 안에 있고 나도 그들 안에 있게 하려 함이니이다"(요 17:26). 예수님은 성육신한 하나님으로 십자가에서 죽으셨다. 자신의 죽음으로 이스라엘의 하나님이 자비롭고 희생하는 하나님이심을 온 세상에 선포한 것이다. 예수님이 하나님임을 믿는 사람은 그 누구도 하나님을 잔인하거나 무정한 분이라고 할 수 없다. 예수님이 우리를 위해 행하신 일은 그렇지 않음을 입증한다. 그리스도의 위대한 희생으로 하나님의 명예는 땅 끝까지 높아졌다.

예수님의 제자로서 우리는 세상을 비추는 주님의 빛이 되어 예수님처럼 되라는 명령을 받았다. "이같이 너희 빛이 사람 앞에 비치게 하여 그들로 너희 착한 행실을 보고 하늘에 계신 너희 아버지께 영광을 돌리게 하라"(마 5:16). 우린 항상 세상이 지켜보고 있음을 의식하며 우리의 행실이 우리가 섬기는 하나님의 거룩함과 사랑을 비추는 거울이 되도록 노력해야 한다.

7장

# 코서 입을 가지는 법

내가 침묵을 지키는 동안은 내가 혀를 다스린다.
내가 말을 하기 시작한 순간부터는 혀가 날 다스린다.

**- 쥬다 벤 사무엘, 독일 레겐스버그의 랍비**

대리교사는 힘든 일이다. 시카고 도심으로 이사 온 지 수개월밖에 안 된 시점에 천방지축 4학년 학급의 대리교사로 발령받은 앨버트 톰슨은 날마다 아이들과 씨름을 해야만 했다. 교실은 종종 고성이 오가는 싸움판이 되었고 아이들은 교실 안팎을 뛰어다녔다. 톰슨은 교실 문간을 몸으로 막아서며 규칙을 어긴 학생들을 혼냈고 교장 선생님에게 보고하겠다고 했다. 톰슨은 교실의 기강을 바로잡기 위해선 마땅히 그렇게 해야 한다고 생각했다.

한 심술궂은 아홉 살짜리는 다른 계획을 생각해냈다. 꾸지람에 앙심을 품은 이 여자아이는 대리교사가 자신을 성추행했다는 이야기를 꾸며낸 다음, 열 명의 아이를 각각 1달러씩 주어 매수하고 교장 선생님에게 똑같은 이야기를 되풀이하라고 시켰다. 아이들은 이 증언이 얼마나 큰 파문을 몰고 올지 알지 못한 채 그저 싫어하는 선생님에 대한 거짓말을 되풀이했다. 톰슨은 즉각 자격정지 처분을 받았다.

얼마 지나지 않아 경찰 조사에서는 아이들이 꾸민 음해였음이 드러났고 톰슨의 무고가 밝혀졌다. 여학생은 아무 근거 없이 이야기를 날조했음을 자백했고, 몇몇 학생들은 그 여학생이 선생님을 음해하라고 돈을 건넸다고 실토했다.

그럼에도 학부모 중에는 학교 위원회에 이의를 제기하는 이들이 있었다. 그들은 자기 자녀가 거짓말했음을 시인하기보다는 소송으로 가길 원했다. 아이들의 고백으로 톰슨은 무죄가 입증될 때까지, 아니, 무죄로 밝혀진 후에도 죄인이었다. 그는 이 사건을 '악몽'이라고 하며 "많은 사람이 이야기를 끝까지 들어보지도 않고 날 십자가에 못 박으려 했다"라고 말하며 결국 교직을 떠났다. "지금 현재 나의 평판은 이미 망가졌다. 내가 어디에서 교편을 잡더라도 사람들은 알 것이다."[1]

세상 꾀에 밝은 아홉 살짜리들은, 원치 않는 신체접촉이 있었다면 알려야 하며 성범죄에는 치명적인 결과가 따른다는 것을 교육받았다. 그러나 그들은 자신의 말로 한 사람의 인생이 망가질 수도 있다는 사실을 배우지 못했다. 혀의 발화력은 이토록 엄청나다. 우리의 말은 선악을 이룰 엄청난 잠재력이 있기에 잠언은 "죽고 사는 것이 혀의 힘에 달렸"다고 한다(잠 18:21).

요즈음에는 추악한 말이 일상다반사가 되어가는 느낌이다. 아예 연예인의 추문만 다루는 TV 프로그램이 따로 있고, 심지어 유선방송 채널 전체가 그런 경우도 있다. 인터넷에는 비수같이 예리한 논평이 차고 넘친다. 심지어 기독교 블로그도 위험 수위를 넘나드는 경우가 많다.

우리의 말이 그렇게 심각하게 고민할 대상일까? 야고보는 그렇다고 본다. 그는 혀가 큰 숲을 사르는 작은 불이라고 했다. 혀가 얼마나 잔인할 수 있는지를 묘사하기 위해 야고보는 혹독한 비유를 서슴지 않는다.

> 보라. 얼마나 작은 불이 얼마나 많은 나무를 태우는가 혀는 곧 불이요 불의의 세계라. 혀는 우리 지체 중에서 온몸을 더럽히고 삶의 수레바퀴를 불사르나니 그 사르는 것이 지옥 불에서 나느니라. 여러 종류의 짐승과 새와 벌레와 바다의 생물은 다 사람이 길들일 수 있고 길들여 왔거니와 혀는 능히 길들일 사람이 없나니 쉬지 아니하는 악이요 죽이는 독이 가득한 것이라(약 3:5b~8).

야고보가 보기에 혀는 게걸스러운 늑대이자 독뱀이자 지옥의 전령자다. 그의 말이 지나치다고 느낄 수 있겠지만, 땋은 머리 소녀의 계산된 거짓말 하나로 한 남자의 인생이 끝장난 이야기를 떠올려보라.

혀를 놀리는 문제에 대해 야고보가 특별히 맺힌 원한이 많은 것 같다고 생각할지 모르겠다. 하지만 이 주제와 관련한 유대인의 가르침을 듣기 전엔 예단하지 말라. 수 세기에 걸친 박해로 유대인들은 부득불 결속력이 강한 공동체를 이루며 살 수밖에 없었다. 그런 공동체에서 독기 어린 말은 훨씬 더 치명적이었다. 그래서 오랜 세월 랍비들은 혀에 대한 성경적 경계선을 설명하는 일에 큰 공을 들였다. 예수님의 우선적인 관심사 역시 입 '속으로' 들어가는 것이 아닌 입 '밖으로' 나오는 것이었다. "입으로 들어가는 것이 사람을 더럽게 하는 것이 아니라 입에서 나오는 그것이 사람을 더럽게 하는 것이니라"(마 15:11).

우리의 현명한 조언으로 친구가 가정을 지킬 수도 있고, 우리의 비판으로 아이의 자존감이 무너질 수도 있으며, 우리의 뒷말로 우정이 깨질 수도 있다. 당신이 자리를 떠도 아무도 당신을 흉보지 않는다는 사실을 믿을 수만 있다면 좋지 않겠는가? 동료가 쌀쌀맞은 이유가 지난주 점심에서 내가 한 험담이 그녀의 귀에 들어갔기 때문이 아닐까 걱정하지 않아도 된다면?

입에서 나오는 것이 초지일관 그리스도를 닮도록 하는 일에 우린 날마다 실패한다. 남에게 말로 상처 주는 문제에서 자유로운 사람은 아무도 없으며, 때로는 피해자 입장에서 험담이란 유독가스를 맡기도 한다. 오랜 시간 쾌쾌한 방에서 험담을 뿜어낸 나머지 그 악취가 머리카락과 옷에 켜켜이 배어 있음을 의식하지 못하는 사람도 제법 있다.

대체 어떻게 해야 우리 입에서 나오는 것을 개선할 수 있을까? 이번 장에서는 '코셔'*kosher*, 정결한 입으로 악을 피하고 선을 행하는 길을 알아보자.

## 혀에 관한 유대인의 지혜

수천 년간 유대 선생들은 시편 34장 12~13절의 약속을 주목했다. "생명을 사모하고 연수를 사랑하여 복 받기를 원하는 사람이 누구뇨 네 혀를 악에서 금하며 네 입술을 거짓말에서 금할지어다."[2] 사도 베드로도 회중에게 어떻게 살지를 가르치면서 이 유명한 시편 구절을 인용했다(참조. 벧전 3:10).

시편 기자는 행복과 장수를 원하는 이들이 솔깃할 만한 약속을 한다. 하지만 여기에는 혀를 악에서 금하라는 단서 조항이 딸려 있다. 그런데 대체 '악한 혀'evil tongue라는 게 정확히 무슨 의미일까? 히브리어로 '라숀 하라'*lashon hara*는 유대교에서 모든 종류의 가십, 비방, 험담을 통칭하는 말이다.

혀에 재갈을 물리는 것이 행복한 관계의 비결이며 당신의 영혼을 정결케 하는 길이다. "선한 사람은 마음에 쌓은 선에서 선을 내고 악한 자는 그 쌓은 악에서 악을 내나니 이는 마음에 가득한 것을 입으로 말함이니라"(눅 6:45). 달리 말하면 당신의 혀가 악하다면 당신의 마음이 악한 것이다.

지난 세기 정통 유대교의 초미의 관심사는 말하기 윤리를 가르치는 것이었다.[3] 마을 단위로 소모임이 결성되었고 유대인 고등학교는 동아리 활동을 지원했으며 수천 명이 쉬미랏 할라숀*shmirat halashon*이라는 '혀 지키기' 운동을 배우고자 대회에 참석했다.[4] 심지어 수신자 부담 전화로 "이런 말을 해도 괜찮나요?"라고 랍비에게 물어볼 수도 있었다. 유대교는 유구한 세월에 걸쳐 어떻게 혀를 사용할지 혹은 사용하지 말아야 할지에 관한 지혜를 축적해 왔다.[5]

이웃에 대한 거짓 증거(참조. 출 20:16)와 같이 누가 봐도 명명백백한 죄가 있다. 하지만 랍비들은 이보다 더 깊이 파고들어 성경이 경고하는 것을 범주화했고, 그중에는 당신이 미처 잘못이라고 깨닫지 못한 부분도 있다.

## 비방—못체이 쉠 라

예수님도 악한 말의 종류에 관해 랍비들이 사용하는 관용구를 더러 사용하셨다. 가령 다른 사람의 명예를 훼손하기 위해 거짓말을 지어내는 것을 '오명을 갖다 붙이다', 즉 '못체이 쉠 라'*Motzei Shem Ra*라고 한다. 예수님은 녹록지 않은 사명을 앞둔 제자들에게 마음 준비를 시키시며 이 표현을 사용하셨다. "인자로 말미암아 사람들이 너희를 미워하며 멀리하고 욕하고 '너희 이름을 악하다 하여 버릴'(못체이 쉠 라) 때에는 너희에게

복이 있도다"(눅 6:22). 만일 우리가 확고하게 그리스도께 헌신했다면 우리 역시 비방 받을 각오를 해야 한다.

비방은 말로 짓는 죄 중에 가장 악한 것으로 꼽힌다. 꼭 나이가 들어야만 이 잔인한 무기를 휘두를 수 있는 건 아니다. 앞서 언급한 어린 여학생은 비방이란 무기를 사용하는 법을 일찌감치 터득했다. 부모들은 아이가 말하기 시작하는 첫날부터 입조심 훈련을 시켜야 한다. 아이는 보통 부모의 대화를 엿들으면서 많은 것을 배운다.

> 당신 마음에 비수를 꽂으려면 원수와 벗이 같이 일해야 한다. 원수는 당신을 비방해야 하고, 벗은 그 소식을 당신에게 전해야 한다.
>
> – 마크 트웨인

랍비 주석에서는 종종 못체이 쉠 라와 멧조라*metzora*, 문둥병자를 연결시킨다.[6] 둘을 연결하는 이유는 발음이 비슷한 이유도 있지만, 미리암이 동생 모세를 비방했을 때 하나님이 칠 일간의 문둥병으로 미리암을 벌하셨기 때문이다(민 12:1~15). 랍비들은 문둥병과 명예훼손이 공통점이 많아서 이것을 합당한 벌이라고 말한다. 우선 둘 다 표면적 증상은 거의 없지만 시간이 흐를수록 병이 고질화한다. 한 사람을 헐뜯으면 대개 다른 사람도 헐뜯기 마련이다. 더욱이 듣는 사람도 그 거짓말을 옮기기에 십상이므로 전염성이 상당히 높다. 그리고 문둥병처럼 험담은 결국 부부와 형제와 친구 사이를 갈라놓는다.

## 악한 혀—라숀 하라

우리는 근거 없는 비방이 잘못임을 다들 안다. 그러나 거짓말을 하지 않고도 얼마든지 남에게 큰 피해를 줄 수 있다. '라숀 하라'는 거짓을 말하는 경우에만 해당하지 않는다. 오히려 남에게 피해가 되는 '부정적 진실'을 말하는 행위를 묘사하는 말로 더 자주 사용된다.

예를 들어, 라숀 하라는 동료 직원들에게 어떻게 상사가 프레젠테이션을 망쳤는지 늘어놓는 것이고, 아내에게 찬양 인도자가 얼마나 노래를 못하는지를 지적하는 것이며, 남편이 '또다시' 당신 생일을 잊어버렸다고 누이에게 불평하는 것을 말한다. "참 좋은 사람이지만 …할 땐 짜증나"라고 운을 떼는 문장은 늘 라숀 하라로 끝맺는다. 라숀 하라 습관은 우정에 금이 가게 하고 남을 깎아내리며 신뢰를 무너뜨린다. 물론 때로는 부득이하게 남에게 피해가 되는 정보를 전달해야 할 때도 있지만, 일부 경우를 제외하고는 유대법에서는 이런 종류의 부정성을 탐탁지 않게 여긴다.[7]

우린 종종 "뭐, 틀린 얘긴 아니잖아!"라고 항변하며 합리화한다. 그러나 황금률은 자기가 당하기 싫은 일은 남에게도 해서는 안 된다고 말한다. 만일 당신의 허물이 드러나는 게 가슴 아프고 수치스럽다면 남의 허물도 다른 사람에게 옮겨선 안 된다.

왜 우린 험담을 할까? 라숀 하라를 하는 주된 이유는 남을 깎아내림으로써 나의 격을 높이려는 욕구가 우리 안에 있기 때문이다. 바울은 이 문제에 대한 해결책을 갖고 있었다. "아무 일에든지 다툼이나 허영으로 하지 말고 오직 겸손한 마음으로 각각 자기보다 남을 낫게 여기고 각각 자기 일을 돌볼뿐더러 또한 각각 다른 사람들의 일을 돌보아 나의 기쁨을 충만하게 하라"(빌 2:3~4). 우리가 진심으로 나를 배려하듯 남을 배려한다면 자신의 명예를 보호하는 것만큼 남의 명예도 보호하려고 노력할 것이다.

마침내 자신의 죄를 회개하기로 한 어떤 상습적 말쟁이에 관한 우화가 있다. 마을의 랍비 집 대문을 두드리며 그는 물었다. "내 죗값을 갚기 위해 할 일이 있을까요?"

랍비가 수염을 쓰다듬으며 답했다. "집으로 가서 베개 하나 가져오게."

안도한 남자는 금세 이 이상한 심부름을 완수했다.

남자가 돌아오자 랍비가 말했다. "이제 베개의 배를 갈라 보게나."

유난히 바람이 센 날이라 깃털은 바람을 타고 지붕 위와 들판 사방팔방으로 날아가 버렸다.

"이제 가서 깃털을 다시 모아와 베개에 집어넣게나."

"그건 불가능한데요!" 남자가 외쳤다.

"자네가 말로 끼친 피해를 제자리로 되돌리는 것도 마찬가지로 불가능하다네."[8]

예수님이 어떻게 음욕과 음행을, 그리고 분노와 살인을 비교하셨는지를 기억하는가? 예수님은 죄의 결과가 얼마나 엄중한가를 강조하시기 위해 과장법을 사용하셨다. 랍비들도 똑같은 방법으로 혀로 짓는 죄를 다루었는데, 그들은 라숀 하라를 종종 살인에 비교했다. "비방하는 자는 다메섹에 서서 로마에서 살인한다."[9] 명예훼손 발언은 장거리 목표물을 향해 쏘아 올린 패트리엇 유도탄과 같다. 피해자는 비겁한 가해자가 누구인지조차 알지 못한다.

흥미롭게도 후대의 랍비들은 여기서 한 술 더 떠 라숀 하라는 단지 한 사람을 죽이는 게 아니라 세 사람을 죽인다고 했다. 험담의 도마 위에 오른 사람은 한 명이지만 그 피해자와 청취자의 관계에도 부정적 영향을 미치고, 청취자도 다른 사람과 소문을 공유하고 싶은 유혹을 느끼므로 청취자 역시 피해자가 된다는 것이다. 라숀 하라의 세 번째 피해자는 다름 아닌 화자 자신이다! 시간이 흐를수록 사람들은 말꾼을 신뢰하지 못하고 배신당하지 않으려고 거리를 둔다. 그래서 험담은 '느린 자살'과도 같다.[10]

왜 (야고보뿐 아니라) 랍비 주석가들은 혀의 사악한 잠재성을 알리기 위해 이토록 심혈을 기울였을까? 그 이유는 사랑하는 사람에게 상처를 주고 소중한 관계를 망가뜨리는 라숀 하라를 막으려면 스스로 경계하는 것 외에는 다른 수가 없기 때문이다. 일단 말이 입술 밖으로 나온 후에는 되돌릴 길이 없다.

> 어떤 말을 들었는가?
> 무덤까지 가져가라. 힘내라.
> 그렇다고 속 터져
> 죽진 않을 테니까.
>
> **– 시라크 19:10**

더욱이 요즘 세상은 키보드 몇 번만 두드리면 눈 깜짝할 새 자기 생각을 전 세계로 내보낼 수 있다. 그러므로 우리가 사용하는 말 한 마디 한 마디를 지혜롭게 심사숙고하는 것이 중요하다. 우리의 말은 더 멀리 이동할 뿐 아니라 훨씬 오래 그 흔적이 남는다. 만일 블로그에서 누군가를 욕했다면 훗날 마음을 고쳐먹고 게시글을 편집하거나 삭제한다 해도 누군가가 이미 글을 퍼가거나 인용했다면 소용없다. 글이 가는 곳마다 따라다니며 없앨 재간은 없다.

## 라숀 하라의 흙먼지

믿기 어렵겠지만, 말 한마디 하지 않고도 말과 관련된 죄를 범할 수 있다. 누군가가 당신에게 다가와 "글쎄요, 내가 아무개에 관해 어떻게 생각하는지 들으면 아마 놀랄 걸요"라고 말한다 치자. 그때 당신은 그저 알았다는 듯 눈을 찡긋하고 입꼬리를 올리기만 해도 죄를 범한 것이다. 경멸조로 치켜뜬 눈썹, 역겹다는 듯 휘어진 입꼬리는 다른 누군가에 관한 부정적 견해를 정확하게 전달한다. 랍비식 어법에서는 이를 아바크*avak* 라숀 하라, 즉 '라숀 하라의 흙먼지'라고 한다.

어느 날 신문을 펼쳤는데 당신이 싫어하는 이웃이 독자 투고란에 보낸 편지가 눈에 들어왔다고 하자. 당신은 아내가 그 이웃 남자의 황당한 견해를 비웃도록 아내에게 신문을 건넨다. 이것이 바로 아바크 라숀 하라다. 우스꽝스러운 맞춤법 실수를 담은 이메일을 제3자에게 전달하여 편지의 필자를 웃음거리로 만드는 일, 이상하게 나온 사진을 퍼뜨려 망신을 당하게 하는 것도 아바크 라숀 하라다. 비록 당신의 입에서는 한 마디 나가지 않았을지라도 피해자가 당신을 지켜봤다면 분노하고도 남았을 것이다.[11]

> 말은 사람을 죽이기도 하고
> 살리기도 하니,
> 독으로 쓸지 열매로 삼을지
> 선택하여라.
>
> **- 잠언 18:21, 메시지성경**

의외의 사실은 얼핏 보기에는 해가 없는 언급이지만 다른 이가 라숀 하라를 하도록 충동하는 경우도 아바크 라숀 하라에 포함된다는 것이다. 탁월한 심리학자인 랍비들은 만일 누군가를 싫어하는 사람에게 그에 관해 덕담하면 듣는 사람이 그를 깎아내리는 말을 덧붙이는 경우가 많다는 것을 알았다. 열렬한 자유주의자에게 러시 림바우Rush Limbaugh(극 보수주의 논객—편집자) 이야기를 꺼내거나 보수 우파에게 바락 오바마를 언급하면 대화 상대가 할 다음 말은 라숀 하라다. 자기 자신뿐 아니라 공동체의 행위에도 책임을 져야 한다는 것이 유대적 사고다. 우리는 자기 입조심만 할 것이 아니라 다른 사람에게 그런 말을 유발하는 말에 대해서도 조심해야 한다!

## 공개적인 모욕—할바낫 파님

당신이 결코 잘못이라고 생각하지 않았을 듯한 또 다른 종류의 말이 있는데, 바로 '할바낫 파님'이다. 할바낫 파님*Halbanat Panim*은 '얼굴 하얗게 만들기'란 뜻으로 누군가를 공개적으로 모욕하는 것이다. 수치를 당한 사람의 얼굴이 충격으로 핏기가 가셔 백지장처럼 된다는 사실에서 연유했다. 랍비들은 피해자의 낯을 시신의 낯에 비유하며 이 또한 일종의 살인으로 간주했다. 여기서는 한 사람의 평판이 암살당했다. "수치의 고통은 죽음보다 쓰라리다. 그러므로 누군가를 공개적으로 모욕할 바엔 차라리 스스로 활활 타는 용광로에 뛰어드는 게 낫다"[12]라고 탈무드는 말한다. 그리스도인은 직관적으로 남에게 수치를 주는 게 잘못임을 알지만 모욕의 효과에 대해, 특히 우리의 배우자와 자녀에게 미치는 심각한 영향에 대해서는 좀 더 성찰할 필요가 있다.

수 세기에 걸쳐 경건하다는 이유로 조롱받아온 유대인은 모욕의 죄에 유독 민감하다. 그들은 남에게 수치를 주는 걸 막기 위해 장황한 윤리 수칙을 가지고 있다. 유대인은 남편이 사람들 앞에서 아내를 모욕하거나 고치려 들어서는 안 된다고 한다. 역으로 아내도 남편에게 그래선 안 된다. 선생들은 수업 시간에 학생이 대답하기 곤란한 질문을 던져선 안 된다. 정통파 유대교인은 상을 당했을 때 소박한 하얀 수의와 수수한 관으로 장례를 치른다. 호사스러운 장례를 치를 형편이 안 되는 가난한 자들에게 수치심을 주지 않기 위함이다.

때로는 누군가를 공개적으로 모욕하는 것이 그 자체로 살인이 된다. 알렉시스 필킹튼은 매력적이고 인기 많은 다재다능한 17세의 소녀였다. 이미 축구 특기 장학생으로 대학에 입학 허가까지 받아놓은 2010년 3월

21일 일요일 새벽, 그녀는 페이스북에 "그러므로 모든 것이 끝났다"라는 최후의 한 줄을 남기고 자살했다. 무엇이 스스로 생명을 끊는 데까지 그녀를 몰아갔을까? 그녀는 우울증을 앓고 있었다. 하지만 친한 친구들은 필킹튼을 벼랑 끝으로 민 것은 반 아이들이 인터넷에 익명으로 올린 악의적이고 저속한 글이었다고 확신한다. 그 잔인성은 필킹튼의 죽음 후에도 멈추지 않았다. 한 사악한 손은 이렇게 휘갈겼다. "그 아이가 멍청하고 우울증에 걸렸으며 스스로 목숨을 끊어 마땅한 XXX이었음이 이제 확실히 드러났다. 그 아이는 자신이 원하던 걸 얻었으니 그 죽음을 행복하게 여기고 그 죽음으로 기뻐하자."[13]

### 지식 훔치기—제네이밧 다앗

사실이 아닌 말을 한 마디도 하지 않고도 말로 죄를 짓는 방법이 또 있다. 세네이밧 나앗*Geneivat Da'at*은 '지식 훔치기'라는 의미인데, 거짓말을 하지 않고도 누군가에게 그릇된 추정, 믿음, 인상을 주어 사람을 기만하는 것이다. 예를 들어, 고객에게 제품 하자에 대해 한 마디도 언급하지 않는 점원은 고객에 대해 '지식 훔치기'를 하는 것이다. 혹은 할인 판매 기간이 되기 전에 잠시 가격을 인상하는 가게가 있다면 그것이 곧 제네이밧 다앗이다.

이런 식의 기만에 속아 넘어간다는 게 어떤 건지 우린 모두 안다. 속은 걸 알아차릴 때는 마치 도둑질을 당한 느낌이다. 흥미롭게도 랍비들은 이런 경우 우리가 '실제로' 절도를 당했다고 간주한다. 현인들은 제네이밧 다앗이란 표현에 '훔치다'라는 가나브*ganav*가 포함되어 있음을 주목한다. 그들은 "훔치지 말라"는 계명이 남의 지식 훔치기나 남을 속이는 행위 역시 금지한다고 결론 내렸다. 실제로 랍비들은 일곱 가지 절도 유형을 규정했는데 그중 최악은 "생각을 훔치는" 도둑이다.[14]

그러나 우리도 종종 이 죄를 저지른다. 실은 온라인 구매를 할 생각이면서도 컴퓨터 매장에서 실제로 물건을 살 것처럼 판매원에게 30분간 노트북에 관해 꼬치꼬치 캐묻는 일도 제네이밧 다앗이다. 누군가 참석할 수 없는 걸 뻔히 알면서도 파티에 초대하는 일, 친구가 못 받을 걸 뻔히 알면서 뭔가를 건네는 것도 제네이밧 다앗이다. 한 마디 거짓도 발설하지 않았더라도, 이 모든 것은 남의 선의와 이해를 '절도'하거나 의도적으로 그릇된 인상을 심는 행위다.

랍비 조셉 텔루슈킨이 전하는 이야기를 인용한다.

> 몇 년 전 내가 아는 한 여성의 부유한 사촌이 레스토랑을 통으로 빌려 저녁 만찬을 주최했다. 그런데 웨이터가 계산서를 가지고 오자 사촌의 안색이 변했다. 식사 비용이 예상을 훨씬 초과했던 것이다. 사촌의 불편한 심기를 알아차린 여인은 다가가 식사 비용을 반분하겠다고 제의했다. 하지만 막상 사촌이 빙그레 웃으며 그 제안을 받아들이자 사촌보다 경제적으로는 훨씬 여유가 없던 여인은 분노했다. 사촌이 사양할 거라는 생각에 건넸던 제안을 사촌이 덥석 수락하니 배신감을 느꼈던 것이다.[15]

그러나 랍비 텔루슈킨은 그녀가 '제네이밧 다앗'을 범했기에 자업자득이라고 말한다. 그녀는 실은 너그러울 '의도'가 없었는데도 너그럽다는 '인상'을 심어주려 했다.

우리가 진실한 하나님을 섬기고 있음을 상기한다면 하나님이 이런 형태의 언어 조작을 못마땅하게 여기심을 깨달을 수 있다. 우리의 언어와 의도는 하루에 몇 번이나 일치하는가? 온갖 소소한 방식으로 남을 기만하는 일이 대수롭지 않아 보일지 모르지만, 진실한 하나님의 백성이 되고자 한다면 진지하게 생각해볼 문제이다.

## 혀의 필라테스

복근 강화 운동 프로그램인 필라테스를 해보았는가? 수업 참여가 처음이라면 당신도 나처럼 횡격막에 뻐근한 통증을 느꼈을 것이다. 사람들은 당신의 복부, '코어'core, 중심를 제어하면 더 반듯하게 서고 더 깊게 호흡하고 더 높은 삶의 질을 누릴 수 있다고 말한다.

야고보는 우리의 영적 건강을 위해 운동 부위를 복부에서 조금 더 위로 조정하라고 말한다. "우리가 다 실수가 많으니 만일 말에 실수가 없는 자라면 곧 온전한 사람이라 능히 온몸도 굴레 씌우리라"(약 3:2). 랍비들도 이에 동의하며 말한다. "누가 강한 자인가? 자신의 악한 성정을 극복한 자이다."[16]

수년 전 친구 하나가 자기 혀를 조심하는 노력을 시작하기로 했다. 더 이상 직장 동료들에게 상사에 관한 불평을 늘어놓지 않을 것이며 다른 이가 털어놓은 비밀을 누설하지 않으리라 다짐했다. 이야기하면 '속 시원한'(하지만 해서는 안 되는) 자극적인 정보를 속에만 담아두느라 진땀이 날 정도였다. 그녀는 거의 피 흘릴 때까지 혀를 깨물었고, 신랄한 입담으로 친구들을 즐겁게 하는 대신 스트레스를 주는 주변 사람들에게 대처하는 다른 방법을 찾아 나갔다.

그렇게 고군분투한 노력에 의미가 있었다고 그녀는 내게 말했다. 마치 자기 영혼을 위한 근육 강화 프로그램에서 성공한 것 같았다. 그녀는 더 이상 자신의 무례한 말을 누가 엿듣지 않았을까 걱정하지 않는다. 누가 자신의 사무 공간에 머리를 들이밀까 두리번거리거나 이메일 수신함을 기웃거리지 않는다. 감출 것이 아무것도 없는 상태에는 평온이 임했다. 혈압 수치가 10포인트는 떨어진 듯했다. 틈만 나면 여우 같은 말로 누군가의 이름을 더럽혔던 한심한 험담꾼을 더는 마주하지 않아도 되었다. 이제 거울에 비친 자신의 모습은 친구를 배반하지 않는 믿음직한 여성이었다. 물론 아직도 완벽한 건 아니지만, 이전보다 훨씬 나아졌다. 그녀의 영혼은 더 날렵하고 아름다워졌다.

8장

# 판단의 저울에서 얻지 떼기

이웃을 너그럽게 판단하는 사람은
하나님도 그를 너그럽게 판단하실 것이다.
- 탈무드, 샤밧 127a

어느 일요일, 외투를 벗으며 짤랑거리는 열쇠 꾸러미를 부엌 작업대 위에 내려놓는 동시에 내 입술에서는 땅이 꺼질 듯 한숨이 새어나왔다. 아침은 자잘한 짜증거리로 가득 차 있었다. 새로 산 스웨터에 커피를 쏟았고, 오지랖 넓은 중보기도사슬 담당자는 최근 어디가 아팠냐고 꼬치꼬치 캐물었고, 예배 중 내 뒤에 앉은 여자는 나와 악수하길 거부했다. 게다가 교회에서 집으로 돌아오는 길에서는 누군가가 내 차를 들이받을 뻔해서 아직도 그 생각으로 화가 나 몸이 부들거렸다. ('과속 마귀'가 그 미니밴을 운전할지 누가 알았겠는가?)

그러나 그날 아침 진짜 내 신경을 건드린 건 최근 들어간 소모임에서 나눈 또 한 번의 경직된 대화였다. 오늘의 성경 공부 주제는 "판단하지 말라"는 예수님의 말씀이었다. 상투적인 말과 어색한 침묵 외에는 아무것도 나오지 않는 그런 토론이었다. 한 중년의 어머니가 자기 눈에서 들보를 뺀 다음에 판단할 수 있고 또 판단해야 한다는 의견을 개진했다. 그러자 펑키 스타일 안경을 쓰고 한껏 멋을 부린 어떤 20대 청년은 진실한 사랑은 우리가 '죄'라고 부르는 것을 눈감아주는 데 있다고 도전했다. 오랜 시간 고통스러운 정적이 흐른 후 나이가 지긋한 한 남자분이 지역 동성애 인권 단체가 "판단하지 말라"는 문구를 광고로 게재했다면서 분개하며 어설픈 반론을 펼쳤다. 아무도 예수님의 말씀을 어떻게 받아들여야 할지 확신하지 못하는 듯했다.

예수님의 말씀 중 판단에 관한 말씀보다 더 답답함을 부르는 말씀을 찾기도 쉽지 않다. 주님의 다른 가르침을 통해 보자면, 이 말씀이 죄를 눈감아주라는 말씀이 아니라는 것을 우리도 안다. 그래서 판단하기의 죄를 범하지 않기 위해 실제로 죄를 죄라고 부르지 않으면서도 죄를 걸러낼 방법을 찾으려 애쓴다. 혹은 이 한 줄을 "네 원수를 사랑하라"와 같이 (설교하기에는 좋지만 실천하기는 어려운) '불가능' 서류철에 넣어버린다.

그러나 예수님의 이 가르침이 유대 사상가들 사이에 진행되었던 폭넓은 대화 안에서 어떤 위상을 차지하는지 알면 훨씬 적용점을 찾기 쉬울 것이다. '판단'의 문제는 예수님이 오시기 수백 년 전부터 내려온 화두였고, 수천 년이 지난 오늘날까지도 유대인의 관습으로 소개되고 있다. 사실 예수님은 과거의 혜안을 발판 삼아 새로운 차원으로 발돋움하셨던 것이다.

### '판단'이라는 문제

주전 120년경 초기의 랍비 현자 축에 드는 예호슈아 벤 페라키아Yehoshua ben Perachia는 이런 지혜의 말을 했다. "각 사람을 그들에게 가중 조절

된 저울로 판단하라."[1] 이 말을 들으면 옛날 시장에서 상인이 양팔 저울의 한쪽 접시에 곡식을 부어 무게 추를 얹은 반대편 접시와 평형을 맞추던 광경이 떠오른다. 마음씨 좋은 가게 주인은 접시가 균형점을 넘어 기울 때까지 덤을 얹어준다. 그러니까 랍비의 말은 남의 행위를 너그러운 편으로 '가중 조절' 하라는 뜻이다. 간단히 말하면 상대방에게 무죄 추정의 원칙을 적용하라는 것이다.[2]

예수님도 판단하기에 관해 유사한 비유를 드셨다. "후히 되어 누르고 흔들어 넘치도록 하여 너희에게 안겨 주리라. 너희가 헤아리는 그 헤아림으로 너희도 헤아림을 도로 받을 것이니라"(눅 6:38). 예수님 역시 공의의 저울에 있는 균형점을 넘어 각인에게 정당한 몫보다 조금 더 베풀라고 말씀하신다.

어떻게 해야 실제로 이런 넓은 마음을 삶에서 실천할 수 있을까? 랍비 비유에는 이런 우화가 있다.

> 한 남자가 3년간 밭일을 했다. 남자는 속죄일 전날 밤 밭 주인에게 가서 처자식에게 가져갈 품삯을 달라고 했다. 밭 주인은 답했다.
> "자네에게 줄 돈이 없네."
> 소작인은 항변했다. "그럼 제가 일해서 농사지은 곡식을 좀 주세요."
> 밭 주인이 답했다. "하나도 없어!"
> 일꾼이 외쳤다. "그렇다면 제가 일해서 기른 양을 좀 주세요!" 밭 주인은 어깨를 으쓱하더니 양 한 마리도 없다고 했다. 소작농은 주섬주섬 짐을 챙겨 처량하게 집으로 돌아갔다.
> 절기가 끝난 후 고용인이 품삯과 수레 세 대에 보너스 선물까지 잔뜩 싣고 소작농의 집을 찾았다. 함께 저녁을 먹던 중 밭 주인이 물었다.

"내가 돈이 없다고 했을 때 의심하지 않았나?"

"할인하는 물건을 보고 가진 돈을 다 털어 샀으려니 했죠."

"내가 곡식이 없다고 했을 땐 무슨 생각이 들었는가?"

"곡식을 죄다 남에게 꾸어줬으려니 했죠."

"짐승이 하나도 없다고 했을 땐 무슨 생각이 들었는가?"

"짐승을 성전에 바쳤으려니 했죠."

밭 주인이 답했다. "바로 그랬다네. 내 아들이 성경 공부를 안 하려고 해서 자네가 왔던 그날 성급하게도 모든 소유를 하나님께 바치는 서원을 했지. 그런데 바로 며칠 전 서원을 취소했고 그래서 자네에게도 갚을 수 있게 되었네. 그리고 날 좋게 판단해 준 자네를 주님께서도 좋게 판단해주시길 바라네!"[3]

이 비유에서 품꾼은 주인의 수상쩍은 행동의 동기를 가능한 한 좋은 쪽으로 생각함으로써 무죄 추정의 원칙을 적용했다. 이것이 "유리한 저울을 가지고 이웃을 판단하라"는 랍비의 말에 담긴 뜻이다. 이 이야기의 마지막 줄을 보면 "너희가 헤아리는 그 헤아림으로 너희도 헤아림을 도로 받을 것이니라"는 예수님의 말씀이 떠오르지 않는가?

물론 멋진 생각이긴 하지만, 이것이 예수님의 말씀에 관한 근본적인 통찰이라고 보긴 어렵다. 하지만 이것을 삶으로 살아내려고 시도한다면 어떻게 될까? 교회에서 보낸 오전 시간을 돌아보며 각각의 상황 속에서 어떻게 해야 이웃을 '좋게 판단' 할 수 있을지 상고했다.

… 어쩌면 중보기도팀 담당자는 남의 일에 참견하려는 게 아니라 진심으로 내 건강을 염려했던 건지 모른다.

… 어쩌면 악수를 거부했던 그 여자는 새신자라서 사람들과 만나는 게 어색했던 건지 모른다. 어쩌면 감기를 옮기기 싫어서인지도.

… 어쩌면 미니밴 운전자는 늦어서 서두르던 중이었는지 모른다. 어쩌면 같이 탑승한 아이들 때문에 정신이 없었을지도 모른다. 어쩌면 화장실이 급했을지도!

타인의 불친절에 대해 호의적이지 않았던 추정을 재고하기만 했는데도 분노에 김이 빠지고 곤두선 신경은 누그러들었다. 오전의 짜증 거리를 새로운 관점에서 다시 검토하자 내 태도가 180도 달라졌다.

사람은 어떤 상황에서도 타인의 행동 이면에 숨은 호의(혹은 악의)를 찾아낼 수 있다. 다른 이의 동기를 어떤 식으로 해석하느냐에 따라 우리 반응이 크게 달라진다는 의미다. 개인적으로는 '우호적 판단'을 하려고 습관적으로 노력했을 때 더 친절하고 오래 참는 사람이 되는 걸 경험했다. 주변 사람에 대해서도 최악이 아닌 최선을 기대할 때 내 태도는 더 다정다감해졌다.

'우호적 판단'을 삶에 적용하려는 노력은 여전히 현재진행형이지만, 가능한 한 최선의 관점으로 다른 사람을 바라본다면 어떤 일이 일어날지 그려보라. 이렇게 말하기 시작할 것이다.

"상사가 짜증 내는 걸 보니 집에 뭔가 안 좋은 일이 있었나 봐." 친구와 언쟁을 벌이게 됐다면 그녀가 공격적인 게 아니라 합리적으로 자기 의견을 개진하고 있다고 여길 것이다. 누군가가 내 신앙을 모독한다면 이렇게 말할 수 있다. "저 사람은 과거에 교회에서 안 좋은 경험을 했나 봐. 저렇게 느낄 수도 있지."

실로 이 작은 습관 하나로 삶을 대하는 태도 자체가 달라질 수 있다.

## 유대 문화 속에서 만나는 '우호적 판단'

유대 문화는 수천 년에 걸쳐 '우호적 판단'의 필요성을 강조해왔다. 랍비들은 "우호적으로 남을 판단하기"가 사실 병문안하고 기도하고 자녀에게 성경을 가르치는 것만큼 중요하다고 자신했다!

《네 이웃을 사랑하라》*Love Your Neighbor*의 저자 랍비 젤리그 프리스킨은 '우호적 판단'을 훈련하기 위해 정기적으로 모이는 예루살렘의 한 단체를 소개한다. 회원들은 자신이 상처받은 경험을 나누고 불친절하게 보이는 행동을 해명하며 자유롭게 의견을 교환한다. 누군가 결혼식 초대장을 못 받았다면 회원들은 말한다. "아마도 초대장을 이미 보냈다고 착각했나 봐" 또는 "아마도 많은 사람을 초대할 만한 여유가 없었나 봐." 만일 누군가가 무거운 짐을 지고 가는데 옆집에 사는 이웃이 차를 탄 채 그냥 지나쳤다면 이렇게 추정한다. "아마도 급하게 가는 길이었나 봐" 혹은 "고민거리가 있어서 여념이 없었나 봐."[4]

사람들을 위해 변명거리를 대신 생각해준다는 아이디어를 처음 들었을 땐 좀 바보 같아 보였다. 누군가가 잘못을 저질렀는데 왜 내가 거짓말을 지어내야 하는가? 시간이 흐르면서 나의 (은혜롭지 못한) 최초의 평가가 다른 시나리오보다 더 그럴듯한 것은 아님을 종종 깨닫기 시작했다. 내 판단의 '저울'은 무죄가 아닌 유죄 쪽으로 가중되어 심각하게 기울어 있었다. 의식적으로 힘을 들여 저울을 반대 방향으로 돌려놓아야 내가 얼마나 치우쳐 있었는지 보였다.

너나 할 것 없이 우리는 모두 저울을 지그시 엄지로 누르고 있는 정육점 주인과 같다. 우린 종종 완전히 잘못된 방식에 따라 남을 견준다. 찰스 스윈돌은 《은혜의 각성》*The Grace Awakening*에서 자신이 완전히 오판했던 경험을 고백한다. 한 주간 열리는 성경 세미나 첫날밤, 그의 메시지에 열렬한 관심을 보인 듯한 부부를 만났다. 그런데 설교 시간마다 어김없이 조는 남자의 모습이 눈에 들어왔고 날이 갈수록 짜증이 쌓였다. 스윈돌은 이 남자가 말과 행동이 다른 '육에 속한 그리스도인'이라고 판단했다. 마지막 날 밤 남자의 부인과 대화하던 중 스윈돌은 자신이 얼마나 잘못 생각했는가를 깨달았다. 스윈돌의 글이다.

> 그녀는 청중과 남편이 자리를 뜰 때까지 기다렸다가 나에게 몇 분만 시간을 내줄 수 있겠느냐고 물었다. 난 그녀가 영적인 일에 관심이 없는 남자와 사는 게 얼마나 불행한지 토로하겠거니 짐작했다. 아, 하지만 내가 얼마나 틀렸던지. 그녀는 남편의 제안으로 이 세미나에 오게 되었다면서, 세미나 참석이 남편의 '마지막 소원'이었다고 했다. 난 이해가 잘 안 되었다. 그녀는 남편이 살날이 몇 주밖에 남지 않은 말기 암 환자이며 복용하는 약 때문에 졸음을 이기지 못한다고 했다(남편은 이 점을 아주 민망하게 여긴다고도 말했다). "남편은 수님을 사랑해요"라고 그녀가 말했다. "그리고 목사님은 남편이 제일 좋아하는 성경 교사예요. 남편은 무슨 일이 있어도 여기 와 목사님을 만나고 강연을 듣고 싶어했어요." 난 진심으로 충격을 받았다. 그녀는 한 주 동안 감사했다고 인사한 뒤 자리를 떠났고, 난 어느 때보다 깊은 자책감에 사로잡혀 망연자실 그 자리에 서 있었다. 난 형제를 판단했다. 그리고 나의 판단은 틀려도 아주 확실히 틀렸다.[5]

항상 '호의적으로' 생각해주는 것이 좋아 보이면서도, 그 누구도 완고하게 의도적으로 죄를 짓지는 않는다고 여기는 것도 어리석다. 사람의 의도와 행동이 명명백백하게 악한 때도 있다. 랍비 텔루슈킨의 말이다.

> 공평한 판단이 곧 세상 물정에 어두운 판단은 아니다. 나쁜 짓, 사악한 짓을 많이 하는 자들의 행동을 감싸주려고 얼토당토않은 변명을 짜낼 필요는 없다. 실제로 이런 사람을 좋게만 보려다가는 자기 인성에도 부정적인 영향을 미친다. "사악한 자들의 행동을 모른 척하는[혹은 좋은 쪽으로 해명하려는] 습관에 빠지면 그들의 행동을 방조하기 시작한다. … 우리는 그런 자들을 반대하고 분명한 태도를 보여야 한다."[6]

그렇지만 잘못을 저지른 게 분명할 때라도 "어쩌면 자기 행동이 남에게 얼마나 상처가 되는지 몰랐을 거야" 하는 식으로 생각하면 용서하기가 훨씬 수월해진다. 우호적인 판단은 죄를 직면할 때도 도움이 된다. 친한 친구가 직장 동료와 바람을 피운다고 치자. 당신은 그에게 다가가 이렇게 말할 수 있다. "존, 수가 매력적이고 두 사람이 같이 일하는 시간이 많은 것도 알아. 또 너희 부부 사이에 어려움이 있었고, 대화할 상대가 필요했던 것도 이해하고. 하지만 어떻게 엮이게 되었든지, 널 위해서도, 헬렌에게도 이러면 안 돼!" 친구가 명백하게 잘못하고 있더라도 무죄 추정의 원칙으로 다가간다면 상대방이 당신에게 고민을 나누기가 훨씬 쉬워질 것이다.

## 부정적 판단의 모습들

부정적 판단은 상대방에 대해 최악을 상정하는 것이고, 이런 태도는 여러 형태로 나타난다. 늘 비판적이고 불평을 입에 달고 사는 건 가는 곳마다 부정적인 것을 찾는 태도에서 비롯된다. 소심하고 쉽게 상처받는 것도 최악의 관점에서 남의 말을 해석하기 때문이다.

우리 문화는 부정적 판단으로 이미 포화상태다. 민주당은 공화당의 일거수일투족을 추악한 이기주의라고 비난하고, 공화당도 똑같이 맞받아친다. 개그맨은 유명인의 허물을 들춰내 조롱거리로 삼으며 웃음을 끌어낸다. 신문 사설은 정부의 악한 동기와 국제 문제에 대한 무능한 대처를 냉소하는 내용으로 차고 넘친다. 그리스도인은 이 만연한 정죄의 문화를 뻔히 보면서도 이것이 얼마나 잘못되었는지를 깨닫지 못한다. 우리는 이런 부정적 판단이 사람들과의 관계에 얼마나 큰 독이 되는지 알아차리지 못한다.

성장기에 육체적 학대로 상처 입은 아이도 있지만, 더 많은 아이가 부모의 혹독하고 가차 없는 비판으로 상처받으며 자란다. 실제로, 한 번도 자비를 경험하지 못한 나머지 남에게 자비를 베푸는 법도 배우지 못한 이들이 최악의 '재판관'이 된다. 그래서 우리는 판단을 일삼는 사람을 정죄하는 일 역시 삼가야 한다. 그들이 얼마나 많은 비판을 참아왔는지 모르기 때문이다.

가십은 판단에 크게 의존한다. 한밤중에 린다와 밥, 단둘이 사무실에 있었다는 소식을 전할 땐 뭔가 야릇한 일이 일어났다고 생각하기 때문이다. 남 말 하길 좋아하는 사람은 대화거리를 찾기 위해 타인의 삶에서 잘못된 일을 탐색하는 습성이 있다. 랍비들이 말하듯, 그들은 곪아 터진 상처에만 착지하는 파리처럼 사람들의 좋은 점은 외면하고 잘못에만 촉각을 곤두세운다.[7]

> 당신은 그리 선하지 않다는 것과 세상은 그리 악하지만은 않다는 사실을 기억하라.
>
> **– 스트리코의 제브 울프, 랍비**

크게 보면 무죄 추정이 대수롭지 않게 보일 수도 있다. 그러나 당신의 (긍정 또는 부정적인) 성향은 결혼생활의 지속

여부를 결정짓는 주요인이다. 심리학자 존 가트맨에 의하면 부부는 보통 “긍정적 정서의 우세” 아니면 “부정적 정서의 우세”, 둘 중 하나로 기운다. 그의 설명이다.

> ‘긍정적 정서의 우세’란 긍정적 감정이 짜증이라는 감정을 압도하는 것이다. 긍정적 정서는 완충 지대와도 같아서 이런 상태에 있는 부부는 배우자의 상태가 좋지 않을 때도 “아, 저 사람이 그냥 기분이 별로여서 그럴 거야”라고 생각한다. 반면 부정적 정서가 우세한 상태라면 상대방이 비교적 중립적인 말을 해도 부정적으로 받아들인다. … 만일 배우자가 뭔가 긍정적인 일을 하면 그건 어쩌다 그런 것이다. 이런 상태를 바꾸기란 정말 어렵다. 한편이 관계 개선을 시도할 때 상대방이 이를 개선 노력으로 보는지 악의적 조종으로 보는지는 어떤 상태에 있느냐에 따라 달라진다.[8]

가트맨은 수천 쌍의 부부와 면담하면서 어떤 결혼이 지속하고 어떤 결혼이 실패하는가를 추적했고, 그 결과를 토대로 관계가 심각한 어려움에 부닥쳤을 때 무대로 말발굽 소리를 내며 등장하는 ‘4대 재앙’이 있다고 밝혔다. 바로 방어성, 벽 쌓기, 비난, 경멸이다. 이 중 다른 것에 어두운 그림자를 드리우는 것이 바로 ‘경멸’이다. 이 독한 감정은 모욕, 욕설, 비아냥, 조롱이라는 모습으로 드러난다. 한쪽 또는 양쪽이 습관적으로 상대방을 깎아내리거나 경멸조로 말한다면 비록 그 강도가 상대가 말할 때 살짝 코웃음을 치거나 눈을 굴리는 정도라고 해도 이미 결혼은 이혼으로 진행 중인 경우가 많다.[9]

가트맨이 정의한 ‘비난’은 상대방의 죄를 끄집어내는 것이다. “당신은 이기적이고 술을 너무 많이 마시고 아이들에게 못되게 굴어요.” 그러나 비난보다 훨씬 나쁜 게 경멸이다. 경멸은 죄를 폭로할 뿐 아니라 죄인을 정죄하기 때문이다. "당신은 아버지로서 실패자야!", "낙오자! 평생 아무짝에도 쓸모가 없어!" 경멸은 정죄의 최종 결과물이며, 상대방에게 무자비한 판단을 해왔던 세월에서 비롯된다. "난 당신을 판결했고 선고를 내렸어요. 당신 안에는 선한 것이 '하나도' 없어요." 경멸에는 이런 뜻이 담겨 있다.

눈에 콩깍지가 씐 신혼부부 때는 모든 실수를 넘기지만, 시간이 흐르면서 상처와 실망이 차곡차곡 쌓이다가 결국 양편이 서로 최악의 관점에서 바라보기에 이른다. 고담이 평가한 바로는 일단 부부가 부정적, 비판적 판단이라는 소용돌이에 휘말리면 급류 속 래프팅을 하면서 거슬러 올라가는 것만큼이나 탈출이 어렵다.

## 판단에 관한 예수의 말씀

판단에 관한 유대인의 주석이 지혜롭다고는 하지만, 예수님의 말씀에 과연 어떤 빛을 비출 수 있을까? 아마도 당시 청중은 타인이 최선을 의도했다고 믿어주라는 '우호적 판단'에 관해 알고 있었을 것이다. 의심할 나위 없이 예수님은 남을 대할 때 너그러울 것을 강조하는 랍비의 견해에 동조하셨을 것이다. 그러나 판단에 관한 예수님의 말씀에는 뭔가 다른 새로운 요소가 있다.

'판단하다'judge는 헬라어 원어에서 '크리노'*krino*라는 동사인데, "분별하다", "법정 사건을 판결하다", "판단을 내리다", "정죄하다" 등 여러 의미가 있으며 문맥에 따라 달라진다. '판단하다'에 해당하는 히브리 단어는 '단'*dan*과 '샤팟'*shafat*인데, 둘 다 동일하게 모호하다. 달리 말하면 헬라어와 히브리어 둘 다 모호해서 영어에서처럼 '분별'도 될 수 있고 '정죄'도 될 수 있다. 그러나 예수님은 분별보다는 정죄의 의미에서 판단에 관해 말씀하셨다.

예수님은 잘못을 외면하라고 가르치지 않으신다. 바울은 교회가 교인들의 죄 된 행실을 판단해야 한다고 분명하게 말한다. "밖에 있는 사람들을 판단하는 것이야 내게 무슨 상관이 있으리요마는 교회 안에 있는 사람들이야 너희가 판단하지 아니하랴. 밖에 있는 사람들은 하나님이 심판하시려니와"(고전 5:12~13). 그리고 만약 누군가가 우리에게 개인적으로 잘못을 범하면 그가 회개하고 용서받기를 바라는 마음으로 그를 대면하고 죄를 드러내라고 가르치신다(마 18:15~17). 레위기 19장 17절도 말한다. "너는 네 형제를 마음으로 미워하지 말며 네 이웃을 반드시 견책하라. 그러면 네가 그에 대하여 죄를 담당하지 아니하리라."

예수님이 마태복음 5장 22절에서 통렬히 경고하신 바를 보자. "나는 너희에게 이르노니 형제에게 노하는 자마다 심판을 받게 되고 형제를 대하여 라가['텅빈' 혹은 '무가치한' 자]라 하는 자는 공회에 잡혀가게 되고 미련한 놈이라 하는 자는 지옥 불에 들어가게 되리라." 알 듯 말 듯한 말씀이지만, 예수님의 유대적 설교법에 담긴 두 가지 요소를 파악하면 말씀이 밝히 이해된다.

먼저 예수님은 히브리어의 특징인 '대구법'을 사용하신다.[10] 사람들은 어떤 사상을 강조하기 위해 두 번 이상 반복하거나 표현을 달리하는 방법을 썼다. 누가복음 15장 4~10절의 잃어버린 양과 잃어버린 동전이라는 쌍둥이 비유처럼, 예수님의 말씀이나 설명 혹은 이야기에는 종종 두세 가지 짝이 나란히 등장한다. 즉, 하나의 논점을 여러 다른 방식으로 입증하는 것이다. 대구법을 발견하면 차이점이 아닌 공통점을 찾아야 한다. 마태복음 5장 22절에서 '라가'와 '미련한 놈'은 분노의 말과 관련된 상응어이고, '공회'와 '지옥 불'은 심판의 은유다. 예수님은 거의 똑같은 내용(분노하고 욕하면 심판에 이른다)을 세 번에 걸쳐 말씀하신다.[11]

예수님이 과장에 익숙한 문화 속에서 설교하셨음을 아는 것도 도움이 된다. 예수님의 동시대인들은 한 논점을 전달하기 위해 종종 과장법을 사용했다. 가령 "라숀 하라*lashon hara*는 세 사람을 살인하는 것만큼 끔찍하다"라고 설명하는 식이다. 이런 말도 있다. "수치가 죽음보다 나쁘니 누군가를 부끄럽게 할 바에는 차라리 스스로 용광로에 몸을 던지는 게 낫다." 예수님이 죄 짓게 하는 눈을 뽑아버리거나 아이를 실족하게 하기보다는 차라리 연자맷돌을 매고 물에 빠져 죽으라고 가르치셨을 때 청중은 이런 배경을 염두에 두었을 것이다(참조. 마 18:1~10).

> 쉽게 악을 의심하는 사람은
> 대개 자기 안에서 발견하는 것을
> 이웃 속에서 찾아내는 것이다.
>
> – 발 셈 토브

우리가 마태복음 5장 22절 말씀을 해석하는 데 이런 배경 이해가 어떤 도움이 될까? 예수님은 남을 판난하는 문제를 상하게 경고하셨다. 예수님의 일성은 분노에 관한 것이었다. 화가 나면 보통 판단이 개입한다. 누군가가 나와 악수하기를 거부했다고 하자. 이때, 그가 거만하다고(즉, 자기에 비해 나를 격이 떨어지게 보았다고) 넘겨짚지 않는다면 나는 화가 나지 않는다. 누군가가 차를 태워주기로 한 걸 깜빡했을 때, 그가 배려심이 없어서 그런 것이라고 넘겨짚지 않는다면 나는 화가 나지 않는다. 즉 내가 화를 낼 때는 그 행동 이면에 이기적이고 그릇된 동기가 깔려 있다고 가정하고 그런 증거를 수집한 경우가 많다.

마태복음 5장 22절의 다른 두 줄은 모욕의 문제를 다룬다. 모욕은 "부정적 판단"으로 정의할 수 있다. 만일 내가 자기주장이 강한 여성을 만나 호감을 느낀다면 난 그녀가 "담대하고 자신감이 있다"고 말할 것이다. 그러나 만약 그녀가 탐탁지 않으면 "거만한 떠버리"라고 말할 것이다. 친한 친구에 대해서는 "정리정돈을 못 한다"고 하겠지만, 원수에 대해서는 "너저분한 게으름뱅이"라고 할 수 있다. 질문에 답을 못하는 매장 직원은 그냥 몰라서 그럴 수 있지만, 내 머릿속에서는 그를 '바보' 혹은 '아무 생각이 없는 사람'이라고 부를 것이다.

'라가'나 '미련한 놈'과 같은 모욕은 철저한 무시를 드러낸다. 이런 모욕은 그 '사람'에 대한 최종평결을 하는 것이다. 무지한 사람은 배울 수 있지만 '미련한 놈'은 희망이 없다. 예수님은 우리의 판단하는 태도가 하나님이 우리를 판단하시도록 자극한다고 말씀하신다. 결혼을 파경으로 이끄는 바로 그 사고의 틀이 당신을 하나님 눈 밖에 나게 한다.

그렇다면 어떻게 죄인을 정죄하지 않고 죄를 분별할 수 있을까? 예수님 시대보다 수십 년 앞서 살았던 힐렐의 혜안은 이렇다. "당신 자신이 그 처지가 되기 전까지는 동료를 판단하지 말라."[12] 우린 남의 죄는 분별할 수 있을지 몰라도 그의 인생 역정에 대해서는 속속들이 알지 못한다. 내면의 갈등이나 역경을 우린 모른다. 옆집 아줌마가 당신 자녀나 개한테 소리를 지른다고 해보자. 물론 그녀가 무례한 건 맞지만, 그녀가 어린 시절 학대를 받으며 자랐을지, 지금 우울증을 앓고 있을지 누가 알겠는가?

당신은 행위로 드러난 죄는 분별할 수 있겠지만, 오직 하나님만이 마음의 온전한 동기를 아신다. 우리는 외적 잘못을 분별할 수 있고, 또 해야 하지만 의사봉을 내리치며 그 인격 전체에 하나님의 정죄를 선포할 자격은 없다. 다른 사람을 판단하는 것은 우리가 하나님의 지식과 권위 둘 다를 갖추었다고 여기는 셈이다. 바울은 말했다. "그러므로 때가 이르기 전 곧 주께서 오시기까지 아무것도 판단하지 말라. 그가 어둠에 감추인 것들을 드러내고 마음의 뜻을 나타내시리니"(고전 4:5). 또는 야고보의 표현대로 "입법자와 재판관은 오직 한 분이시니 능히 구원하기도 하시며 멸하기도 하시느니라. 너는 누구이기에 이웃을 판단하느냐"(약 4:12).

### 너와 똑같다

'우호적으로 판단하기'가 현명한 발상이긴 하지만, 예수님의 가르침은 다른 전제에서 출발한다. 우호적 판단은 사람이 기본적으로 선하다고 전제하지만, 예수님의 평가는 그리 낙관적이지 않다. 판단에 관한 예수님의 말씀은 이웃이 죄인이고 나 또한 죄인이라는 것을 아는 지식을 토대로 한다. 만일 당신이 타인에 대한 하나님의 정죄를 선포한다면 이는 흡사 하나님에게 당신도 정죄해 달라고 초청장을 내미는 것이나 다름없다.[13] 다시, 우리는 예수님이 설파하신 으뜸 계명을 듣는다. "'너 자신과 같은' 네 이웃을 사랑하라." 당신과 이웃 공히 하나님께 소중한 존재지만 또한 둘 다 죄를 범한 자들이다. 주님의 말씀은 "그들의 최선을 염두에 두고 우호적으로 판단하라"는 뜻보다는 "네가 죄인임을 너도 알고 있으니 자비롭게 판단하라"라는 의미가 아니었을까?

내가 남을 판단할 수 없는 이유는 남의 속마음을 모르기 때문이다. 실제로 내가 유일하게 아는 마음은 죄악으로 가득한 내 마음이다. 고로 만일 하나님이 내게 자비를 베푸시길 원한다면 나도 자비를 베풀어야 한다. 예수님은 이 강력한 메시지를 일곱 겹줄의 대구법 속에 집어넣어 전하셨다.

너희 아버지의 자비로우심같이 너희도 자비로운 자가 되라.
비판하지 말라. 그리하면 너희가 비판을 받지 않을 것이요.
정죄하지 말라. 그리하면 너희가 정죄를 받지 않을 것이요.
용서하라. 그리하면 너희가 용서를 받을 것이요.
주라. 그리하면 너희에게 줄 것이니
곧 후히 되어 누르고 흔들어 넘치도록 하여 너희에게 안겨주리라.
너희가 헤아리는 그 헤아림으로 너희도 헤아림을 도로 받을 것이니라
(눅 6:36~38).

## 9장

# 예수도 '후츠파'를 좋아하셨다

기도의 관건은 기도가 아니다.
기도의 관건은 하나님이다.
- 아브라함 헤셀[1]

이스라엘 문화에 확실히 빠져드는 방법이 하나 있다. 예루살렘에서 공공버스를 이용해보는 것이다. 교통체증 탓에 예루살렘 시내에서 이동하려면 부자나 가난한 자나 모두 '에게드'*Egged* 버스를 탄다. 흰 천으로 휘감은 에티오피아계 유대인이 주름 자글자글한 러시아 할머니 곁에 앉아 있다. 대학생으로 보이는 군복 차림의 아가씨가 휴대전화로 수다를 떤다. 곱슬머리와 테셀(옷단 술)을 바람에 찰랑거리며 검은 정장 차림을 한 어린 남자아이들이 큰 계단을 힘겹게 올라온다. 긴 치마에 두건을 두른 어머니들이 아이들 뒤를 바짝 좇는다.

버스를 타고 시내로 나가던 어느 오후, 이스라엘 문화를 더 강하게 맛본 일이 있었다. 잿빛 머리의 나이든 아주머니가 버스에 탑승하더니 요금을 내지 않고 버스 기사를 지나쳐서 뒷자리에 철퍼덕 앉았다. 길게 목을 빼고 거울로 아주머니와 눈을 맞추려던 버스 기사가 사람들 머리 위로 뒷좌석의 여인을 불렀다.

"어디 가시나요, 아주머니?"

그녀는 처음에는 못 들은 척 창밖만 물끄러미 바라봤다.

"어디~~로 가시느냐고요?" 버스 전체가 그녀를 돌아보았다.

마침내 그녀는 아주 무례한 말투로 시큰둥하게 답했다. 곧이어 해독할 수 없는 히브리어가 속사포처럼 허공을 채웠고 그 뜻은 누가 봐도 자명했다. '버스표를 사오든지 내리든지 하세요.' 하지만 여인은 요지부동이었다. 마치 자리에 접착제를 바른 듯 완강했다.

버스 역시 요지부동이었다. 기사는 이스라엘에서 보편적으로 사용되는 짜증과 경멸 어린 몸짓으로 그녀를 향해 손을 들어 올렸다. 1차선밖에 안 되는 간선도로인 네빔대로 한복판에서 기사는 주차 기어를 넣더니 신문을 탁 펼치고는 의자에 등을 기대고 1면 기사를 읽기 시작했다. 우리 뒤에서 긴 차량 행렬이 느림보 걸음을 하다가 완전히 멈춰버렸다. 영원처럼 느껴지는 시간이 지났을까. 여자가 천천히 일어나더니 옆문으로 하차했다.

예루살렘의 절반이 이 여인 하나 때문에 멈춰버렸다. 광기의 경계선에 있는 완전한 배짱, 순전한 배포, 이것이 바로 '후츠파'*chutzpah*다. 여자와 버스 기사 둘 다 자기 목적을 달성하기 위해 한계선까지 압박하는 법을 알고 있었다!

나처럼 미국 중서부의 소도시에서 자란 사람이라면 이런 행동을 상상도 못할 것이다. 점잖은 교양으로 유명한 내 고향 미네소타에서는 예의와 정중함이라는 규율을 범하느니 차라리 죽음을 택할 것이다. 나에게 그 버스 탑승은 땅 끝으로의 문화 탐방과 같았다. "토토, 여긴 미네소타가 아니야."(〈오즈의 마법사〉에서 태풍에 실려 미네소타를 떠나온 여주인공이 애완견에게 한 말—옮긴이)

그러나 이런 후츠파는 고대부터 내려온 중동 문화의 일부였다. 만일 당신이 예수님 당시 1세기 제자였다면 당신도 아마 이런 식의 행동에 익숙했을 것이다. 가령 예수님이 자기 딸을 고쳐달라는 애원을 물리치신 후에도 물러서지 않았던 수로보니게 여인을 생각해보자(마 15:21, 막 7:25~30). 예수님과 피로한 제자들은 인파를 피하려고 두로 지방의 한 집에 들어갔지만, 수로보니게 여인이 연신 문을 두드려대는 바람에 거기 숨어 있는 게 들통 날 상황이었다.

지치고 피로한 제자들은 더 참을 수 없어 예수님께 간청한다. "그 여자가 우리 뒤에서 소리를 지르오니 그를 보내소서!" 그러나 곤고한 젊은 여인은 제자들을 제치고 예수님 앞에 엎드린다. 놀랍게도 예수님도 이스라엘 버스 기사가 그랬듯이 그녀를 물리친다. "자녀의 떡을 취하여 개들에게 던짐이 마땅하지 아니하리라." 예수님이 당면한 사명은 오직 유대인을 향한 것이었다. 그러나 절박한 여인은 대담하게도 큰 존경을 받는 랍비의 말을 이렇게 반박한다. "주여 옳소이다마는 … 개들도 제 주인의 상에서 떨어지는 부스러기를 먹나이다."

버스에 탄 여인과 달리 최후의 승자는 끈질기고 뻔뻔스러운 배포를 가진 수로보니게 여인이었다. 예수님은 그녀의 딸을 고쳐주었고 그녀의 후츠파를 칭찬하셨다.

## 예수님은 후츠파를 좋아하셨다

믿기 어렵겠지만, 예수님은 실제로 이런 종류의 대담무쌍함을 좋아하셨다. 예수님이 기도에 관해 가르치시며 드신 비유에는 이 수로보니게 여인과 닮은 여주인공이 등장한다.

> 이르시되 어떤 도시에 하나님을 두려워하지 않고 사람을 무시하는 한 재판장이 있는데 그 도시에 한 과부가 있어 자주 그에게 가서 내 원수에 대한 나의 원한을 풀어 주소서 하되 그가 얼마 동안 듣지 아니하다가 후에 속으로 생각하되 내가 하나님을 두려워하지 않고 사람을 무시하나 이 과부가 나를 번거롭게 하니 내가 그 원한을 풀어 주리라 그렇지 않으면 늘 와서 나를 괴롭게 하리라 하였느니라(눅 18:2~5).

예수님의 본심을 알려면 이 비유에 담긴 철저한 아이러니에 익숙해져야 한다. 비유 속 재판장은 과부의 사정에 대해서는 전혀 관심이 없지만, 하나님은 정반대다! 하나님은 과부를 열렬히 지지하신다. 하나님은 과부를 홀대하는 자들에게 최고로 강력한 경고를 날리신다. "너는 과부나 고아를 괴롭히지 말라. 네가 만일 그들을 해롭게 하므로 그들이 내게 부르짖으면 내가 반드시 그 부르짖음을 들으리라. 나의 노가 맹렬하므로 내가 칼로 너희를 죽이리니 너희의 아내는 과부가 되고 너희 자녀는 고아가 되리라"(출 22:22~24).[2]

사실 하나님은 "고아의 아버지시며 과부의 재판장"(시 68:5)으로 정평이 나 있다. 그러나 여기서 '재판장'이란 말은 실제로 '쇼펫'*shophet*, 즉 '판사'를 뜻한다. 쇼펫은 힘없는 자를 옹호하고 억울한 자의 원한을 풀어준다는 의미에서 정의의 구현자다. 예수님의 비유 속에 등장하는 마음이 강퍅한 재판관은 실제로 하나님과는 영 딴판이다.

이 우스울 정도로 이율배반적인 비교를 하시면서 예수님이 웃으시는 소리가 귀에 들리는 듯하다. 매정한 법관일지라도 자신을 계속 귀찮게

하는 나이 든 여인을 돕는다면 하물며 과부와 고아를 열렬히 돌보시는 하나님은 얼마나 더 도우시겠는가! 이 이야기에서 예수님은 제자들에게 담대하게 하나님 앞으로 나오라고 독려하시며 끈질기게 기도할 것을 권면하셨다.

예수님은 기도할 때 후츠파를 가져야 한다는 취지로 또 다른 비유를 들려주신다(눅 11:5~8). 새벽 미명에 한 남자가 친구 집 대문을 나지막하지만 완고하게 두드린다. "이제 막 먼 곳에서 손님이 왔는데 대접할 음식이 없으니 빵 몇 덩어리만 얻을 수 있겠나?"

이것은 작지만 긴박한 요청이었다. 고대 중동에서 손 대접을 못하는 것은 커다란 금기사항이었다. 예수님의 말씀을 듣던 청중은 십중팔구 고단한 집주인이 서둘러 부엌으로 들어가 친구가 맞을 사회적 대참사에서 그를 구해주었으리라 예상했을 것이다. 이토록 간단명료한 요구 앞에서 발 벗고 돕지 않을 사람이 누가 있겠는가? 청중은 이미 머릿속에서 음식을 바리바리 가지고 나와 친구에게 묵직한 짐을 들려보내는 집주인을 상상했을 것이다. 이웃이라면 응당 그래야 했기 때문이다.

그러나 실제로 집주인은 궁색하기 그지없는 핑계를 대며 절박한 친구를 내쫓는다. "나를 괴롭게 하지 말라. 문이 이미 닫혔고 아이들이 나와 함께 침실에 누웠으니 일어나 네게 줄 수가 없노라." 예수님의 청중은 이런 한심한 반응에 충격을 받았을 것이다. 이런 철면피 같으니라고! 청중은 머릿속에서 자다가 반쯤 열린 창틈으로 야밤의 대화를 엿들은 이웃이 똑같이 경악하는 모습을 상상했을 것이다. 이 얼마나 어이없는 무례함인가!

문가에 선 남자는 자기가 친구라고 생각한 자의 매몰찬 거절에 격분했을 것이다. 하지만 그는 친구가 몸을 일으켜 자신을 도와줄 때까지 뻔뻔하게 계속 문을 두드렸을 것이다. 집주인이 남자를 도운 건 그가 착한 사람이었기 때문이 아니라 어서 다시 침대로 기어들어가고 싶었기 때문이었다. 버스 사건이 보여주듯 후츠파에는 더 큰 후츠파로 맞서야 한다.

이 비유에서 우스운 점은 하나님이 졸리고 게으른 이웃과 완전 딴판이라는 데 있다. "이스라엘을 지키시는 이는 졸지도 아니하시고 주무시지도 아니하시리로다. … 여호와께서 너의 출입을 지금부터 영원까지 지키시리로다"(시 121:4, 8).

두 비유에서 예수님은 전형적인 랍비 논증법인 칼 바호메르*kal va'homer*(문자적으로 "가볍고 무거움"이라는 뜻으로 작은 전제에서 큰 전제를 이끌어내는 논증의 방식—편집자)를 사용하셨다. 예수님이 이 비유에서 '하물며'라고 말씀하실 때마다, 또는 작은 것을 훨씬 더 큰 것과 대조하실 때마다 칼 바호메르가 사용되었다. 이 비교가 철저한 역설임을 파악하지 못한다면 이야기의 핵심을 놓친 것이다.

예수님은 또 다른 칼 바호메르 사례를 통해 좀 더 직접적으로 동일한 논점을 전달하신다. "너희 중에 누가 아들이 떡을 달라 하는데 돌을 주며 생선을 달라 하는데 뱀을 줄 사람이 있겠느냐 너희가 악한 자라도 좋은 것으로 자식에게 줄 줄 알거든 '하물며' 하늘에 계신 너희 아버지께서 구하는 자에게 좋은 것으로 주시지 않겠느냐"(마 7:9~11). 다시, 우리는 예수님의 말씀 속에 담긴 아이러니를 본다. 사악한 자라도 자기 자식의 간청에 부응하기에 족한 사랑을 넉넉히 갖고 있다. 그리고 이 세상 최고의 아버지라도 우리의 지극히 선하신 하

> 뱀은 "살아 있는 동안 흙을 먹으리라"는 저주를 받았다. 먹을 것이 지천에 널려 있다는 것이 어찌 저주일까? 생업의 녹록치 않음으로 인해, 우리의 일용할 양식을 구하기 위해 늘 하나님과 소통해야 한다는 사실, 이것이 인생의 가장 큰 축복이기 때문이다.
>
> **– 페시샤의 부님, 랍비**

늘 아버지에 비하면 사악하다. 그렇다면 어찌 우리가 기도로 나아갈 때 하나님께서 응답하실 것을 확신하지 않겠는가?

《유대 신학자 예수》*Jesus the Jewish Theologian*에서 저자 브래드 영은 예수님 말씀의 근저에는 고대 유대인의 생각 속에 깔려 있었던 "하나님은 신뢰할 만한 분"이라는 인식이 있다고 설명한다. 즉, 하나님은 우리가 신뢰할 만한 분이므로 하나님과 친밀한 믿음이 있다면 때로는 좀 밀어붙인다 싶을 정도로 끈덕지게 달라붙어야 한다는 것이다.

> 우리가 담대한 결기로 기도하는 이유는 하나님이 선하시기 때문이다. 하나님은 이웃을 나 몰라라 하는 한심한 친구와 같지 않다. 하나님은 하나님도, 사람도 두려워하지 않고 불우한 과부를 나 몰라라 한 부패한 재판관과도 같지 않다. … 예수님은 역설과 해학을 사용하셔서 하나님의 성품을 생생하게 설명하신다. …
>
> 사람들은 마치 하나님이 무심한 친구나 공평치 못한 재판관인 양 기도하는 우를 범한다. 예수님은 제자들에게 하나님이 어떤 분이신가를 가르치기 위해 하나님과 유사하지 않은 과장된 캐릭터가 등장하는 역할극을 보여주신다. 여러 면에서 이 다면적인 예화의 주제는 "하나님은 당신의 선한 벗이다" 이 한 줄로 요약된다. 하나님이 선하시기 때문에 인내의 기도는 응답받는다. 하나님을 향한 믿음은 결국 담대한 인내와 같다.[3]

무정한 이웃과 한심한 재판관도 도움을 청하는 곤고한 자에게 응답한다면, '하물며' 사랑이 풍성하신 하나님은 얼마나 더 우리의 담대하고 끈질긴 기도에 응답하시겠는가?

## 이런 배짱은 아브라함에서 시작되었다

유대의 하나님을 향한 담대함의 전통은 조상 아브라함에게 거슬러 올라간다. 창세기에서 아브라함은 하나님과 가히 충격적인 대화를 나눈다(18:16~33). 하나님께서 악이 꽉 찬 소돔을 심판하실 계획을 알리시자 아브라함은 항변과 흥정으로 반응했다. 그의 배짱은 믿기 어려울 정도다. 들어보면 안다.

> 주께서 의인을 악인과 함께 멸하려 하시나이까 … 주께서 이같이 하사 의인을 악인과 함께 죽이심은 부당하오며 의인과 악인을 같이 하심도 부당하니이다. 세상을 심판하시는 이가 정의를 행하실 것이 아니니이까(창 18:23~25).

그다음에, 노련한 아랍 상인처럼 아브라함은 이 도시를 놓고 하나님과 승강이를 벌인다. 오십 명의 의인이 있으면 어떡하죠? 오십 명이면 용서해주시겠습니까? 삼십 명, 아니 이십 명은요? 열 명의 의인이면 충분할까요? 하나님은 번번이 제안을 수락하시고 결국 열 명만 가지고도 심판의 손을 거두시겠다고 약속하신다.

우리에게는 아브라함의 말이 깜짝 놀랄 만큼 불경스럽게 다가올 수도 있지만 유대 사상가들은 아브라함의 행동을 긍정적으로 본다.[4] 아브라함의 담대함은 하나님을 향한 엄청난 신뢰의 표현이다. 아브라함은 아버지의 바짓가랑이를 붙들고 아버지가 두 손 두 발 들 때까지 졸라대는 어린 아들 같다. 비록 아버지가 근엄하고 다가가기 어려워 보이지만 어린 아들은 안다. 아버지의 본심은 온유하기에 좀 대담하게 선물을 사 달라고 졸라도 된다는 걸.

어떤 주석가들은 하나님은 아브라함이 논쟁을 걸어올 것을 익히 아시면서 교육 차원에서 일부러 이 화제를 꺼내셨다고 말한다. 그들은 아브라함을 상대하시는 하나님의 반응이 흡사 어린 아들과 씨름하는 아버지처럼 부드러우면서도 흥미로워하는 모습임을 본다. 이 씨름을 통해 아브라함은 하나님을 배우고, 하나님은 또한 자녀들에게 자신과 씨름하는 법을 가르치신다. 기실 '이스라엘'이란 이름은 '하나님과 씨름하다'라는 뜻이다.

《모세의 눈으로 본 복음》*The Gospel according to Moses*에서 아톨 딕슨은 일체의 의심을 억누르려는 자신보다 무리한 요구를 하며 물고 늘어지는 아브라함에게 더 강한 믿음이 있음을 깨닫는다. 그의 글이다.

> 묻기를 두려워하는 것보다 묻는 것에 더 큰 믿음이 필요하다. 어떤 답이라도 받을 준비가 되어 있으려면 믿음이 있어야 한다. 그 답이 이해되지 않을 때 더 많은 질문을 던지며 물고 늘어지는 것도 믿음을 요한다. … 때론 질문하는 것이 겸손의 표현이다. 내가 아닌 하나님이 답을 가지고 계신다는 전제가 질문 안에 들어 있기 때문이다. 진실한 질문은 하나님께 경의를 표하는 것이다. 하나님의 권능을 인정하는 것이다. 하나님을 높이는 것이다.[5]

아브라함의 불손한 질문에 대해 하나님이 답변하시는 과정에서 몇 가지가 드러난다. 첫째, 이방인들이 숭배하는 여타 신들과 달리 하나님은 공의로우시다. 하나님은 인간 행실에 대한 기준을 갖고 계시며 스스로 자신의 법을 거스르지 않으신다. 하나님은 인정사정도 없이 사람을 죽이는 잔혹하고 변덕스러운 신이 아니다. 소수의 몇 명을 보호하기 위해 도시 전체에 대한 심판을 멈춰달라는 아브라함의 소원을 하나님은 수락하시지만, 소돔에는 그나마 최소정족수를 채우는 의인도 없었다.[6]

성경 전반에 걸쳐 우리는 신실한 유대인들이 놀랄 만치 직설적으로 자기 관심사를 하나님께 아뢰는 것을 본다. 바로와의 첫 만남이 실패로 돌아간 후 모세는 주저함 없이 상당히 비非미네소타적인 방식으로 하나님께 실망감을 피력한다.

> 주여 어찌하여 이 백성이 학대를 당하게 하셨나이까 어찌하여 나를 보내셨나이까 내가 바로에게 들어가서 주의 이름으로 말한 후로부터 그가 이 백성을 더 학대하며 주께서도 주의 백성을 구원하지 아니하시나이다(출 5:22~23).

다윗의 시편과 욥의 탄식 속에서 이와 동일한 거침없는 진솔함이 특히 많이 드러나지만, 이는 성경 전반을 관통하는 주제이기도 하다. 불손하리만치 허물없는 태도는 후기 유대교에도 남아 있다. 〈지붕 위의 바이올린〉에서 테비예가 나눈 하나님과의 절절한 대화를 기억하는가? 나귀가 발을 다친 후 테비예는 탄식한다.

> 사랑하는 하나님. 굳이 그러셔야 했나요? 안식일 직전에 나귀를 불구로 만드셔야만 했나요? 그건 좋지 않은 행동이었어요. 하나님이 절 괴롭히시는 것으로도 충분하잖아요. 딸 다섯에 가난한 삶으로 절 축복하신 것도 괜찮아요. 그러나 제 나귀에겐 무슨 악감정이 있으셨나요? … 정말로요 때론 여기서 뭔가 너무 조용하면 하나님이 혼잣말하시는 것 같아요. "어

디 보자. 내 친구 테비예한테 또 무슨 장난을 칠까?"[7]

그리스도인 중에는 경건하고 근엄하게 하나님을 높이는 데 너무 길든 나머지 이렇게 편하게, 거의 놀리듯 하나님께 아뢰는 소리를 들으면 당혹스러워하는 이들이 많다. 그러나 이런 태도 뒤에는 하나님이 두려움이나 스스럼없이 다가갈 수 있는 사랑 많은 아버지라는 믿음이 있다.

예수님보다 1세기 앞선 시대에 대담무쌍한 기도로 이름을 떨친 한 유대 남자가 살았다. 호니는 겸손과 탁월한 경건, 충만한 기도로 하나님과 동행하는 사람으로 널리 인정받았다. 한번은 나라에 큰 가뭄이 들자 사람들은 호니에게 비를 구하는 기도를 해달라고 간청했다. 호니가 처음 기도했을 땐 비가 내리지 않았다. 그러자 호니는 원을 하나 그리고 그 가운데 앉아 기도했다. "세상의 주인 되신 하나님! 주님의 자녀들이 내가 주님과 친한 사이라며 절 찾아왔습니다. 당신의 자녀를 불쌍히 여기시기 전까진 여기서 한 발짝도 움직이지 않겠습니다!"

비가 한두 방울 내리기 시작했나. 하지만 성에 차지 않은 호니는 다시 기도했다. "제가 원한 건 이런 게 아니라 항아리와 독과 우물을 가득 채울 비예요." 그러자 폭우가 쏟아지기 시작했다. 그러자 호니가 다시 기도했다. "제가 원한 건 이런 게 아니라 선의와 축복과 은혜의 비였어요." 그러자 곡식을 자라게 하고 땅을 소생시키기에 적합한 비가 알맞게 내리기 시작했다.

유대 지도자들은 하나님을 향한 호니의 거침없는 태도에 경악을 금치 못했다. 한 사람이 호니를 꾸짖었다. "당신 말고 딴 사람이 그랬다면 진작 파문당했을 거야. 그러나 자네가 애원하면 하나님이 들어주시니 내가 자네에게 뭘 할 수 있겠나? 자네는 꼭 오냐오냐하는 아버지에게 졸라대는 응석받이 아이 같아. 아버지는 아이가 해달라는 대로 뭐든 해주지."[8]

호니는 기도로 도달할 수 있는 한계점까지 기도를 밀고 갔다. 하지만 호니를 나무라던 사람들조차 하나님은 사랑이 풍성하신 아버지라는 것을 그가 믿었기에 아이 같은 겸손함으로 나아갔음을 알았다. 호니는 하나님이 사랑 많고 선하신 분임을 철석같이 믿었기에 응석받이처럼 굴었고, 그래도 다 들어주는 아버지가 기꺼이 원하는 걸 주실 줄 알았다. 그리고 하나님은 그리하셨다!

## 기도의 관건은 하나님

우리의 기도가 적절한지 어떻게 알 수 있을까? 20세기의 저명한 유대 신학자이자 랍비인 아브라함 헤셀은 다음과 같은 심오한 통찰을 전한다. "기도의 관건은 기도가 아니다. 기도의 관건은 하나님이다." 당신이 어떻게 기도하는가를 보면 당신이 어떤 하나님을 믿는지 알 수 있다. 난 이 말을 들은 후부터 내 기도 내용과 이것을 통해 드러나는 나의 하나님 관에 더 민감하게 깨어 있게 되었다.

예전에는 염려하는 나를 용서해달라고 했는데, 이제는 그런 기도를 재고하는 편이다. "염려하지 말라"(마 6:25~34)는 예수님의 말씀과 관련해서, 근심은 곧 회개해야 할 죄인 것처럼 정죄하는 설교를 여러 번 들었다. 그러나 예수님이 이 말씀을 하신 취지는 하나님이 보살피신다는 따듯한 위로를 주려는 것이지 잘못을 규정하려는 게 아니었다.

물론 하나님은 우리가 당신을 신뢰하길 원하시고 믿음 안에서 성숙해지면서 점점 덜 걱정하는 법을 배우길 원하신다. 그러나 곤경을 만난 후 염려했던 것을 용서해달라는 기도를 들으면 하나님이 우리의 연약함에 화를 내시는 무정한 완벽주의자처럼 느껴진다. 어떤 이들은 내게 넉넉한 믿음이 있어야만 하나님이 기적을 베푸신다고 생각한다. 하나님의 응답을 받기에는 믿음이 너무 약하다는 말에 상처 입은 많은 영혼이 무너져내렸다.

만일 우리가 끈덕지게 후츠파를 가지고 기도한다면 그때 우리는 믿음의 초점을 어디에 맞춰야 할까?

수년 전 비교적 크지 않은 위기의 한복판에서 기도 중인 내게 통찰 하나가 임했다. 내가 출타 중이었을 때 낯가림이 심한 우리 집 작은 고양이 레이즌이 실종되었다. 레이즌은 우리 아파트 발코니로 나가 2.4미터 아래 땅으로 뛰어내린 듯했다. 집에 도착하자 레이즌은 며칠째 행방불명이었고, 사람을 두려워해서 밥도 얻어먹지 못했을 게 뻔했다. 친구들은 레이즌이 아파트 주차장에서 차 사이로 숨는 것을 보았다고 했다. '무사하려고' 엔진 부품 안으로 기어들어가는 것을 말이다. 난 너무도 당혹스러웠다. 매일 아침 레이즌의 이름을 부르며 아파트 단지를 헤맸고, 레이즌이 집으로 돌아오게 해달라고 주님께 매달렸다.

기도 중 문득 한 가지 의문이 들었다. 고양이를 되찾을 수 있다는 믿음이 완벽해야만 하나님이 기도에 응답하실까? 기도란 순전히 내 상상의 힘으로 어떻게든 하나님의 손과 발을 강제해 움직이게 하는 걸까? 그때 문득 우리가 가져야 하는 믿음은 '결과'에 대한 믿음이 아니라 '하나님'에 대한 믿음이라는 생각이 들었다. 하나님은 우리가 당신의 사랑과 권능과 돌보심을 절대적으로 신뢰하길 원하시기 때문이다.

그렇게 해서 나의 기도는 바뀌었다. 난 이렇게 기도했다. "주님, 당신이 선하심을 압니다. 그리고 제 기도를 들으셨음을 압니다. 이제 주님이 레이즌을 제 품으로 돌려주시든 안 돌려주시든 제 기도를 응답해주실 것을 신뢰합니다." 나의 초점은 고양이로부터 선하시고 늘 신뢰할 수 있는 하나님에게로 옮겨갔다.

이틀 후 거의 기적적으로 레이즌이 집으로 돌아왔을 때 난 정말 많이 놀랐다. 며칠간 아무 소득 없이 찾아다녔는데, 친구가 자동차 후드를 열었더니 엔진 에어 필터 위에 레이즌이 웅크리고 있었다는 것이다. 레이즌은 더럽고 피골이 상접했고 발 하나는 마비된 상태였다.

아직 응답받지 못한, 절박한 기도 제목이 많은데도 이런 이야기를 해서 민망하기도 하다. 그러나 이 일을 통해 내가 배운 점이 있다. 바로 내가 어떤 특정한 결과를 열렬히 상상해야 하나님이 응답하시는 건 아니라는 사실이다. 하나님의 기도 응답은 어느 때나 전적인 은혜의 발로이지 그 기도가 응답받을 '자격'을 갖췄기 때문은 아니다. 하나님은 선하시고 권능과 사랑이 많으시다. 하나님이 어떻게 응답하셨더라도 나는 이 가장 중요한 사실을 여전히 확신했을 것이다. 우리가 담대하게 기도할 수 있는 이유는 하나님이 선하시고 사랑이 많으심을 알기 때문이다.

그러나 우리가 하나님께 이야기하는 방식에는 지켜야 할 선도 있다. 사랑과 신뢰로 하나님께 이야기하는 것과 지나친 허물없음 사이에는 미묘한 균형이 필요하다. 예수님도 그런 말씀을 하셨다. "또 기도할 때에 이방인과 같이 중언부언하지 말라. 그들은 말을 많이 하여야 들으실 줄 생각하느니라"(마 6:7). 이것과 믿음으로 끈질기게 기도하는 것의 차

> 주님, 제 아내가 죽었을 때
> 딸이 곁에서 날 위로해
> 주었습니다.
> 이제 내 딸도 죽었습니다.
> 제게 남은 건 당신밖에
> 없으니 이젠 당신이
> 날 위로해주셔야 합니다.
>
> **– 리마노브의 메나켐 멘델의 기도**

이는 뭘까?

그 답은 예수님이 '무엇을 먹을까', '무엇을 마실까', '무엇을 입을까'에 몰두하는 이방인의 삶에 관해 하신 또 다른 말씀에 있다(참조. 마 6:31). 다신주의자들은 신들이 자신보다 강한 주술적 힘에 복종한다고 믿었기 때문에 인간이 제대로 의례를 행하고 정확한 주문을 반복하기만 하면 신들이 재물과 다산이라는 선물로 응답할 수밖에 없다고 생각했다. 이방인의 기도는 결국 신을 조종하여 개인의 번영에 이바지하게 하는 데 목적이 있다.

생각해보면 기도하여 '축복을 취하고', '번영을 삶 가운데로 불러들인다'라고 주장하는 오늘날의 성경 교사들과 고대 이방인 사이에는 별 차이가 없다. 하나님의 팔을 비틀어 내 지갑을 두둑하게 하고 주식 자산이 증가하게 해달라고 한다면 우리는 이방인이 기복의 도구로 신들을 이용했던 것과 똑같은 방식으로 하나님을 대하는 것이다.

하지만 하나님은 실종된 고양이 찾기 같은 우리의 자잘한 요청에도 사랑으로 귀 기울이신다. 날마다 끝도 없이 자잘하게 신경 쓸 일을 가지고 달려오는 자식을 둔 부모라면 이게 무슨 말인지 안다. 핵심은 하늘 아버지를 종처럼 부리는 것이 아닌, 그분께로 겸허하게 나아가는 데에 있다.

## 남을 위한 후츠파

끈질기고 담대한 기도에 대한 유대인의 태도는 '그 이름을 부르고 요청하라' 식의 기도와 또 다른 면에서 구별된다. 이런 몰염치한 기도는 자신을 위한 것이라기보다는 상당 부분 남을 위한 것이었다. 호니는 최신

형 나귀를 몰게 해달라고 기도한 게 아니라, 절박한 나라에 비를 달라고 구했다. 아브라함 역시 자기 동족도 아닌 소돔인을 대신하여 하나님께 중보했다.

사실 소돔을 놓고 하나님과 끈덕지게 씨름한 아브라함이 더욱 위대해 보이는 이유는 그가 죄인을 위해 하나님의 자비를 간구했기 때문이다. 소돔은 비록 하나님의 심판을 받아 마땅한 사악한 도시였지만, 아브라함은 타인의 고통을 체휼했다. 아브라함에 대해 탈무드는 이렇게 가르친다. "누구든 형제에 대해 자비로운 사람은 분명 우리 조상 아브라함의 자손이다. 누구든 형제에게 자비롭지 못한 사람은 분명 우리 조상 아브라함의 자손이 될 수 없다."[9]

이스라엘의 걸출한 위인들의 특징은 하나같이 자신을 잊은 채 남을 위해 하나님의 자비를 구하는 기도를 했다는 점이다. 광야에서 언약을 저버린 이스라엘을 진멸하시겠다고 하나님이 위협하자 모세는 심판을 거두어달라고 하나님께 매달렸다.[10] 심지어 모세는 이스라엘 대신에 모세의 가족을 위대한 나라로 만들겠다는 하나님의 제안도 거절했다(출 32:10). 다윗 왕 역시 하나님의 기근 심판 앞에서 이스라엘 백성을 위해 간구하며 대신 자신의 가족을 쳐 달라고 구했다(삼하 24:17).

이와 대조적으로 노아는 인류의 멸망 소식을 듣고도 다른 사람들에게 경고하기 위한 어떤 노력도 하지 않았다. 노아는 그저 자기 방주를 지었고 자기 가족을 배에 태우고 세상의 환난에서 유유히 벗어났다.[11] 요나는 더 나빴다. 그는 니느웨 사람들에게 심판을 경고하라는 하나님의 명을 거역했고, 하나님이 니느웨 백성에게 긍휼을 베푸시자 심지어 역정까지 냈다! 유대인의 머릿속에서 노아와 요나는 결코 아브라함, 다윗, 모세와 같이 높은 평가를 받지 못했다.[12]

유대 사상가들은 하나님이 어떤 비밀스러운 연유로, 우리가 패역한 사람을 대신하여 간구하길 원하신다고 강조한다. 에스겔서에서 하나님은 말씀하신다. "이 땅을 위하여 성을 쌓으며 성 무너진 데를 막아서서 나로 하여금 멸하지 못하게 할 사람을 내가 그 가운데에서 찾다가 찾지 못하였으므로"(겔 22:30). 하나님이 원하시는 건 다른 사람에게 심판이 임하는 것을 수수방관하는 게 아니다. 하나님은 우리가 중간에 개입하여 그들에게 회개를 촉구하고 하나님께 매달려 자비를 구하길 원하신다.

예수님도 아브라함, 다윗, 모세처럼 남을 대신하여 후츠파를 보여주셨다. 자신을 십자가에 못 박은 가해자들에 대해 "자기들이 하는 것을 알지 못함이니이다"(눅 23:34)라고 하시며 하나님께 자비를 구했다. 사실 예수님의 사역은 전적으로 하나님의 품을 떠나 방황하는 잃어버린 영혼을 찾기 위함이었다. 그리고 그리스도가 십자가에서 우리의 죄를 짊어지심으로써 보여주신 장렬한 후츠파는 죄인으로 가득 찬 세상에서 하나님의 자비를 획득하는 궁극의 승리가 되었다.

—

## 10장
# 양손으로 생각하기

—

당신이 완수할 만한 일은 아니지만,
그렇다고 그만둘 자유가 있는 것도 아니다.
- 미쉬나, 아봇 2:21

〈지붕 위의 바이올린〉에서 테비예의 딸들이 중매결혼이 아닌 연애결혼을 하게 달라고 아버지를 조를 때 테비예가 큰 소리로 고민했던 장면을 기억하는가? 제이텔이 초라한 말단 재단사와의 결혼을 허락해 달라고 사정하자 테비예는 자신의 결정을 저울질하며 혼자 주거니 받거니 대화한다. "제이텔이 가난뱅이 재단사와 좋은 짝이 될까? … 정직하고 건실한 사람인 건 맞지만 완전히 무일푼이지. … 그렇지만 어찌 보면 앞으로 나빠질 건 없고 나아질 것밖에 없지 않은가."

후에 퍼칙과 호델은 일방적으로 결혼을 선언하고 테비예는 전통을 헌신짝처럼 내팽개친 딸들을 보고 망연자실한다. 그러나 다시금 그는 상황을 곱씹어본다. "그 사람은 내 딸을 사랑하잖아! 사랑이라, 이것 참 새로운 방식이네. … 어찌 보면 우리의 구식도 한때는 신식 아니었나? … 그래도 그 아이들은 부모 없이 결정했어. 중매쟁이도 없이! … 하지만 다시 생각해 보면 아담과 하와에게 중매쟁이가 있었나? … 아, 그렇지, 있었지. 어쩌면 그 중매쟁이가 우리 딸을 중매한 것 같군."

두 가지 상반된 관점을 저울질하는 테비예의 익살스러운 습관은 유대 문화의 독특한 특징이다. 테비예는 한쪽 입장에 섰다가 그 입장에 대한 찬반양론을 펼친다. '샤크라 브타르야'*shakla v'tarya*라고 부르는 이 전통적인 '주고받기' 방식은 유대 역사 내내 유대적 사유에 깊이 인 박힌 습성이다. 종종 이 방식은 두 관점의 차이를 그냥 역설로 수용한다.

처음에 이런 종류의 사유를 접했을 때는 과학적 사고로 단련된 나의 뇌가 살짝 짜증을 냈다. 내게는 이 방식이 우유부단하고 모호한 것처럼 보였다. 여기서 조금만 더 나가면 "당신은 당신의 진리를, 나는 나의 진리를 가지고 있다"면서 모든 견해에 타당성을 부여하는 포스트모던 논리가 될 것 같았다. 그러나 얼마 후 난 테비예의 논증법이 포스트모던 논리보다는 훨씬 정교하며 그 뿌리가 성경을 기록한 문화에 있음을 발견했다. 성경 기자들이 사고했던 방식을 이해하는 데에는 샤크라 브타르야 원리를 이해해야 한다.

서구적 사고를 하는 그리스도인으로서 난 모든 사안마다 조직신학적으로 접근하려고 했고, 성경이 모순되어 보일 때마다 번번이 좌절했다. 그러나 성경을 서구적 기준에 따라 더 '논리적'으로 만들려고 하는 대신 예수님과 바울 그리고 유구한 세월 동안 유대인이 그랬듯이 '양손'으로 읽는 법을 터득하자 더 깊은 성경 이해에 도달할 수 있었다.

## 성경 전반에 녹아 있는 역설

생각해보면 성경의 가장 중요한 진리 중에는 역설이 많다. 예수님은 온전한 인간인 동시에 온전한 하나님이시다. 하나님은 사랑이 풍성하고 만물을 다스리지만, 비극과 불의도 허락하신다. 하나님은 어디에나 계시지만, 그 영광이 성전을 가득 메웠던 때처럼 특정 시점에는 특별한 방식으로 임재하기도 하신다.

또한 역설로 말씀하길 즐기셨던 예수님은 "누구든지 첫째가 되고자 하면 뭇 사람의 끝이 되며"(막 9:35), "자기의 생명을 사랑하는 자는 잃어버릴 것이요 이 세상에서 자기의 생명을 미워하는 자는 영생하도록 보전하리라"(요 12:25)고 말씀하셨다.

또한 성경에는 얼핏 모순되어 보이는 진술이 담겨 있는데, 성경 저자들도 그 모순을 잘 인식하고 있다. 출애굽기는 "하나님을 보고 살 자가 없[다]"고 하지만, 몇 장 못 가 이스라엘의 장로 칠십 인이 시내산에서 하나님을 보았다고 한다(출 24:9, 33:20). 모세는 이스라엘 백성이 순종하면 그들 중에 가난한 자가 없을 것이라고 약속한다(신 15:4). 하지만 몇 절 못 가 "가난한 형제가 너와 함께 거주하거든…"(7)이라고 운을 떼면서 바로 두어줄 아래에선 "땅에는 언제든지 가난한 자가 그치지 아니하겠으므로"(11) 베풀라고 백성에게 이른다.

말빈 윌슨은 종종 성경 본문은 우리에게 익숙한 '선형 논리'linear logic가 아니라 '블럭 논리'block logic로 되어 있다고 말한다. 선형線形 논리는 각 진술을 다른 진술의 토대 위에 쌓아올리는 촘촘한 논증 방식이다. 만일 a=b이고 b=c이면 a=c이다. 반면 블럭 논리는 인간의 관점과 신의 관점처럼 상반된 관점에서 비롯된 아이디어를 한 덩어리로 묶는다. 일례로 예수님은 "아버지께서 내게 주시는 자는 다 내게로 올 것"이라고 하시면서도 "나를 보내신 아버지께서 이끌지 아니하시면 아무도 내게 올 수 없다"라고 하셨다(요 6:37, 44).[1]

서구인은 성경에서 역설을 발견하면 이편이나 저편을 배척함으로써 갈등을 풀려 한다. 가령 인간에게 자유의지가 있는가, 혹은 하나님이 우리 행동을 예정하시는가? 이런 질문은 오랫동안 믿는 자들의 분열을 야기했다. 어떤 이들은 자유의지를 전면 거부했다. 1786년 현대선교의 아버지 윌리엄 캐리가 세계 복음화의 필요성을 주창하자 그를 반대했던 자들이 그랬다. 강경 칼뱅주의자 동료들은 캐리를 이렇게 비꼬았다. "하나님이 이교도의 회심을 기뻐하실 때가 되면 당신이나 나의 도움 없이도 그분이 하실 겁니다."[2] 그러나 하나님이 다스리신다는 발상을 거부하는 이들도 있다. 이들의 머릿속에 있는 하나님은 하늘에서 손을 쥐어짜며 간절히 목을 빼고 결국에는 모든 일이 잘 풀리기를 염원하는 분이다. 많은 교회가 예정과 자유의지의 문제로 분열되었다.

> 만물의 이치를 통달하는 것은
> 의무사항이 아니고 심지어
> 가능하지도 않다.
> 신비를 있는 그대로
> 받아들이는 것은
> 체념이 아닌 겸손이다.
>
> **– 데이비드 월프**

유대 사상가들은 다르게 접근한다. 한 유명한 랍비는 이렇게 답한다. "모든 것이 하나님의 통제 아래 있지만, 인간은 자유의지를 갖고 있다."[3] 놀랍게도 이 랍비는 두 사상의 긴장 관계를 억지로 해소하려 들지 않고 순순히 있는 그대로 받아들였다. 왜 그러한가? 두 가지 관점 모두 근거로 삼는 성경 구절이 있기 때문이다. 바로는 스스로 마음을 강퍅하게 했지만, 하나님이 그 마음을 강퍅케 하셨다고도 한다(출 7:3, 13, 8:15). 하나님은 400년 후 가나안 백성의 악이 관영하여 그들을 가나안 땅에서 쫓아내실 것을 예견하셨지만(창 16:15), 또한 이스라엘 백성에게 자신의 언약을 받을지 말지를 선택하라고 제안하셨다(신 30:19).

이러한 '양손'적 결론이 때로는 서구적 합리성에 좌절감을 안길 수도 있지만 중요한 이점이 있는 건 사실이다. 이 결론은 인간 논리가 아닌 성경에 최종 결정권을 양보한다. 잘 맞아떨어지지 않는 것을 외면하기보다는 성경 본문에 대한 충실함을 견지하자는 자세다.

과학자로 훈련받은 나는 성경 본문에 최종 결정권을 부여하는 자세가 얼마나 중요한 것인지 잘 안다. 실험실에서는 자신의 모형에 맞지 않는 결과를 외면하고 싶은 유혹이 늘 따라다닌다. 그러나 훌륭한 과학자라면 자신의 이론을 뒷받침하지 않는 데이터, 곧 자기 사고체계 안에 도사린 잠재적 오류를 지목하는 이상치outlier를 신중하게 추적해야 한다. 신학자들이 내버려둘 수 없는, 그러나 실은 자주 방치되는 원 데이터raw data가 성경 본문이다. 테비예는 자신의 전제들에 대해 한계점까지 계속 의문을 제기했고, 처음 떠오르고 자명해 보인다고 해서 최상의 답이라고 넘겨짚지 않았다(이런 면에서 테비예는 훌륭한 과학자가 될 자질을 갖추었다).

> 친절한 행동의 가치는
> 그것이 촉발한 사랑에 있다.
>
> **– 탈무드, 수카 49b**

유대 논리와 서구 논리가 갈라지는 또 다른 분기점은 홀로 하나님만이 모든 것을 이해하신다는 전제다. 유대적 사고는 서구적, 기독교적 사고보다 훨씬 더 부대낌 없이 인간의 한계를 인정한다. 말빈 윌슨은 말한다. "히브리인은 자신이 모든 답을 가지고 있지 않음을 알았다. … 히브리인은 수수께끼 같은 하나님의 진리나 우주적 난제에 대해 과도하게 구조화하거나 강제적으로 통일성을 부여하는 방식을 거부했다. … 히브리적 사고에서는 역설의 양편에서 가르치는 진리들을 기꺼이 받아들인다. 즉, 신비와 모순처럼 보이는 것은 종종 신성의 징표임을 인정한다."[4]

《모세의 눈으로 본 복음》에서 아톨 딕슨은 역설을 수용하게 되자, 인간이며 하나님이신 그리스도를 더 온전히 받아들이게 되었다고 했다.

> 토라가 하나님에 관해 가르친 것을 배워가면서 난 예수님의 역설이 상식에 위배된다는 점을 더 이상 놀랍게 여기지 않게 되었다. … 예수님을 믿지 못할 이유가 많겠지만, 성경의 허다한 역설에 비추어 볼 때 하나님이 결코 인간이 될 수 없다는 발상이 불신앙의 근거는 될 수 없다. 하나님의 본질에 대한 진실한 설명이라면 내 생각으로는 이해할 수 없는 역설적 개념들을 공공연히 내포해야 한다.
> 예수의 역설도 마찬가지다. 내가 만일 인간 예수에 집중하면 하나님이신 예수를 놓치게 된다. 만일 내가 하나님이신 예수에 집중하면 인간 예수를 놓치게 된다. 그분은 하나님이신가 아니면 그저 인간인가? 성경의 모든 역설과 마찬가지로, 답은 이도 맞고 저도 맞는다는 것이다.[5]

학자들이 더 깊이 파고들면 해소 가능한, 본문과 관련된 난제도 분명 있다. 이런 난제를 성급하게 포기하고 편의대로 '역설'이라는 딱지를 붙여선 안 된다. 하지만 종종 성경적 '비논리'는 인간의 상상을 뛰어넘는 실체를 묘사한다는 데서 연유한다. 이것은 초차원적extradimensional이다. 정동향으로 뉴욕에서 마드리드로 비행했다가 다시 동향으로 비행하여 베이징으로, 베이징에서 뉴욕으로 돌아올 수 있는 것은 인간이 한때 가능하다고 상상했던 것과는 다른 방식으로 지구가 회전하기 때문이다.

랍비 헤셸은 '양손' 접근법의 예를 들면서, 이성에도 이 접근법을 적용할 수 있다고 한다.

> 경건에는 신비가 요구되는데, 인간은 신비 앞에서 경외와 침묵으로 낮아질 수밖에 없다. 경외, 사랑, 기도, 믿음은 얄팍한 논증 행위를 넘어선다. 그러므로 우리는 종교를 단지 이성의 관점에서만 판단해선 안 된다. 종교

는 이성의 한계선 안에 있는 게 아니라 한계선 너머에 있다. … [그러나] 이성의 행사는 하나님을 이해하고 경배하는 데 필수적이며 이성 없는 종교는 시들어 버린다. … 이성 없는 믿음은 맹목적 믿음이 된다. 이성이 없다면 우리는 신앙적 통찰을 삶의 구체적인 문제에 어떻게 적용할지 모른다. 이성의 숭배는 거만이며 지성의 결핍을 드러낸다. 이성의 거부는 비겁함이며 믿음의 결핍을 드러낸다.[6]

## 율법을 저울질하다

유대 사상이 균형을 추구하는 또 다른 방식은 율법에 대한 접근법에 있다. 그리스도인은 전통적으로 모든 계명이 동등한 중요성을 가진다고 이해했다. 그러나 예수 시대 이전부터 랍비들은 율법을 '저울질'하여 (두 율법이 상충하는 경우) 무게가 많이 나가는 법을 우선시하는 접근법을 취했다. 가령 팔 일째 할례를 하라는 계명은 안식일 계명에 우선했다(요 7:22). 랍비들은 이 법들을 가벼운 것, '카알'*kal*과 무거운 것, '하무르'*hamur*로 설명했다. 이는 어떤 법은 따르고 어떤 법은 멋대로 무시해도 좋다는 게 아니라 모든 상황 속에서 하나님의 법대로 살려는 노력에서 연유한 접근법이다.

성경에서 도출한 특정 원리들이 서로 상대적인 율법들 사이에 질서를 부여하는 기준이 되었다. 많은 랍비는 율법의 우열을 어떻게 가릴까를 놓고 집중적으로 논쟁했다. 가령 '생명 보존'을 뜻하는 '피쿠아크 네페쉬'*pikuach nephesh*란 원리가 있다. 현자들은 토라가 다른 어떤 법적 규범보다 인간 생명의 독보적 중요성을 인정한다는 점을 인식했다. 토라 자체도 율법은 생명을 부여하기 위해 주어졌다고 말한다(신 30:16). 유대 사상가들은 인간 생명을 구하기 위해서는, (더러 예외는 있지만) 모든 율법을 뒷전으로 놓을 수 있다는 결론에 도달했다.[7]

그래서 유대인 의사들과 간호사들은 생명을 구할 수 있다는 가능성 때문에 안식일에도 출근한다. 그리고 아픈 사람은 먹고 마시는 것이 엄격하게 금지된 날인 '욤 키푸르'(유대교의 대속죄일—편집자)에도 먹을 수 있다. 생명을 구할 가능성만 있어도 충분히 이 원칙을 발효할 수 있다.

이와 대조를 이루는 것이 여호와의증인이다. 그들은 창세기 9장 4절의 피를 마시지 말라는 율법에 따라 응급 상황에도 수혈을 거부한다. 이 방침으로 출산 중 자궁 출혈로 인한 사망 위험이 40배나 높다.[8] 랍비 주석은 이런 식의 해석을 결코 지지하지 않는다. 생명을 구하는 것이 더 중한 법이다!

여기 또 다른 사례가 있다. 2차 세계대전 와중에 당신이 유럽에 거주하며 집에 유대인을 숨겨주고 있다고 해보자. 나치 병사가 대문을 두드리며 유대인의 행방을 추궁한다. 거짓말을 해야 할까 진실을 말해야 할까? 피쿠아크 네페쉬 원칙을 따르자면 당신은 생명을 구하기 위해 거짓말을 해야 한다. 성경에도 그런 선례가 있다. 애굽의 산파들은 바로의 명령대로 이스라엘 남아들을 죽이지 않고 거짓 보고를 했고, 하나님은 산파들에게 상급을 주셨다(출 1:19~21).[9]

그러나 놀랍게도 일부 기독교 신학자들은 상반된 결론에 도달했다. 어거스틴은 "영생이 거짓말로 상실되었으므로 타인의 한시적 목숨을 보전하기 위해 절대 거짓말을 해선 안 된다"라고 말했다.[10] 훗날 철학자 임마누엘 칸트는 목숨을 보전하려는 도주자가 당신의 집에 숨어들었는데 그를 죽이려는 자가 행방을 물으면 "우린 거짓말하거나 그릇된 정보를 제공해선 안 된다"라고 했다.[11] 어거스틴과 칸트 둘 다 어떤 일이 있어도 진실하게 답변해야 한다는 결론에 도달했다. 그들의 사고에서는 모든 규칙이 절대적이다. 그들의 논리대로라면 이웃의 생명이 경각에 있을 때 방관하지 말라는 율법(레 19:16)과 거짓말을 금하는 율법(레 19:11)이 양립불가하다고 결론 내릴 수밖에 없다.

## 당신이 완수할 일은 아니지만

《죽기 전에 한 번은 유대인을 만나라》*The Book of Jewish Values*에서 랍비 조셉 텔루슈킨은 흥미로운 윤리적 질문을 제기한 다음 나름의 분석을 제시하는데, 그의 분석은 율법에 대한 '양손' 접근법의 좋은 예시다. 텔루슈킨은 유대법은 쓸데없이 사람의 생명을 위험에 빠뜨리는 활동을 금한다고 지적한다. 고로 벼랑 끝에서 번지점프를 하거나 저공비행하는 비행기에서 스카이 다이빙하는 것처럼 스릴을 추구하는 위험한 스포츠는 금기시된다. 당신의 생명은 하나님으로부터 받은 소중한 선물이다. 그 생명을 향한 하나님의 원대한 계획과 목적을 감안할 때 생명을 가지고 마음대로 도박을 해서는 안 된다.

그래서 텔루슈킨은 흡연 역시 금지해야 하는 것 아니냐고 반문한다. 수백 년 전에는 흡연이 폐 건강에 좋다고 여겼기에 당시 랍비들은 흡연을 전면 허용했다. 많은 정통 랍비들이 골초였고 더러는 아직도 그러하다. 그러나 텔루슈킨은 만일 초기 랍비들이 흡연의 해로움을 알았더라면 금지했을 것이라고 주장한다. 비록 유대법에서는 흡연이 허용되지만, 흡연을 시작하거나 다른 이에게 흡연을 권유하는 것은 비윤리적이라고 결론짓는다. 내게는 이 말이 사리에 맞는 것 같다.

그러나 내가 놀랍다고 여긴 점은, 인이 박일 정도로 중독되어 끊지 못하는 흡연자들에게 텔루슈킨이 해준 조언이었다. "이미 담배를 피우고 있는 사람 중에 중독을 끊을 수 있는 사람은 끊어야 한다. 만일 끊지 못하겠다면 흡연량이라도 줄여야 한다."[12]

덜 피우라니!

난 이 대목을 읽고 소리 내어 웃었다. 흡연이 잘못이라면 그저 흡연량을 줄이는 게 전부일까? 난 몇몇 그리스도인 친구와 이 문제를 의논했는데, 그들은 말이 안 된다고 생각했다. 그게 정말 죄라면 즉각 그만둬야 하는 게 아니냐고 우리 모두 입을 모았다. 랍비 텔루슈킨이 분명한 입장을 드러내지 않고 구렁이 담 넘어가듯 어물쩍 넘어간다는 느낌을 받을 수도 있다. 그러나 사실 그의 발언은 율법에 대한 기독교와 유대교의 서로 다른 철학적 접근을 보여주는 좋은 예이며, 여기에 우리가 배울 점이 있다.

개신교에서는 율법의 으뜸 목적을 우리 죄를 드러내어 우리가 얼마나 하나님의 완전함에서 멀리 떨어져 있는 존재인가를 드러내는 것으로 본다. 우린 종종 율법에 대해 모 아니면 도의 입장을 취한다. 율법을 완벽하게 준행할 수 없음을 깨닫고 일찌감치 포기해야 그리스도께 나온다는 것이다. 당신이 나와 같다면, 이런 문제에 대해 당신은 "행위가 아닌 은혜로 구원받았다는 사실이 얼마나 감사한지" 중얼거리면서 계속 그릇된 일을 한다. 험담이나 정욕적인 생각, 이따금 하는 거짓말에 대해서도 우리는 이런 식으로 다루지 않았던가?

유대인은 이 문제에 다르게 접근한다. 그리스도인은 유대인이 천국 가는 자격증을 따려고 안간힘을 쓴다는 차원에서 율법을 논의한다고 곧 잘 생각하는데, 이는 사실이 아니다. 유대적 사고에 깔린 일반적 전제는, 유대인은 하나님의 은혜로 택함 받은 백성이니 '이미' 구원받았다는 것이다. 그들의 사고에서 율법의 목적은 사랑이 풍성하신 하나님을 기쁘게 하고 언약적 관계를 견고하게 하는 삶을 살도록 가르치는 것이다.

이런 이유로 유대교는 종종 인간의 연약함에 대해 놀랄 만치 실제적인 태도를 보여준다. 유대교에서는 사람들이 하나님의 법을 준행하는 일에 불완전할지라도 계속 목표를 두고 준행할 것을 독려한다. 그러니까 전적으로 지키지 못할지라도 할 수 있는 바를 하고자 최선을 다하고 내일은 더 열심히 노력하라는 것이다. 하나님은 그분의 뜻에 순복하고자 노력하는 마음만으로도 기뻐하실 것이다. 브라츠라브의 랍비 나흐만 Nachman of Braztlav, 1772~1810은 이를 이렇게 표현했다. "만일 내일이 오늘보다 나아지지 않는다면 내일이 있어 무엇하겠는가?"[13]

주후 1세기 말 랍비 타르폰은 유쾌한 '양손' 방식으로 모든 논의를 단 한 줄로 압축했다. "당신이 완수할 일은 아니지만, 당신에게 그만둘 자유가 있는 것도 아니다."[14] 죄인인 당신은 하나님의 율법을 완벽하게 준행할 수 없지만, 그렇다고 노력하는 것을 포기해선 안 된다.

오늘 흡연을 줄이고 내일 금연을 시도하라.

한 유대인 고등학교에서 라숀 하라의 문제를 공략한 방식을 보면 유사한 접근법이 엿보인다. 〈뉴욕 타임즈〉에 기고한 "한 번에 한 시간씩 십대가 남 말하는 버릇을 끊다"에서 데이비드 레빈은 이렇게 썼다.

> 매일 아침 11시 15분, 롱아일랜드에 있는 스텔라 K. 아브라함 여자고등학교에서는 17세 여학생 에미 레노브의 목소리가 교내 스피커를 타고 흘러나온다. 레노브는 학생들에게 앞으로 60분간 남에 대한 험담을 자제해

달라고 온유한 어조로 호소한다. 저게 뭐야? 지금 장난하는 거야? 십 대에게 험담을 금하는 건 운전면허를 따지 말라는 말과도 같다. 그러나 레노브의 선언 이후 한 시간 동안 학교 친구들은 다른 학생의 차림새를 비웃거나 최근에 들은 충격적인 루머를 속닥이는 일을 하지 않으려고 진지한 노력을 기울였다.

레노브는 말했다. "루머와 싸움이 상처가 되는 걸 알지만 모든 사람이 영영 남 말하지 않기를 기대할 순 없어요." 그녀는 이 프로그램이 "우리가 남을 대하는 방식에 변화를 일으키는" 하나의 작은 걸음이며 "남을 존중하며 말하는 데 정말 동기부여가 된다"라고 했다.[15]

학생들에게 하루 한 시간만 라숀 하라를 자제하라고 주문했다는 사실에 실소할지도 모르겠다. 그러나 짧은 시간 동안 의도적으로 자제하면 남은 하루 내내 더 주의하게 된다는 것을 우린 안다. 학생들은 완벽과는 거리가 멀지언정 적어도 '어딘가에서 시작은 할 수 있다'라고 생각한 것이다.

그리스도인인 우리도 순종을 강조하는 유대인으로부터 배울 점이 있다. 예수님이 명하신 바를 행하는 것은 구원받을 자격을 얻고 말고의 문제가 아니라 제자도의 문제다. 구원은 거저 받는 선물이지만 제자도는 그리스도를 닮아가는 일에 헌신하는 평생의 여정이다. 바울도 말했다. "그러므로 형제들아 우리가 끝으로 주 예수 안에서 너희에게 구하고 권면하노니 너희가 마땅히 어떻게 행하며 하나님을 기쁘시게 할 수 있는지를 우리에게 배웠으니 곧 너희가 행하는 바라. 더욱 많이 힘쓰라"(살전 4:1). 예수님도 친히 말씀하셨다. "너희는 나를 불러 주여 주여 하면서도 어찌하여 내가 말하는 것을 행하지 아니하느냐"(눅 6:46). 우리는 랍비 나크만의 말을 이렇게 표현할 수도 있다. "만일 당신이 더 그리스도를 닮고 더 순종하고 하나님 나라에서 더 유익한 사람이 되려고 노력하지 않으려면 내일이 있어 무엇하겠는가?"

난 규례를 지켜 구원을 얻으려는 율법주의의 치명적 위험을 강조하는 전통 안에서 성장했다. 그러나 이 전통은 율법주의와 똑같이 영적으로 치명적인 또 다른 극단에 관해서는 지나치게 과소평가한다. 그리스도에 대한 순종을 외면하면 우린 쓸모없고 무가치한 제자가 된다. 하나님을 따르긴 하지만 하나님 뜻대로 자신을 바꿀 생각이 없기에 결코 열매 맺지 못하는 그런 제자. 그리스도를 믿으면 어떤 변화가 일어나는지 궁금해하는 외인들은 우리 삶을 보면서 '별로 달라지는 게 없구먼' 하고 결론지을 것이다.

만일 당신이 험담을 완전히 그만둘 수 없다면 오늘 하루 덜 하려고 노력하라. 자녀에게 소리 지르는 것을 당장 그만둘 수 없다면 오늘은 덜 지르는 것을 목표로 삼아라. 완벽하게 정직할 수 없다면 오늘 하루 거짓말을 자제하라. 그리고 주님께 더 잘 할 수 있도록 도움을 구하며 내일 또 노력하라.

## 예수님도 율법을 저울질하셨다

안식일에 해도 되는 일에 대해 논쟁하실 때 예수님도 피쿠아크 네페쉬의 원리를 사용하셨다. "내가 너희에게 묻노니 안식일에 선을 행하는 것과 악을 행하는 것, 생명을 구하는 것과 죽이는 것, 어느 것이 옳으냐"(눅 6:9). 논란이 된 두 활동, 곧 주린 배를 채우기 위해 이삭을 따는 것

과 사람의 손을 고치는 것 모두 생명을 부지하기 위한 일이었다.[16]

예수님은 안식일을 하찮은 것으로 여겨 내팽개치신 게 아니었다. 복음서에는 예수님이 안식일이 끝나는 일몰 후까지 기다리셨다가 사람들을 고치셨다는 기록이 두 번이나 나온다(막 1:32, 눅 4:40). 결혼반지가 결혼에 중요하듯, 안식일 준수는 하나님과 이스라엘 사이에 맺은 언약의 '징표'로서 중요했기 때문이었다(출 31:13). 돈이 궁하다고 아내가 결혼반지를 내다 판다면, 그건 그 결혼이 위태롭다는 적신호일 것이다. 마찬가지로 안식일을 성수하지 않는 것은 유대 언약 전체에 대한 멸시를 드러내는 일이었다(민 15:32~36).

> 성경을 공부하지만,
> 사랑의 행동을 하지 않는
> 사람은 하나님 없이 사는
> 사람과 같다.
>
> **– 탈무드, 아보다 자라 17b[7]**

안식일에 병 고침을 받은 또 다른 사례는 회중 가운데 있던 18년간 불구로 지낸 여인이었다. 그녀의 병은 생명을 위협하지 않는 고질병이었고, 회당장은 여인이 주중 아무 때든 쉽게 고침을 받을 수 있다고 지적했다(눅 13:14). 그래도 예수님은 그날 여인을 고쳐주셨다.[17]

여기서 예수님은 '생물에게 고통 주는 것을 피하기', 즉 '쌀 발레이 하임'*tza'ar baalei hayim*이라는 또 다른 랍비 원칙에 따라 행하신 것이다. 현인들은 토라에 동물을 인간적으로 대우하는 부분에 관한 법이 많다는 걸 알았다. 곡식을 떠는 소는 일하며 곡식을 먹을 수 있도록 입에 망을 씌우지 못하게 했다(신 25:4). 만일 둥지에 있는 새를 발견하면 어미 새가 상처받지 않도록 어미 새를 먼저 날려 보낸 다음 새끼 새를 취해야 했다(신 22:6~7). 그리고 창세기 9장 4절은 아직 살아 있는 동물의 살을 베어 먹는 잔인한 행위를 금한다. 동물의 생명에 대한 토라의 감수성 탓에 희생제 관습은 고통을 최소화하는 방식으로 고안되었고 고통당한 동물은 부정한 음식이 되었다.

가장 인간적인 법으로 꼽히는 것 중 하나는 짐승조차 안식일에 노동을 쉬게 한다는 법이었다(신 5:14). 농부가 조금이라도 밭을 갈려고 소를 끌고 나가는 걸 방지하기 위해 안식일에는 짐승을 맨 줄을 푸는 행위를 금했다. 하지만 쌀 발레이 하임에 따라 짐승의 갈증을 해소하기 위해 물을 먹일 목적으로 맨 줄을 푸는 것은 허용되었다. 예수님은 이 판결을 거론하시며 만일 나귀가 당하는 하루치의 고통을 덜어주기 위해 안식일에라도 '줄을 풀 수' 있다면, 기나긴 세월 괴로움을 당했던 이 여인은 더더욱 안식일에 그 매임에서 풀어줘야 하지 않겠느냐고 말씀하신다(눅 13:15~16).

다른 곳에서 예수님은 구덩이에 빠진 양을 구하기 위해 다음날까지 기다리지 말고 안식일에라도 양을 구해야 한다는 쌀 발레이 하임에 입각한 판결을 거론하신다. 예수님은 여기서도 다시금 '하물며'(칼 바호메르) 논증법을 사용하여 말씀하신다. "너희 중에 어떤 사람이 양 한 마리가 있어 안식일에 구덩이에 빠졌으면 끌어내지 않겠느냐 사람이 양보다 얼마나 더 귀하냐 그러므로 안식일에 선을 행하는 것이 옳으니라"(마 12:11~12).[18]

예수님은 안식일 성수가 중요하지만, 인간의 생명이 안식일보다 더 중요하다고 선포하신다. "안식일이 사람을 위하여 있는 것이요 사람이 안식일을 위하여 있는 것이 아니니"(막 2:27).[19] 예수님은 단순히 규례 자체를 부정하신 게 아니라 규례의 테두리 안에서 일하시면서도 기회만 되면 하나님이 얼마나 자기 백성의 고통을 열렬히 체휼하시는 분인지를 보여주고자 하신 것이다.

## 순종에 우선순위 매기기

그렇다면 우리의 순종에 어떻게 우선순위를 매겨야 할까? 율법을 '저울질'한다는 토라의 발상은 "모든 계명 중에 첫째가 무엇이니이까"라는 질문을 던지게 만든 합리적 근거였을 가능성이 크다(막 12:28~30). 서기관은 물었다. "우리가 하나님께 순종하려고 노력할 때 최고 우선순위는 무엇입니까?" 물론 이 질문에 예수님은 하나님을 사랑하고 이웃을 사랑하라는 계명을 인용하심으로 답하셨다. 우리가 하는 모든 일은 이 사랑 계명을 과녁으로 삼아야 한다. 그다음 예수님은 선한 사마리아인의 비유를 드셔서 죽어가는 남자를 돕지 않고 성전에 예배하러 올라간 두 인물의 그릇된 우선순위를 지적하셨다. 물론 이 경우에 올바른 처신은 부상당한 자를 도와 하나님의 사랑을 이웃에게 보이는 것이었다.

이런 답변이 우리가 하나님의 기준을 깡그리 무시해도 된다는 것일까? 전혀 그렇지 않다! 마태복음 5장에서 예수님은 자신이 율법을 폐하러 오신 게 아니라 율법을 설명하고 순행하기 위해 오셨다고 단호하게 말씀하신다. 이 대목에서 우리는 혹시 예수님이 율법을 무시한다는 비난을 받았던 건 아닌지 궁금해진다. 그다음 예수님은 이 계명 중 지극히 작은 것 하나라도 어긴 자는 하나님 나라에서 가장 작은 자라고 일컬음 받을 것이라고 하셨다. 달리 말하면 우리는 범사에 순종하려고 노력해야 하지만, 늘 사랑을 과녁으로 삼아야 한다. 사랑이야말로 우리가 어떻게 순종할지에 관한 우선순위를 정하는 기준이다. 테비예의 표현대로 하면, 한편으론 순종하면서도 한편으론 사랑하기를 택하는 것이다.

테비예의 말은 두 계명이 충돌할 때 사리분별을 하는 데 긴요한 혜안을 제공한다. 굳이 하나를 택해야 한다면 가장 큰 사랑을 보여주는 길을 택하라. 주일에(또는 토요일에) 정원 일을 하지 않기로 했더라도 나이 든 어머니가 잔디 깎는 일을 도와달라고 한다면, 그리고 그날밖에 도울 시간이 없다면 그렇게 해야 한다. 만일 당신은 인정하기 힘든 전통으로 가족이 명절을 기린다면 가족의 분열을 일으키기보다는 사랑하는 길을 택하라. 가장 사랑하는 길을 택하라. 예수님도 당신 처지였다면 아마 같은 일을 하셨을 거다. 사실 예수님은 당신을 사용하여 그 일을 하고 계신 것이다.

3부

# 랍비 예수와 함께 공부하는 성경

유대인은 성경을 친밀하게 알았고, 예배의 한 형태로 성경을 공부했던 민족이었다.
예수님은 이런 사람들 사이에서 말씀을 가르치셨다.
그들은 성경에서 끝없이 새로운 통찰을 얻으면서도
하나님이 아직 계시하지 않은 답이 있음을 알았다.
예수님도 율법서와 예언서와 성문서라는 원천에서 지혜를 끌어올리셨다.
예수님의 유대적인 시각을 통해 우린 처음부터 인류를 구원하시려는
열망을 품은 하늘 아버지를 본다.
예수님은 하나님의 형상을 지닌 인간이 어떤 부르심을 따라 살아야 하는지,
그리고 대속자로서 자신의 사명은 무엇인지를 성경에서 확인하셨다.

# 11장
# 입체시: 구약과 신약을 통합적으로 보다

화살은 들판 너머까지 날아가지만,
회개는 곧장 하나님 보좌로 날아간다.
- 페시크타 뷔버, 163b

《마음의 눈》*The Mind's Eye*에서 신경과학자 올리버 색스는 삶의 후반부에 아주 새로운 방식으로 세상을 보는 법에 눈을 뜬 수 베리의 기막힌 사례를 소개한다.[1] 그녀는 어릴 적 '스트라비스무스'(사팔눈)로 진단받았으나 사시교정 수술을 받았다. 그리고 대학 때 받은 눈 검사에서 양안兩眼 시력 결핍이 드러나기 전까지는 좌우 2.0인 자신의 눈에 이상한 점이 있다는 생각은 한 번도 하지 않았다.

그녀의 뇌는 양쪽 눈에서 가져온 상像들을 하나의 삼차원 장면으로 취합하는 법을 배운 적이 한 번도 없었다. 두 그림은 하나의 초점으로 합쳐지기를 거부하며 완고하게 별개로 남아 있었다. 그래서 두 눈을 번갈아 외면하며 빠른 속도로 두 관점 사이를 왕복했다. 결과적으로 그녀의 세계는 그림이나 텔레비전 화면처럼 납작하게 보였다.

대부분은 이중 상이 합쳐진 '이상한 그림'을 현실감이 있다고 느낀다(사물이 단단하고 둥글게 보이며 스카이라인을 배경으로 건물이 도드라져 보인다). 그녀는 왜 다른 사람들은 뷰마스터View Master, 만화경 장난감나 구식 망원경으로 사물을 보며 '우와' 하고 감탄사를 연발하는지 이해하지 못했다. 그러나 수에게 이것은 사소한 불편이었다. 깊이와 거리를 측정하는 그녀 나름의 방식을 체득했기 때문이었다.

40대 후반이 되어서야 그녀는 비로소 시력 교정 치료를 받기 시작했다. 몇 달씩 한 곳에 초점을 맞추는 눈 훈련을 받았지만, 눈에 띄는 변화는 없었다. 그러던 어느 날 오후 자가용에 탑승하는데 흠칫 놀랄 만한 광경이 그녀를 반겼다. 운전대가 대시보드에서 '튀어나왔던' 것이다. 그 후 며칠간 그녀는 완전히 새로운 방식으로 세상을 경험하기 시작했다. 풀이 땅에서 삐죽삐죽 올라왔고 꽃들이 예전처럼 납작하지 않고 부풀어 올라 보였다. 점심시간에 그녀는 포크로 찍은 포도가 어떻게 접시 위 허공을 부유하는지를 하염없이 바라보았다. "내가 뭘 놓치고 있었는지 전혀 몰랐어요." 수의 말이다. "평범한 것들이 비범하게 보였어요. 가벼운 고정물이 둥둥 떠다녔고 수도꼭지가 공간 속으로 불룩 튀어나왔죠."

어느 겨울날 그녀는 빙글빙글 원을 그리며 천천히 땅으로 떨어지는 눈송이를 보며 진눈깨비가 매혹적임을 깨달았다. 그녀의 글이다.

> 난 눈송이 하나하나 사이의 공간을 볼 수 있었고 모든 눈송이가 어우러져 아름다운 삼차원의 춤사위를 이루는 걸 보았다. 이전 같았으면 눈이 내 조금 앞에 평평하게 평면으로 떨어지는 것처럼 보였을 것이다. 그건 마치 눈 내리는 것을 창밖에서 들여다보는 느낌이었다. 그러나 이젠 나 자신이 내리는 눈 속에, 눈송이 가운데 있는 느낌이었다. … 이걸 지켜보는데 심오한 기쁨의 감정이 엄습했다. 눈은 상당히 아름다웠다. 특히 난생처음 본다면 더욱 그럴 것이다.[2]

예수님을 더 깊이 배워갈수록 성경을 읽는 데에도 내면의 '양안 시력'이 필요하다는 사실을 깨닫는다. 우리가 신약에서 발견한 그리스도의 이미지는 구약에서 자신을 계시하신 아버지 하나님의 것과 겹쳐지고 뒤섞여야 한다. 예수님도 "나와 아버지는 하나이니라"(요 10:30)고 선포하지 않으셨던가?

그러나 당신이 성장기에 내가 읽던 방식으로 성경을 읽었다면 당신의 '내면의 눈'은 예수님과 하나님을 고집스레 분리해 놓았을 수 있다. 죄인을 향한 그리스도의 긍휼이 구약에서 하나님이 내린 혹독한 심판과 완전히 어긋난다고 보는가? 그렇다면 당신의 생각이 예수님과 천부에 관한 통합적 인식을 거부하는 것일 수도 있다.[3]

이스라엘 하나님의 엄격함과 그리스도의 사랑을 분리하려는 습성은 기독교 역사 내내 계속되었다.[4] 이 관점의 유력한 주창자는 그리스도 이후 1세기 전후로 활동했던 터키 출신 성직자 마르시온이다. 그리스-로마식 사고와 영지주의에 끌렸던 마르시온은 구약의 하나님을 그리스도로부터 철저하게 분리해낸 '이중 시야'를 극단적으로 보여주는 사례였다. 그는 이스라엘의 하나님과 신약의 그리스도를 다른 실체로 보았으며 하나님을 그리스도에 패하고 밀려난 열등하고 호전적인 신으로 간주했다. 마르시온은 구약 전체를 폐기하고 신약에서 구약의 모든 흔적을 말끔히 지우고 싶어 했다.

초대교회는 마르시온이 충격적인 잘못을 범하고 있음을 알았다. 예수님이 "나를 본 자는 아버지를 보았거늘"이라고 선포하셨고(요 14:9) 바울도 그리스도께서 "보이지 아니하는 하나님의 형상"(골 1:15)이라고 가르쳤기 때문이다. 나 역시 제자들의 눈과 귀를 통해 예수님의 말씀을 들을수록 이스라엘의 하나님이 점점 그리스도처럼 보였고, 예수는 점점 성부처럼 보였다.

초기 교회가 마르시온을 이단으로 단죄했다는 사실은 나에게 놀라움으로 다가왔다. 마르시온의 관점에 일정 부분 공감했다면 당신 역시 의외라고 여길 것이다. 마르시온의 생각은 무엇이 잘못되었을까? 우리는 잊었지만, 초대교회는 알았던 사실은 무엇일까?

## 스포크의 하나님

어릴 적 나는 〈스타 트랙〉의 열혈팬이었다. 당시 나는 생명에 관한 스포크의 논리적 접근에 담긴 명백한 우월성을 멕코이 박사는 왜 깨닫지 못하는지 늘 의문이었다. 십 대 초반 생각에는 스포크의 철학은 천재적이었다. 스포크는 냉정한 이성으로만 살기 위해 자기 마음에서 모든 감정을 제거했다. 모든 분노, 슬픔, 두려움을 차단한 결과, 스포크는 늘 완벽하게 합리적일 수 있었나. 물론 공감, 기쁨, 사랑과 같은 감정 역시 함께 사라져야 했다. 하지만 매번 소수점 이하 다섯 자리까지 모든 잠재적 결과를 계산할 수 있는데 잘못될 일이 무엇이 있겠는가?

훗날, 스포크의 창조자들이 그리스 고전 철학에서 그에 관한 아이디어를 얻었음을 알았다. 뾰족한 귀를 가진 벌칸족 영웅은 아파테이아*apatheia*(모든 열정을 거부하며 고통이나 쾌락에 초연해짐으로써 미덕을 추구하는 상태)의 스토아적 이상이었다. 많은 그리스-로마 철학자들은 감정을 육적이고 사악하며 통제할 수 없는 이성의 대적자로 보았다. 그들의 머릿속에서 판단하건대 지존하신 하나님은 감정을 표현할 만큼 나약한 분이어선 안 되었다. 하나님은 분노나 슬픔 같은 열정이 침투할 여지가 없는,

인간의 불우한 처지에 휘둘리지 않는 '무감각'한 존재여야 했다. 아리스토텔레스의 신은 모든 운동의 원천인 원동자原動者이면서도 자신은 동요하지 않았다. 그 신은 어떤 감정도 없는, 순수 사유思惟였다.[5]

마르시온이 구약을 거북하게 여겼던 이유는 구약의 상당 부분에서 하나님이 마르시온의 철학적 이상에 맞지 않았기 때문이다. 마르시온은 감정 기복이 심하고 복수를 좋아하는 하나님에게서 우리를 구출하기 위해 그리스도가 오신 게 분명하다고 보았다. 마르시온을 반대했던 교부들조차 참 하나님은 요동하지 않으며 평온해야 한다는 점을 인정했다. 알렉산드리아의 클레멘트(주후 150~215)는 그리스도인은 삶의 모든 세세한 국면에서 하나님의 완벽한 평정을 본받아야 한다고 가르쳤다. 즉 바른 자세로 앉고 나긋나긋 말하고 지나치게 발작적으로 웃지 말고 심지어 트림도 점잖게 해야 한다는 것이다.[6]

감정이 비합리적이며 부자연스러운 것이라는 발상은 그리스-로마 철학에서 발원하여 수천 년간 서구 신학에 영향을 미쳤다. 우리 현대인은 구약의 하나님이 가진 열정을 민망하게 여긴다. 그러나 만일 우리가 신적인 감정을 현실 그대로 수용했던 중동의 관점에서 하나님을 본다면 어떻게 될까?

누가복음 15장 11~32절의 탕자 이야기를 토착적 맥락에서 들어보면 우리의 사고가 얼마나 이질적인가가 밝히 드러난다. 우리 모두 예수님의 이 비유를 잘 안다. 한 아들이 유산을 요구한 후 고향을 떠나 허랑방탕하게 돈을 탕진한다. 마침내 바닥을 친 아들은 집에 가면 품꾼 노릇이라도 할 수 있을까 싶어 집으로 돌아간다. 그런데 아버지는 멀리서 달려나와 아들을 와락 끌어안고 돌아온 아들을 환영하는 잔치를 베푼다. 잔치는 맏아들의 심기를 불편하게 할 정도로 성대했다.

예수님의 비유에서 아버지는 누구인가? 누가 봐도 아버지는 제멋대로인 아들을 넘치는 사랑으로 대하는 그리스도다. 보통 아버지는 하나님을 상징하지만, 자비와 사랑이 넘치는 탕자의 아버지는 우리가 구약에서 발견하는 하나님과는 천지 차이다. 예수님의 하나님 묘사가 새롭다고 결론 내린 해석가가 한둘이 아니다. 오직 혹독한 하나님만 알았던 청중에게는 예수님의 하나님 묘사는 신성모독적이기까지 했다.[7] 그러나 만약 당신이 유대적 맥락에서 예수님의 비유를 듣고 예수님이 읽었던 성경에 비추어 이 비유를 돌아보면 아주 상반된 점을 발견할 것이다.

케네스 베일리는 중동의 전통문화 연구를 통해 예수님의 비유에 담긴 풍성한 통찰을 끌어냈다. 베일리는 중동을 여행하며 아랍인들에게 수백 번 똑같은 질문을 했다. "아버지에게 와서 유산을 요구하는 아들을 본 적이 있습니까?" 답은 늘 같았다. "그건 생각할 수도 없는 일이죠. 그런 말도 안 되는 미친 짓을 하면 아버지와 가족에게 심한 모욕감을 주겠죠."

우리에게는 탕자의 죄가 그저 세상 구경을 하고 싶어 큰 액수의 현금을 요구한 젊은이의 대수롭지 않은 치기처럼 느껴질지 모른다. 그러나 헨리 나우웬은 이렇게 통찰했다.

> 아들의 '가출'은 … 자신이 태어나고 자란 가정을 무참하게 저버린 것이며 자신이 속한 더 큰 공동체에서 공들여 떠받들어온 소중한 전통과 단절한 것이다. … 이건 불손함을 넘어 가족과 공동체가 귀하게 여기는 가치관에 대한 배반이다. '먼 나라'는 집에서 거룩하다고 여기는 모든 것이 외면당하는 세상이다.[8]

중동의 환경에서 아들은 가업을 위태롭게 할 수도 있는 심각한 가족

배척의 죄를 범했다. 아들은 아버지가 죽든 말든, 가족이 농장을 잃건 말건 괘념치 않았다. 그의 유일한 관심사는 자신이 원하는 대로 인생을 즐기는 것이었다.

베일리는 큰 번뇌에 사로잡혀 목사를 찾아온 한 교인의 이야기를 들려준다. 남자는 탄식했다. "내 아들은 내가 죽기를 바랍니다!" 아들이 유산 문제를 거론했다는 것이다. 그 문화에서 아들의 그런 질문은 아버지가 사망하기를 바란다는 의사 표현이었다. 연로한 남자는 건강이 양호했지만, 3개월 후 세상을 떠났다. 아내는 비통해하며 말했다. "남편은 아들이 찾아온 바로 그날 밤 죽은 거예요!" 어떤 의미에서 남자는 아들이 자신에게 말을 꺼낸 그날 밤 사망으로 접어들었다. 그만큼 그 행동이 심각한 범죄라고 여겼던 것이다.[9]

이 비유에 대한 베일리의 통찰은 서구 그리스도인에게 있는 죄와 죄에 대한 하나님의 반응에 대해 기본적인 오해가 있음을 드러낸다. 우리는 자의적 규범을 어긴 것이 죄라고 보기 때문에 죄를 천상의 사법부에 쌓여가는 불법주차 혹은 과속 딱지로 이해한다. 만일 우리가 그리스도를 믿는다면 그리스도의 대속적 희생으로 우리 벌금은 대납된다. 이 시나리오에서 하나님은 법질서 수호와 벌금 징수에만 관심 있는 냉담하고 무정한 재판관이다.

그러나 예수님의 비유에서 죄는 사랑이 풍성한 아버지에 대한 인격적인 범죄이며 깨어진 관계로 묘사된다. 이기적인 동기로 재산을 현금화한 아들의 행동은 가족에게 크고 깊은 상처를 입혔다. 죄는 단지 엄격한 경찰관의 심기를 건드리는 '범법행위'가 아니다. 죄는 우리에게 깊은 관심을 보이시는, 사랑이 풍성한 천부를 직접적이고도 인격적으로 거부하는 것이다.

## 우리의 열정적인 아버지

예수님의 탕자 비유에 나오는 자비로운 아버지 이미지는 구약성경에서 가져왔다는 사실을 그리스도인은 잘 모르는 것 같다. 그 출처는 호세아와 예레미야 같은 선지서다. 그들의 말에 비추어 예수님의 이야기를 읽으면 이야기는 새로운 깊이와 차원을 덧입는다.

호세아는 북이스라엘이 우상숭배에 빠져 여호와를 버리고 다른 신들을 숭배할 무렵 이 나라를 향해 예언했다. 대부분 호세아의 글에서는 이스라엘 민족이 바람피우는 아내로 묘사되지만, 후기 저작에서는 바람피우는 아내의 이미지와 소싯적부터 애지중지하며 키운 아버지를 저버린 아들 이미지가 중첩된다(호세아는 시적 표현으로 이스라엘을 에브라임이라고 칭한다. 에브라임은 이스라엘의 최대 지파이다). 두 이미지 모두 산산이 깨어진 관계에 대한 하나님의 깊은 배신감을 표현했다. 호세아 11장에서 하나님은 자신이 어떻게 금지옥엽 같은 갓난 아들을 어르며 돌보았는지를 서글프게 회상한다.

> 이스라엘이 어렸을 때에 내가 사랑하여
> 내 아들을 애굽에서 불러냈거늘
> 선지자들이 그들을 부를수록
> 그들은 점점 멀리하고
> 바알들에게 제사하며
> 아로새긴 우상 앞에서 분향하였느니라.
> 그러나 내가 에브라임에게 걸음을 가르치고
> 내 팔로 안았음에도

> 내가 그들을 고치는 줄을
> 그들은 알지 못하였도다.
> 내가 사람의 줄
> 곧 사랑의 줄로 그들을 이끌었고
> 그들에게 대하여
> 그 목에서 멍에를 벗기는 자같이 되었으며
> 그들 앞에 먹을 것을 두었노라(호 11:1~4).

두 세대 후 예레미야 역시 하나님 백성을 향한 그분의 감정을 전하기 위해 중첩된 이미지를 사용한다.

> 내가 말하기를 내가 어떻게 하든지 너를 자녀들 중에 두며
> 허다한 나라들 중에 아름다운 기업인
> 이 귀한 땅을 네게 주리라 하였고
> 내가 다시 말하기를
> 너희가 나를 나의 아버지라 하고
> 나를 떠나지 말 것이니라 하였노라.
> 그런데 이스라엘 족속아 마치 아내가 그의 남편을 속이고 떠나감 같이
> 너희가 확실히 나를 속였느니라.
> 여호와의 말씀이니라(렘 3:19~20).

하나님은 케네스 베일리가 만난 여느 아랍인처럼 자식의 배신에 번뇌하고 상처받으시며 백성과 친밀감을 상실한 것을 애통해하신다. 필립 얀시는 하나님의 반응을 다음과 같이 묘사했다.

> 신참 부모를 따라다녀 보라. 그들의 대화는 '아이'라는 한 가지 주제에 국한되어 있다. 그들은 쭈글쭈글하고 울긋불긋한 그 아기가 지상 최고의 미인(미남)이 될 것이라고 떠벌린다. 그들은 첫 옹알이와 첫 걸음마를 촬영하려고 수백 달러짜리 장비를 구매한다. … 이런 기행은 다른 어떤 인간관계와도 구별되는 새로 부모 된 자들의 긍지와 기쁨의 표현이다.
> 이스라엘을 선택하시면서 하나님은 이런 관계를 원하셨다. … 초창기를 회상하며 하나님은 자긍심으로 가득 찬 노래를 부르신다. "내 사랑하는 아들 에브라임이 내가 기뻐하는 아들이 아니냐?" 그러나 하나님의 관점은 부모에서 연인으로, 그렇다, 실연한 연인의 관점으로 급전환하며 기쁨은 종적을 감춘다. '내가 대체 뭘 잘못했니?' 하나님은 슬픔과 공포와 울분으로 가득한 목소리로 답을 요구하신다.[10]

당신은 하나님이 자신을 배반한 백성에게 노도와 같이 진노를 쏟아내리라 생각했을지 모르겠다. 물론 중동의 맥락에서는 거역하는 아들에 대해 아버지가 그리하는 것이 하등 이상한 일이 아니다. 아들 때문에 가족이 당한 수치를 생각하면, 연로한 가부장은 청년의 애원을 물리치고 그를 저주하고 내쫓아 자신의 품위를 지켰어야 옳다. 그리고 아들을 죽은 자식으로 여기겠다고 선언하고 절연했어야 했다. 그러나 하나님은 이스라엘을 멸망시킬 생각에 전전긍긍하신다. 하나님의 긍휼이 공의에 대한 욕구를 압도하며 하나님의 손을 막는다.

> 에브라임이여 내가 어찌 너를 놓겠느냐
> 이스라엘이여 내가 어찌 너를 버리겠느냐 …
> 내 마음이 내 속에서 돌이키어

나의 긍휼이 온전히 불붙듯하도다.
내가 나의 맹렬한 진노를 나타내지 아니하며
내가 다시는 에브라임을 멸하지 아니하리니(호 11:8~9).

예레미야는 하나님의 감정을 이렇게 묘사한다.

오! 에브라임은 내 사랑하는 아들,
내 기뻐하는 자식이다!
그의 이름을 부르기만 해도,
나는 그가 보고 싶어 가슴이 탄다!
사무치게 그를 외쳐 부른다.
애틋한 심정으로 그를 기다린다.
하나님의 포고다(렘 31:20, 메시지성경).

탕자가 머나먼 곳에서 끝도 없는 시간 동안 신기루를 좇으며 보낼 때, 이제나저제나 지평선에 아들의 모습이 나타날까, 눈을 찡그리고 하염없이 동구 밖을 내다보는 아버지. 그의 마음속에 어떤 생각이 피어올랐을지 생각해본 적이 있는가? 예레미야 31장에서 예레미야는 탕자가 집에 무사히 돌아오길 염원하는 하나님의 생각을 묘사한다.

예수님은 예레미야의 언어 속에서, 마침내 사랑하는 아들이 집에 돌아왔을 때 분노를 잊고 북받치는 기쁨으로 아이를 맞이하는 심오한 사랑을 발견하신다. 여기서 우리는 예수님이 성경을 통해 아셨던 하늘 아버지를 본다. 그분은 자녀의 패역이 아무리 위중할지라도 애타게 회복을 바라시는 긍휼한 아버지시다. 여기서 우리는 죄인을 향한 그리스도의 사랑이 하늘 아버지 안의 풍성한 사랑에서 발원했음을 본다.

예수님이 예레미야서와 호세아서를 탕자 비유의 배경으로 사용하신 것일까? 초기 랍비들이 이 본문을 설교한 내용을 보면 가능한 시나리오다. 예수 시대 약 1세기 후 랍비 메이어Meir는 예레미야 본문(렘 3:12, 25, 31:9)에 근거하여 이런 비유로 설교했다.

> 옛날에 악한 길로 빠져든 한 왕자가 있었다. 아버지인 왕은 가정교사를 아들에게 보내 "내 아들아, 회개하라"고 호소했다. 그러나 아들은 가정교사 편으로 이런 메시지를 보냈다. "제가 무슨 염치로 돌아가겠습니까? 수치스러워 도저히 당신 앞에 못 나가겠습니다." 그 말을 들은 아버지는 이런 전갈을 보냈다. "내 아들아, 아들이 어찌 아버지에게 돌아오기를 수치스러워할 수 있느냐? 네가 돌아올 곳이 아버지 집이 아니고 어디겠느냐?"[11]

랍비 메이어는 아무리 용서받지 못힐 죄를 저질렀을지라도 하나님은 늘 참회하는 죄인을 기꺼이 받아주심을 보여주고자 예레미야의 예언을 사용했다. 예레미야 역시 잘못을 저지른 자녀를 환대하는 하나님의 애틋한 아버지 사랑을 알았기 때문이다.[12]

## 하나님은 무관심한 분이 아니다

상처 입고 분노하는 버림받은 아버지. 많은 이들이 알고 있는 구약의 초연한 심판자와는 사뭇 다른 차이가 있다. 하나님은 소원하고 무심한 분이 아니다. 오히려 죄에 대한 분노가 크나큰 사랑과 '갈등 관계'에 있다는 것이 보다 성경적인 하나님 이해일 것이다. 인류에 대한 열렬한 관심으로 분노하시는 하나님, 그리고 자녀가 마침내 집에 돌아왔을 때 한량없이 기뻐하시는 그 끈질기고 영원한 사랑을 보이시는 하나님은 실은 동전의 양면과도 같다.

사실 모든 선지서는 자녀에게 버림받은 하나님의 번뇌를 표현한 것이며, 어떻게 하나님의 헤세드가 죄에 대한 진노에 제동을 거는지를 보여준다. 이것이 "어떻게 당신은 세상의 악에 그리도 무심할 수 있나요?"라고 분노에 가득 찬 질문을 던질 때 구약에 남긴 하나님의 답이다. 기실 우리는 상상 속에서 만들어낸 무심한 하나님을 향해 고발한다. 하지만 진짜 하나님은 이와 정반대이다. 악에 대한 무관심은 '그 자체로' 악이기 때문이다.《예언자들》에서 아브라함 헤셀은 말한다.

> 우리 대부분이 묵인하고 종종 범하는 악이 하나 있는데 바로 악에 대한 무관심이다. 우리는 중립적이며 공평무사하며 타인에게 가해진 잘못에 쉽게 요동하지 않는다. … 모든 예언은 '하나님이 악에 대해 무관심하지 않으시다!'라고 외치는 거대한 아우성이다. 하나님은 늘 관심이 있으시며 사람이 사람에게 행하는 일은 하나님에게 인격적으로 영향을 미친다. … 하나님의 분노가 의미하는 바는 "더 이상 무관심은 없다!"는 것이다.
>
> 인간이 불의를 인식하는 관점을 하나님의 불의 인식과 비교하는 것은 한심한 처사다. 가난한 자를 착취하는 일이 우리에게는 '그릇된 행실'로 그치겠지만, 하나님은 그것을 재앙으로 여기신다. 우리는 기껏해야 반감을 보이지만, 하나님의 반응은 언어로 옮길 수 있는 수준 이상이다. 가난한 자의 권리가 침해당하고 고아와 과부가 압제당할 때 하나님의 분노가 촉

발되는 것이 과연 잔인함의 징표인가?[13]

만일 하나님이 고통당하는 백성을 보며 상처받지 않으신다면, 혹은 백성들 간에 벌어지는 잔인함에 분노하지 않으신다면, 하나님은 사랑할 줄 모르는 하나님일 것이라고 신학자 위르겐 몰트만은 결론지었다. 《십자가에 달리신 하나님》*The Crucified God*에서 그가 한 말이다.

> 고통받을 줄 모르는 하나님은 어떤 인간보다 형편없다. 고통받는 능력이 결여된 하나님은 상관할 줄 모르기 때문이다. 고난과 불의는 그에게 영향을 미치지 않는다. 그는 철저하게 무감각하기 때문에 어떤 것에도 영향을 받거나 흔들리지 않는다. 그는 눈물이 없기에 울 수 없다. 그러나 고통받을 줄 모르는 사람은 사랑 역시 못한다. 고로 그는 사랑 없는 존재다.[14]

하나님의 열정적 실존은 애도의 눈물과 기쁨의 노래가 일상인 사회에서는 완벽하게 이치에 맞았다. 그 사회는 욥이 답답한 나머지 하나님께 접시를 던질 수 있고 기쁨에 복받친 다윗 왕이 예루살렘 대로에서 춤을 출 수 있는 곳이다. 그리스식 감정의 배격은 늘 통제권을 가지기 위해 풍성한 인간성을 희생하려는 지적 교만에서 비롯된 것이다.

하나님 역시 자신을 '엘 가나', 즉 '질투하는' 또는 '열심 있는' 하나님으로 칭하시며 스스로 열정적인 본성을 드러내셨다(출 34:14). 우리는 하나님의 자기 묘사에 흠칫하지만, 여기서 '가나'*Kanna*는 가장 좋은 뜻으로 쓰였다. 가나는 열렬한 보호와 헌신을 표현하며 이에 상응하는 전적인 충성을 기대한다. 하나님은 무관심한 관조자가 아니다. 오히려 그분은 무정한 아들 때문에 억장이 무너진 상처받은 아버지다. 새끼 곰에게 가까이 다가가면 경고의 포효를 발하는 어미 곰이다. 진짜 사랑하는 여자가 딴 남자의 품에 있는 걸 보고 어쩔 줄 몰라 하는 실연한 남자친구다. 이스라엘의 하나님은 우리보다 덜 감정적인 분이 아니다. 오히려 우리보다 '더' 감정적이시다.

유대 사상가들 역시 우리와 똑같이 하나님의 공의와 자비 사이의 긴장을 놓고 고민했다. 이 긴장을 사유하는 방법 하나는 비유에 담는 것이었다. 이에 대해서도 유대 사상가들은 전형적인 '양손' 접근법을 취했다.

> 이것은 장인에게 지극히 우아하고 진귀한 잔을 만들라고 지시한 왕에 비할 수 있다. 왕은 말했다. "내가 만일 뜨거운 액체를 여기 붓는다면 이 잔이 터져버릴 것이고, 얼음처럼 찬 액체를 붓는다면 금이 갈 것이다!" 왕은 어떻게 했을까? 그는 뜨거운 것과 차가운 것을 섞어 잔에 부었고 잔은 멀쩡하게 보존되었다.
>
> 마찬가지로 칭송받기에 합당하신 거룩한 분이 말씀하셨다. "내가 만일 자비라는 토대에 근거해서만 세상을 창조한다면 세상이 죄로 뒤덮일 것이다. 그리고 오직 공의라는 속성만으로 세상을 창조한다면 어찌 세상이 버틸 수 있겠는가? 그러므로 나는 자비와 공의라는 속성 둘 다를 가지고 세상을 창조할 것이다. 부디 세상이 오래 버티기를!"[15]

이 이야기는 신학 용어를 사용하지 않고도 어떻게 해야 공의와 긍휼이 하나님 안에 공존할 수 있는지를 설명한다. 자비와 공의 둘 다 있어야 하나님이 창조세계를 통치하시면서도 세상이 살아남을 수 있다는 것이다. 랍비들은 하나님의 모든 생각을 완벽하게 체계화할 수 있다고 기대하지 않으면서도 이런 식으로 하나님의 행동을 설명하려고 한다.

탕자 비유는 하나님의 본성을 조명하는 현명한 접근법인 동시에 인생을 향한 유대교의 실용주의적 접근법을 보여주는 예시이기도 하다. 이 비유는 자비와 공의의 융합이야말로 우리가 관계에서 필요로 하는 바임을 보여준다. 부모는 자녀들에게 규율을 지키는 것과 은혜를 누리는 것 사이에 (너무 엄하지 않으면서도 아이들의 방종을 막아주는) 적절한 균형점을 찾고자 애쓴다. 배우자가 상처 되는 행동을 하면 못 본 척 넘겨야 하는가, 아니면 상처와 분노를 드러내 보여야 하는가?

그리스도인은 종종 이런 상황 속에서 단 하나의 올바른 대처법이 있다고 생각한다. 곧 어떤 죄도 징벌 없이는 넘어가지 못하게 하거나, 아니면 늘 용서하는 것이다. 그러나 현실은 분별과 균형을 요구한다. 하나님조차 자비와 심판 사이의 어려운 선을 따라 걸으셨다! 하나님은 그런 갈등을 우리 상상 이상으로 체휼하신다. 그렇기에 우리는 하나님께 갈 길을 인도해 달라고 구할 수 있다.

## 하나님의 값비싼 언약

서구인들은 하나님의 자비와 공의 간의 긴장을 끌어안기보다는 어떻게든 이 역설을 해소하길 원한다. 팽팽한 긴장감을 완화하려면 뭔가가 깨져야 하는데, 그 과정에서 우리의 하나님 개념이 종종 희생양이 된다. 하나님은 다중인격으로 분열되신다. '진노로 가득 찬 아버지'(혹은 '냉혹한 심판관')와 '자비로운 아들.' 그렇다면 예수님이 아버지와 '하나'라는 말씀은 어떻게 되는 건가? 예수님은 '하나'밖에 없다고 하시는데도 우리는 이중 이미지를 본다면 우리 내면의 '눈'이 제대로 초점을 맞추지 못한 것이라고 할 수밖에 없다.

창세기 초반부터 하나님에 대한 전혀 다른 인식이 드러난다. 세상에 폭력이 관영하고 "마음으로 생각하는 모든 계획이 항상 악할 뿐"이었던 노아 시대로 가면 눈 하나 깜짝 않는 심판자 하나님이 계실 것으로 생각한다. 인류의 사악한 행위에 격분하여 폭발 일보 직전인 하나님을 만날 것이라고 여긴다(창 6:5).

> 우리는 뻔뻔하고 당신은
> 은혜롭고 자비롭습니다.
>
> 우리는 완고하고
> 당신은 오래 참습니다.
>
> 우리는 불의로 물들었고
> 당신은 자비로 물들었습니다.
>
> 우리는 잠시 머물다 갈
> 그림자이고
> 당신은 그 살날이
> 무궁무진합니다.
>
> **– 욤 키푸르 기도문**

하지만 성경은 진노 대신 하나님이 "근심"(창 6:6)하시며 "심히 마음 아파"(NIV) 하신다고 전한다. 소중한 자녀들이 치명적인 괴저壞疽에 걸려 다 죽게 생겼다. 하나님은 너무 고뇌가 심한 나머지 "땅 위에 사람 지으셨음을 한탄"하기까지 하셨다(창 6:6).

히브리어에서 하나님의 고통과 타락한 인류 간에는 연결고리가 있다. 하와의 죄 때문에 자녀를 낳는 슬픔*etzev*, 엣체브이 증가할 것이며 아담은 땅이 먹을 것을 내게 하려고 슬픔(엣체브) 가운데 노동할 것이다(창 3:16~19). 엣체브는 창세기 6장 6절에서 하나님이 마음으로 '근심'하셨다고 할 때 그분의 슬픔을 묘사한 바로 그 단어다. 하와처럼, 하나님 역시 자녀들 때문에 마음이 고통으로 가득 찰 것이다. 그리고 아담처럼, 하나님 역시 인간의 피 흘림 탓에 그분의 아름다운 땅이 저주 아래 놓이는 것을 보신다. 아담과 하와의 슬픔은 하나님이 망가진 세상으로 인해 받으신 고통의 맛보기에 불과하다.

오늘날 우리 세상은 여전히 폭력으로 점철되어 있다. 우리는 하나님이 사람 지으셨음을 후회하게 한 노아 세대와 다르지 않다. 지난 세기의 대량학살로 인해 생긴 셀 수 없는 무덤을 보면 인간은 정말 상상을 초월하는 악을 범할 수 있는 존재임을 깨닫는다. 그러나 대홍수 이후 하나님은 약속하신다. "내가 다시는 사람으로 말미암아 땅을 저주하지 아니하리니 이는 사람의 마음이 계획하는 바가 어려서부터 악함이라. 내가 전에 행한 것 같이 모든 생물을 다시 멸하지 아니하리니"(창 8:21).

악에 대한 하나님의 반응이 왜 이렇게 달라졌을까?

나는 성경의 처음 몇 장에서 우리의 고전적 질문, "만일 하나님이 선하고 전능하시다면 왜 악을 멸하지 않으시는가?"에 대한 답을 찾을 수 있지 않을까 생각한다. 홍수 서사를 통해 인간의 악에 대한 하나님의 공의로운 반응은 곧 보편적 심판임을 하나님은 여지없이 드러내신다. 우리 생각에는 하나님이 요술봉을 한 번 휘두르시면 죄가 싹 사라질 것 같지만, 그건 하나님이 네 변을 가진 삼각형을 만들 수 없는 것처럼 가능하지 않은 일이다. 하나님이 부패한 인류를 인내하시는 이유는 그러지 않으면 지상의 모든 죄인을 죽일 수밖에 없기 때문이다. 사실 선한 하나님이 악을 멸하지 않으시는 이유는 하나님이 무력하기 때문이 아니라 자비로우시기 때문이다.[16]

> 하나님은 인간의 행위를 냉정하게, 초연한 상태로 심판하는 것이 아니다. 그분의 심판은 친밀한 염려의 감정으로 가득하다. 그는 단지 재판관이 아니라 모든 사람의 아버지이며, 그저 왕으로 그치지 않고 그 백성과 약혼한 애인이다.
>
> **– 아브라함 헤셸**

우리는 창세기 9장에서 하나님이 언약을 맺으실 때 하신 말씀 속에서 그분의 자비를 본다. 이외에도 성경 전반에 걸쳐 하나님의 언약 맺기는 구원 계획에서 중요한 이정표가 되었다. 아브라함과의 언약, 이스라엘과의 시내산 언약, 메시아를 보내겠다는 다윗 왕과의 언약, 모두 구속사에서 결정적인 사건이었다. 하나님은 인류와 맺으신 최초의 언약에서 그저 죄인을 멸하시는 게 아니라 죄에 대한 다른 해법을 찾아보겠다고 약속하셨다. 인류의 죄를 심판하기보다는 악에서 인류를 대속해 내시겠다는 약속은 가장 기본적이면서도 놀라운 언약이다. 이 언약은 맹아적 형태에서 그리스도가 오실 것을 지목한다.

하나님 입장에서 이는 막대한 대가 지불을 수반하는 결정이었다. 월터 브루그만의 설명이다.

> 하나님은 인간 족속의 유감스러운 상태에도 불구하고 그 곁에 머물고 견디고 붙들기로 결단하신다. … 하나님 입장에서 이런 헌신은 큰 값을 치르는 것임이 이젠 분명해졌다. 하나님과 세상의 관계는 단순히 강자 하나님과 곤고한 세상 사이의 관계가 아니다. 이제 이 관계는 번뇌하시는 하나님과 거스르는 세상이 맺는 지독하게 고통스러운 관계다. … 이것이야말로 하나님이 상처 입은 자들에게서 멀리 떨어져 계신 심판자라는 관점에 반하는 복음의 결정적 통찰이다.[17]

테렌스 프레다임 역시 이렇게 통찰했다.

> 창조세계의 사악함 가운데서 창조세계를 인내하겠다는 하나님의 결정을 그분의 입장에서 살펴보면, 그 결정은 지속적인 마음의 고통을 의미한다. 고로 노아와 모든 육체에 대한 창세기 9장 8~17절의 약속은 신적 고통을 '필요조건'으로 한다. 하나님이 악한 세상을 견디는 한편 그 세상을 향해 계속 마음을 열어두기로 작정하셨다는 것은 하나님 스스로 인격적인 고통을 짊어지기로 작정하셨다는 뜻이다.[18]

하나님은 백성의 죄성에도 불구하고 그들을 사랑하시기에 백성과 나란히 고통당하는 길을 택하셨다. 그 결정을 내린 순간부터 우리는 탕자 자녀들을 자신에게로 돌아오게 하려고 궁극적으로 십자가를 지는 데까지 나아가는 열렬한 사랑을 본다. 그리고 우리는 죄인 하나가 회개하고 집으로 돌이킬 때 기뻐 어쩔 줄 몰라 하시는 하나님을 본다.

하나님의 마음을 들여다볼수록 창세기의 처음 몇 장에서부터 그리스도의 인격이 어른거린다. 구약과 신약의 이원론적 하나님 상은 창조의 미명에 그리스도의 수난이 천부의 마음속에 움텄다는 사실에서, 그리고 하나님이 우리 죄를 위해 십자가를 지심을 볼 때, 하나로 모이기 시작한다. 두 상을 하나의 초점으로 수렴할 때 우린 비로소 영적인 '깊이 지각'depth perception을 얻는다. 그제야 하나님의 사랑이 얼마나 넓고 길고 높고 깊은지를 지각하기 시작할 것이다.

## 12장
# 티끌 속에 찍힌 하나님의 형상

한 영혼을 망가뜨리는 자는 누구든지 토라에 의해
온 세상을 망가뜨린 것과 같이 여김 받을 것이며
한 영혼을 구하는 자는 누구든지 온 세상을 구한 것과 같이 여김 받을 것이다.

**- 미쉬나, 산헤드린 4:5**

예수님이 예루살렘에서 가르치시던 날이었다. 그날따라 이상하게도 유독 청중 가운데 예수님을 반대하던 제사장이 많이 모였다. 제사장들의 심경에 무슨 변화라도 생긴 걸까? 예수님은 잠시 멈추더니 그들에게 시선을 고정하신 채 강론을 마쳤다. 존경받는 랍비에게 질문하겠다는 표시로 뒤편에서 누군가가 조용히 손을 들었다.

"가이사는요? 가이사에게 세금을 바쳐야 합니까 말아야 합니까?"

복잡한 저의가 깔린 질문임을 누구나 알 수 있었다. 자기 민족을 압제하고, 오직 한 분 참 하나님을 믿는 신앙을 대적하는 부패한 권력을 유대 민족은 지원해야 하는가? 순간 제사장들의 얼굴에 보일락 말락 비웃음이 어른거렸다. 예수님이 무어라고 답변하시든 이미 올무에 걸렸음을 그들은 알았다.

"세금을 내라"고 하면 열심당원이 난도질을 할 것이다.

"내지 말라"고 하면 로마가 탄압할 것이다.

예수님은 답하셨다. "한 데나리온을 내게 보이라." 제사장이 동전을 찾아 두루마기 주름 사이를 뒤적이자 무리 가운데 폭소가 터졌다. 빛나는 원반이 햇볕에 반짝이자 제사장은 자신의 위선이 빛 가운데 드러났음을 깨달았다.

당시 데나리온은 스스로 신이라고 주장하는 가이사의 신성모독적인 주장을 형상화한 것이었으므로 성전 반입이 엄격하게 금지된 물건이었다. 에센파와 같은 일부 순수파는 이 주화에 눈길도, 손길도 주지 않았다. 그러나 이 성직자는 일말의 거리낌도 없이 이교도의 돈 조각을 주머니에 넣고 다녔던 것이다. 갈릴리 출신 랍비가 얼마나 손쉽게 자신의 허위의식을 폭로했는가를 깨닫자 남자의 얼굴은 화끈거렸다.

이번에는 예수의 제자들이 비웃을 차례였다. 짐짓 아무것도 모르는 척 예수님은 물으셨다. "이 형상과 이 글이 누구의 것이냐?" 물론 가이사의 것이었다. 정확히 그 형상 때문에 주화의 성전 반입이 금지된 것이다. 성전에는 어떤 아로새긴 형상도 허용되지 않았으며 자신을 신으로 숭배하라고 고집하는 황제의 모형은 더더욱 허용될 리 없었다. 가이사의 세금은 단지 재정지원의 문제가 아니라 어디에 자신의 경배를 바치는가의 문제였다. 가이사에게 조공을 바치는 것은 가이사 '신'을 숭배하는 것이었다.[1]

그다음 예수님이 폭탄 발언을 하셨다. "가이사의 것은 가이사에게, 하나님의 것은 하나님께 바치라." 그리스도인은 전통적으로 이 말씀을 세금도 내고 교회 헌금도 해야 한다는 식으로 해석해왔는데, 이런 해석은 사실 그다지 충격을 주지 않는다.

예수님은 그 이상을 말씀하신 것이다. 하나님이 당신의 형상을 아로새긴 대상은? 그렇다. 인간이다! 그러므로 우리는 하나님께 우리 삶을 바쳐야 한다. 인간은 하나님의 수공예품이다. 우리는 존재 자체를 하나님께 빚진 자들이다. 우리가 하나님의 형상을 지니고 있다는 사실은 우리가 하나님의 소유임을 보여준다. 말씀의 속뜻은 이러하다. 가이사는 하나님이 아니다. 고로 가이사의 하찮은 동전은 가이사가 가지게 하라. 그러나 인간은 생명 자체를 하나님께 빚진 존재다. 우리가 섬길 분은 오직 하나님 한 분임을 보여주시기 위해 하나님은 우리에게 당신의 형상을 인장 찍어 놓으셨다.[2]

예수님의 기발함은 자신을 함정에 빠뜨리려고 던진 교활한 질문을 용케 잘 피하셨을 뿐 아니라 답변 속에 재치 있는 설교 한 편을 끼워 넣으셨다는 사실로도 입증된다. 예수님이 이 논점을 제기하신 이유는 초기의 다른 랍비들이 하나님을 '주화를 찍어내는 왕'에 비유했기 때문이라고 추정한다. 가령 이런 말이 있었다. "왕은 단 하나의 인장으로 여러 주화를 주조하며 그 주화는 모두 똑같다. 그러나 왕 중의 왕은… 최초의 사람을 만드신 그 인장을 가지고 모든 인간을 주조하셨다. 그런데도 단 한 사람도 같은 사람이 없다."[3] 우리 모두 하나님의 형상으로 주조되었으나 고유한 존재라는 점은 하나님의 무한한 영광을 보여준다.

한 왕이 주화에 자신의 형상을 새겨 자신이 주화의 '소유주'임을 보여주고자 했다. 즉, 주화는 자신의 통치권 아래 있으며 그의 주권에 속한 것이었다. 왕은 주화가 유통되는 곳이라면 어디든지 자신의 왕국에 속한다고 주장했다. 이 비유를 하심으로써 예수님은 하나님이 그분의 형상을 우리에게 찍어놓으셨기에 하나님의 통치는 가이사의 상상 범위를 초월하여 전 인류에 미친다는 것을 지적하셨다. 인간은 하나님의 세상에서 쓰임 받으며 유통되는 곳 어디서나 하나님 나라를 선포하도록 만들어진 하나님의 주화다.

## 하나님의 형상으로

예수님은 주화의 가이사 '형상'을 주목하시면서 우리가 "하나님의 형상대로" 지음받았다는 성경과 유대 사상의 핵심 모티브를 사용하셨다. 수천 년간 유대인들은 창세기 1장 27절에 담긴 의미를 사유했다.

> 하나님이 자기 형상 곧 하나님의 형상대로
> 사람을 창조하시되 남자와 여자를 창조하시고.

인간이 "하나님의 형상대로" 지음받았다는 것은 과연 어떤 의미일까? 이 구절 안에 들어 있는 심오한 사상은 우리가 인간으로서, 그리고 예수의 제자로서 살아가도록 어떻게 조명하는가?

바울은 우리가 부패한 옛사람을 벗어버리고 "'하나님을 따라' 의와 진리의 거룩함으로 '지으심을 받은'"(엡 4:24) 새 사람으로 살아야 한다고 말한다. 우리가 하나님의 헤세드(타인에 대한 긍휼과 충성을 뜻한다)를 내보이는 '하나님의 모방자'가 되어야 한다는 말이다. 이런 의미로 보면 그리스도께서 고대 랍비식 양육법으로 제자들을 양육하셨던 것이 합당하게 여겨진다. 제자들은 날마다 예수님과 동행하며 주님이 성경에 접근하시는 방식을 배웠다. 더 중요한 점은 예수님이 자기 가르침대로 사는 모습을 그들이 곁에서 지켜보았다는 사실에 있다. 제자들은 랍비의 길로 걷기 위해 그분을 본받으려고 노력했고, 밖으로 나가 다른 이에게도 그 길을 따라 살도록 훈련했다.[4]

> 참 그리스도인이 소유하고자 하는 거룩함의 본질은 영혼이 하나님의 형상을 회복하는 것과 다르지 않다.
> **– 윌리엄 윌버포스**

이 양육법의 일례가 바울이다. 바울은 제자 디모데를 고린도교회에 파송하며 고린도인들에게 자신의 본을 따르라고 권면한다. "그가 너희로 하여금 그리스도 예수 안에서 나의 행사 곧 내가 각처 각 교회에서 가르치는 것을 생각나게 하리라"(고전 4:17). 바울의 목표는 고린도 교인들에게 단지 새로운 신념 체계를 제공하는 것이 아니라 그들도 그리스도의 모방자가 되도록 삶에 변화를 일으키는 일이었다.

의사 폴 브랜드는 인도에서 의사들을 양성한 경험에서 이 양육법이 얼마나 효과적인지를 배웠다. 어느 날 오전 회진 중에 병동의 신입 환자를 면담하는 한 젊은 인턴의 모습이 폴의 눈길을 끌었다. 그 의대생은 여환자의 병상 곁에 무릎을 구부린 채 환자의 마음을 편안하게 해주는 한결같은 태도로 침착하고 부드럽게 개인 병력에 관해 질문하며 환자를 살폈다. 문득 청년의 표정을 보며 예전에 자신이 영국에서 스승으로 모셨던 필처 교수의 어떤 모습이 떠올랐다. 마치 그 학생이 연기 수업을 받은 것처럼 둘은 신기할 정도로 닮은꼴이었다. 후에 브랜드는 청년에게 필처 박사와 함께 공부한 적이 있느냐고 물었다. 처음에는 청년과 동료 친구들이 영문을 모르겠다는 듯이 브랜드를 빤히 바라보다가 한 명이 웃으며 입을 열었다. "우리는 필처 교수라는 분을 모르는데요. 그런데 브랜드 박사님, 이 친구의 표정은 박사님의 표정이었어요." 필처 박사에게 받은 훈련을 상고하며 폴 브랜드는 이런 글을 썼다.

> 나는 필처 박사로부터 수술 기술과 진단 절차에 관해 배웠다고 생각했다. 그러나 그 안에는 그분의 본능, 표정, 심지어 미소까지 깃들어 있었고 그래서 그 역시 끊어지지 않은 인간 사슬을 타고 다음 세대로 전수되었던 것이다. 그건 친절한 미소였고, 낯가림의 안개를 예리하게 가르고 환자가

> 솔직하게 말하도록 용기를 북돋는 완벽한 미소였다. 어떤 교과서나 컴퓨터 프로그램이 병상 커튼 뒤에서 바로 그 순간에 정확하게 요구되는 표정을 가르칠 수 있을까?
> 이제 필처의 학생인 내가 그 사슬의 한 고리가 되어 그분의 지혜를 9천 마일 이역만리의 학생들에게 전달하는 매개체가 되었다. 갈색 피부에 타밀어를 구사하는 젊은 인도 의사들은 겉보기에는 필처나 나와 공통분모가 거의 없다. 그러나 어떤 연유에서인지 이 청년은 내가 예전에 모시던 대장님의 판박이 같았고, 난 그 모습을 보며 대학 시절로 돌아간 듯한 착각이 들었다.[5]

브랜드 박사는 무의식적으로 자신에게 아로새겨진 스승의 태도를 전수하고 있었다. 이와 동일한 방식으로 제자로서 그리스도를 모방할 때 우리는 주변 사람에게 그리스도의 형상을 실어나르며 그들 역시 그리스도를 닮게 한다.

## 지극히 추한 남자

유대 사상에서 '하나님의 형상대로' 지음받았다는 것에는 또 다른 중요한 함의가 있다. 2세기의 유명한 스승인 랍비 엘리자르에 관한 재미난 일화가 있다. 어느 날 랍비가 수업을 마치고 나귀를 탄 채 강변을 따라 집으로 돌아오는 길이었다. 랍비는 머릿속에서 동료 하버림*haverim*, 공부 친구과 함께 캐낸 심오한 진리를 되새김질하고 있었다. 랍비는 자신이 어떻게 세 가지 잘 알려지지 않은 구절을 하나로 꿰어 열띤 논쟁에서 이겼는지를 곱씹으며 스스로 감탄하며 승리의 영광을 만끽하고 있었다. 자화자찬의 나지막한 웃음소리를 들은 건 오직 그의 나귀뿐이었다. 적어도 그렇다고 랍비는 생각했다.

길이 휘어지는 지점에서 지극히 추한 외모의 초라한 농부가 나타났고 농부와 랍비는 하마터면 충돌할 뻔했다. 이 촌스러운 남자의 일그러진 얼굴과 불룩한 눈, 뭉툭한 코에 비하면 그가 걸친 낡은 넝마가 더 우아해 보일 정도였다. 명망 있는 현자를 알아본 가난한 농부는 전통적인 인사법으로 깊이 몸을 숙여 인사했다.

"평안하십시오. 랍비님!"

그러나 자기도 모르는 사이에 엘리자르에게서 불쑥 멸시가 튀어나왔다.

"라가! 정말 못생겼어! 이 마을 사람은 다 자네처럼 못생겼는가?"

"모르겠는데요." 농부가 답했다.

"그러나 날 지으신 장인에게 가서 당신이 만드신 도구가 정말 추하다고 한번 말해보세요."

그 즉시 랍비에게 뉘우치는 마음이 엄습했다. 나귀에서 내린 랍비는 남자 앞에서 납작 부복했다. "당신이 저보다 낫습니다. 절 용서해주세요!"

'랍비와 지극히 못생긴 남자'라고 불리는 이 고전적 일화에서 대학자가 단순무식한 남자의 답변을 듣고 겸비해졌다.[6] 랍비는 하나님이 이 남자를 창조하신 분임을 망각했다. 하나님은 토기장이시고 그의 외모는 하나님의 작품이었다. 남자를 못생겼다고 한 건 하나님의 솜씨가 부족하다고 말하는 것이다. 농부는 심오한 논점을 제기했다. 그러니까 인간은 하나님의 창조물이고 우리는 하나님이 디자인하셨다는 것이다. 모든 인간은 하나님 앞에서 귀한 존재이기에 하나님의 특별한 창조물로 대접받아야 한다.

농부의 답변 안에는 사실 이보다 더 의미심장한 반론이 감춰져 있다. 인간은 하나님이 작업대에 진흙 덩어리를 아무렇게나 던져 대충 이 모양 저 모양으로 나온 존재가 아니다. 인간은 '하나님의 형상대로' 디자인되었다. 각 사람은 물리적 형태를 가진 주인의 자화상이다. 이 점에 비추어 볼 때 랍비 엘리자르는 하나님이 형편없는 예술가라고 말함으로써 단지 하나님만 모욕한 것이 아니라 하나님 역시 추하다고 말한 것이다.[7]

신약 기자들도 비슷한 이야기를 했다. "이것으로 우리가 주 아버지를 찬송하고 또 이것으로 하나님의 형상대로 지음을 받은 사람을 저주하나니." 그러니까 우리가 저주하는 것은 다름 아닌 '하나님의 형상 자체'라는 것이 야고보가 우리에게 주는 메시지다(약 3:9). 한입으로 하나님의 위대하심을 선포하고 바로 돌아서서 하나님의 귀한 피조물이자 자화상을 모독하는 것은 얼마나 말도 안 되는 이율배반인가.

## 하나님의 왕실 대리인

서구인들은 '하나님의 형상'으로 지음받았다는 발상에 접근하면서 우리가 하나님과 이성, 지성, 도덕적 양심 같은 어떤 독특한 속성을 공유하고 있는지를 묻는다. 하지만 아브라함의 시대에는 '하나님의 형상'이라는 말에 다른 함의가 있었다. 신의 '형상'은 우상이나 해, 달처럼 지상에서 물리적으로 신을 대표하는 것을 말했다. 이보다 더 중요한 점은 '왕'이 그가 섬기는 신들의 '형상'으로 간주되었다는 것이다. 고대인들은 신들이 왕의 명령을 통해 백성을 통치한다고 믿었고, 왕은 백성들에게 신의 대리자로 행세했다.

창세기 1장 27절에서 하나님이 선언하신 바는 실제로 이런 왕족과 관련된 의미가 있다. 바로 다음 절에서 하나님은 인간에게 "바다의 물고기와 하늘의 새와 땅에 움직이는 모든 생물을 다스리라"고 명령하신다. 인간은 하나님의 피조물을 다스리며 이 땅에서 하나님의 대리자가 되는 직을 받았다.

우리 중 많은 이들은 인간이 피조물을 '통치'한다는 생각에 주춤한다. 마치 제멋대로 변덕을 부리며 지구를 착취해도 좋다는 허가증처럼 들린다. 자신의 구두 컬렉션을 확장하기 위해 국고를 약탈한 이멜다 마르코스가 되라는 소리처럼 들릴 수도 있겠다. 하지만 우리가 사랑의 하나님을 대표하는 존재라면 우리의 소명은 나머지 창조세계를 향해 하나님의 선하심을 내보이는 것이다. 성경학자 버나드 앤더슨의 표현처럼 "인간은 하나님의 주권 안에서 주권을 행사해야 하며, 그럼으로써 모든 지상 피조물은 인간을 통해 하나님과 관계를 맺고 이를 통해 창조주를 찬양하는 창조 세계의 교향악에 동참한다."[8]

C. S. 루이스의 《나니아 연대기》의 저변에도 이런 사유가 깔려 있다. 피터, 수잔, 에드먼드, 루시는 옷장으로 들어가 자신들이 나니아 왕국의 자비롭고 의로운 군주가 될 운명을 타고난 '아담의 아들'과 '하와의 딸'이라는 옛적의 예언을 발견한다. 한 대화를 통해 C. S. 루이스는 이 소명이 얼마나 철저하게 민주적인가를 지적한다. "당신은 아담 경과 하와 부인의 후예다. 그리고 이것은 가장 가난한 거지의 고개를

> 인간이 가는 곳마다 천사의 행렬이 앞서가며 외친다. "하나님의 형상이 나가신다. 길을 비켜라."
>
> **– 조슈아 벤 리바이**

추켜세울 만한 영예인 동시에 지상의 가장 위대한 황제의 어깨를 움츠리게 할 만한 것이다."[9]

인간이 하나님의 대리자라는 발상은 당신에게 큰 충격으로 다가오지 않을지 모른다. 그러나 고대에는, 인류가 하나님 보시기에 소중한 존재라는 발상은 듣도 보도 못한 혁명적 진리였다. 남녀 모두 하나님의 왕 같은 형상의 담지자이고 그 삶이 하나님 보시기에 의미 있고 존엄하다는 사상은 고대인에게는 가히 혁명적인 신사조였다.

고대 근동 신화에서 인간은 잔인하고 변덕스러우며 냉정한 신들이 여가를 즐기기 위해 만든 노예였다. 인생이 무가치하고 허망하다는 비관주의가 고대 저작 전반에 스며 있다. 호머는 개탄했다. "신들이 비참한 인간을 위해 직조한 운명은 그것이 슬픈 줄도 모르고 고통 가운데 살아야 한다는 것이다."[10]

고대 세계에서 목숨은 대부분 헐값이었다. 역사가들의 추정에 의하면 부족사회에서는 여섯 명 중 한 명꼴로 누군가의 폭력으로 죽었다. 그만큼 사회에 전쟁, 노예살이, 야만적 잔혹성이 만연했다.[11] 살인은 피해를 입은 족속에게 값을 지불하면 정산 가능한 일종의 벌점 포인트와 같았다. 히타이트의 법정 사건에서는 한 남자가 강을 건너던 중 다른 남자가 탄 소의 꼬리를 낚아채 소에 탄 남자가 죽었다. 살인자에게 내려진 형벌은 피해자의 마을로 이주하여 살인에 따른 노동력 상실을 보충하라는 것이었다. 히타이트에서는 실제로 생명을 잃는 일이 빈번했다.[12]

그러나 성경적 사고로 보면 인간이 하나님의 형상을 지니고 있기에 살인은 다름 아닌 하나님을 상대로 저지른 범죄였다. 생명이 최고의 가치를 갖기 때문에 살인자는 피해자 가족에게 금전 배상을 할 수 없었고 사형에 처했다(창 9:6, 민 35:31).[13] 그러나 절도와 같은 대물죄는 다른 나라와는 달리 죽음으로 벌하지 않았다. 이스라엘의 법은 인류에 대한 하나님의 지극한 배려가 사회 밑바닥 최약자층까지 미쳤다는 점에서 독보적이었다. 유대 사상가들은 유대법의 바탕을 이루는 이 독특한 주제의식을 파악했고, 그 결과물 중 하나가 '피쿠아크 네페쉬'*pikuach nephesh*, 생명 보존라는 원칙이다. 토라의 율법을 적용할 때 우선순위가 늘 인간 생명에 있다는 이야기다. 인간 생명의 신성함을 당연하게 여기는 우리는 고대사회에서 이 발상이 얼마나 혁신적이었는지를 종종 간과한다.

## 우리의 가치를 알다

창세기 1장 말씀은 심오한 역설의 표현이다. 우리는 비록 티끌처럼 하잘 것 없는 존재일지라도 또한 하나님의 영광을 비추는 거울이기도 하다. 하나님은 아담을 히브리어로 '땅'을 뜻하는 '아다마'*adamah*로 빚으시고 그에게 아담이라는 이름을 주셨다. 아담의 일은 아다마를 경작하는 것이었고 아담이 죽어서 돌아갈 곳도 아다마였다. 아담은 '지구 거민'의 최고봉이었지만 하나님은 굳이 자신의 생기를 아담에게 불어넣으시는 독특한 방법으로 인류를 구별하셨다.

18세기의 한 랍비는 이를 두고 이렇게 표현했다. "사람은 호주머니마다 하나씩, 쪽지 두 장을 소지하고 다녀야 한다. 첫 번째 쪽지에는 '세상은 나를 위해 창조되었다'라고 적고 다른 종이에는 '난 그저 티끌과 재에 불과하다'라고 적어놓아야 한다."[14] 낙심하고 스스로 별 볼 일 없는 존재처럼 느껴지는 날에는 첫 번째 종이를 꺼내 읽으라. 교만과 스스로 대단한 존재인 듯한 마음이 차오를 땐 두 번째 쪽지를 꺼내 읽으라.

C. S. 루이스는《영광의 무게》*Weight of Glory*에서 우리가 만나는 각 사람의 영속성을 알면 우리가 다른 사람을 대하는 태도에 변화가 있을 것이라고 했다.

> 잠재적 신들과 여신들의 사회 속에서 산다는 것은 심각한 일이다. 당신이 대화중인 가장 별 볼 일 없고 따분한 사람이 언젠가는 당신이 지금 본다면 경배하고 싶은 유혹을 받을 만한 존재가 되거나, 오직 악몽에서나 만나는 끔찍하고 부패한 존재가 될 것이다. … 평범한 사람은 없다. 죽는 것으로 끝나는 그런 존재는 없다. 민족, 문화, 예술, 문명… 이런 것들은 끝이 있고 우리에게 그것은 각다귀와 같다. 하지만 우리가 같이 농담하고 일하고 결혼하고, 무시하고 착취하기도 하는 이들은 불멸의 존재들이다. 그들은 불멸의 공포를 주거나 혹은 영원한 영광을 발하는 그런 존재다.[15]

종종 우리는 자기 가치를 확인하기 위해 안간힘을 쓰며 경쟁과 자만심, 그리고 남을 깎아내리면서 그 가치를 입증하려 애쓴다. 반대로, 자신을 쓸모없고 재능 없고 하찮은 존재로 여기는 것을 겸손이라고 생각하기도 한다. 그러나 하나님이 생각하시는 겸손은 우리 각자가 그분의 눈에 소중한 존재이며 다른 이들도 다 그러함을 깨닫는 것이다. 어쩌면 우린 세 번째 쪽지를 적어 품에 넣고 다녀야 할지 모른다. "단지 나만이 아니라 인류 전체가 하나님 보시기에 존귀하다."

참으로, 헤셀은 인간이 하나님의 형상을 지녔음을 본다면 이웃을 사랑하게 될 뿐 아니라 원수조차 사랑하게 된다고 했다. 그의 글이다.

> 우리는 모든 사람이 신적인 존엄함을 동일하게 지녔음을 망각해선 안 된

다. 범죄자도 성도만큼 그 안에 하나님의 형상이 있다. … 인간의 존엄성은 성취, 미덕, 빼어난 재능으로 이루어진 것이 아니라, 인간 존재 자체에 내재한다. "네 이웃을 네 몸처럼 사랑하라"(레 19:18)라는 계명은 단지 덕스럽고 현명한 사람뿐만 아니라 사악하고 어리석은 사람도 사랑하라는 호소다. … 이 '형상 사랑'image love은 하나님이 사랑하시는 바를 사랑하는 것이며, 거기에 공감하는 행위이자 하나님의 사랑에 동참하는 것이다. 이는 무조건적이며, 한 사람의 자질이나 개성에 구애받지 않는다.[16]

## 불타는 궁전

티끌은 우리가 떠올릴 수 있는 한 가장 가치 없는 물질이다. 그러나 하나님은 얼마의 흙을 움켜쥐고 그 속으로 자신의 생기를 불어넣어 고귀한 존재를 빚으시고 창조세계를 통치하는 직을 부여하셨다. 우리야말로 개천에서 용 난 극적인 사례이며, 한 움큼의 티끌에서 탄생한 왕족이다. 그러나 아담과 하와가 범죄했을 때 그들의 '결정적 약점'은 모습을 드러냈고 이것이 궁극의 형벌로 이어졌다. 아담과 하와는 썩어 그들의 발원지인 무가치함 속으로 돌아갈 것이다. "너는 흙이니 흙으로 돌아갈 것이니라"(창 3:19).

이 암울한 테마가 성경 전체를 관통한다. 죄 때문에 인간의 모든 억척스러움과 찬란함도 곱게 바스러져 재가 되고, 악인은 바람에 흩날리는 겨와 같아진다. 이것이 인간이 처한 비운이다. 하나님은 우리를 그분의 고귀한 형상을 지닌 존재로 창조하셨지만, 우린 멸망하고 썩어 먼지가 된다.

귀인들을 폐하시며
세상의 사사들을 헛되게 하시나니
그들은 겨우 심기고 겨우 뿌려졌으며
그 줄기가 겨우 땅에 뿌리를 박자
곧 하나님이 입김을 부시니 그들은 말라
회오리바람에 불려 가는 초개 같도다(사 40:23~24).

바울은 반복하여 이 관점에서 그리스도의 구속 사명을 설명한다. 빌립보서 2장에서 바울은 초기 찬송가를 인용하는데, 여기서 그리스도는 "근본 하나님의 본체[형상]"이고 모든 창조세계를 다스리는 참 왕이지만, 스스로 '티끌의 사람'이라는 형체를 입고 인류의 혐오스러운 죽음의 운명을 견디기까지 스스로 낮추셨다. 그리스도가 인간 고난의 맨 밑바닥까지 추락하셨기에 하나님은 그를 지극히 높여 모든 이름 위에 뛰어난 이름을 주셨다(빌 2:6~9 참조). 바울은 그리스도가 사망을 이기고 승리하셨기에 우리도 그리스도의 형상을 지닌 육신으로 부활할 것을 약속한다. "우리가 흙에 속한 자의 형상을 입은 것같이 또한 하늘에 속한 이의 형상을 입으리라"(고전 15:49).

이런 식으로 그리스도의 사명을 보면 우리의 소명도 밝히 보인다. 홀로코스트 이후 헤셸은 세상을 "불타는 궁전"에 비유했다. "세상은 불길 속에 있으며 악에 사로잡혔다. … 이런 인간의 본질적 환난은 유독 우리 시대에 더 큰 긴박감으로 다가온다. 우리는 수백만의 성인 남녀와 어린이를 멸족하려고 공장을 짓고 거기서 사람 살로 비누를 만드는 문명 속에 살고 있다."[17]

상상해보라. 한 민족의 사랑받는 왕족과 헌법 문서들, 보물급 문화재가 모두 재로 변하는 것을. 눈 깜짝할 사이에 진귀함이 무가치함으로 변한다. 하나님의 형상으로 창조된 인간은 하나님의 매력적인 왕실 대리인이다. 하나님의 눈으로 볼 때 인간의 가치는 측량할 수 없기에 그들의 파멸은 실로 비극적이다. 그러나 충격적이게도 이러한 세상 황폐함의 근원은 인간이다.

2001년 9월 11일 오전, 수천 명의 겁에 질린 사무직 근로자들이 저주받은 세계무역센터에서 대피했다. 그런데 황급히 계단을 내려오는 그들 앞에 놀라운 광경이 펼쳐졌다. 소방대원들이 인간 밀물처럼 그들을 지나쳐 불타는 건물 속으로 뛰어들어갔다. 그들 중 대부분은 죽을 게 틀림없었다. 소방대원들은 죽어가는 자들을 구조하기 위해 계단을 타고 지옥불 속으로 올라갔다. 사람들은 잠시 멈추어 눈앞에서 펼쳐지는 이 숨이 멎을 듯한 위대한 희생에 갈채를 보냈다.

그리스도는 화염에 휩싸인 지상 궁전의 구조 대장이다. 그분은 직접 불타는 황폐함 속으로 앞장서 돌격하시며 멸망하는 인류를 대속하려고 자신을 희생하신다. 계시록에서는 모든 피조물이 우리를 위해 그리스도가 행하신 위대한 일을 찬양하며 그리스도 앞에 절하고 경배한다.

> 백성과 나라 가운데에서
> 사람들을 피로 사서 하나님께 드리시고
> 그들로 우리 하나님 앞에서 나라와 제사장들을 삼으셨으니
> 그들이 땅에서 왕 노릇 하리로다 하더라. …
> 죽임을 당하신 어린 양은
> 능력과 부와 지혜와 힘과
> 존귀와 영광과 찬송을 받으시기에 합당하도다(계 5:9~12).

그리스도의 제자 된 우리의 소명은 그리스도의 구조 임무에 동참하는 것이다. 이 일에는 극한의 위험이 따르며 목숨까지 잃을지 모른다. 그러나 당신이 랍비의 발자취를 따라 걷고자 한다면 무너지고 불타오르는 이 세계의 재 가운데로 그분을 따라 들어가도록 부름받았음을 명심하라.

예수님이 우리가 받을 상급을 그토록 자주 언급하신 것은 이것 때문이다. 계시록 끝 부분에서 예수님은 약속하신다. "보라. 내가 속히 오리니 내가 줄 상이 내게 있어 각 사람에게 그가 행한 대로 갚아 주리라"(계 22:12). 당신의 임무가 원래부터 큰 대가와 위험이 따르는 것임을 깨닫는다면, 가장 큰 칭송이 가장 큰 대가를 치른 사람에게 돌아가는 이유도 알 것이다. 이 땅에서 어떤 인정도 못 받고 섬겨온 이들은 그리스도께서 직접 그들의 충성을 드러내실 때 크게 기뻐할 것이다. 누구도 남의 상급을 시샘하지 않을 것이다. 오히려 그리스도를 위하여 다른 사람이 성취한 것을 들을 때 모두가 박수갈채를 보낼 것이다.

하지만 우리는 궁극적인 상급을 기다린다. "잘하였도다. 착하고 충성된 종아"(마 25:21, 23). 아버지의 소중한 세상을 대속하시는 아들의 사명에 기꺼이 동참하게 된 그리스도의 제자는 아버지께 이러한 칭찬을 들을 것이다.

## 13장
# 일흔 가지 얼굴을 한 보석

하나님의 영광을 위하여 토라를 공부하는 사람에게는
잠언에 기록된 대로 그 지식이 삶의 묘약이 된다.
"지혜는 그 얻은 자에게 생명나무라"(3:18).
**- 탈무드, 요마 72b**

1946년 적은 수의 유대인 난민들이 러시아 정권을 피해 피난길에 올랐다. 도보로 시베리아를 횡단하여 서유럽으로 향해 가는 수개월은 처절한 고생길이었다. 마침내 원래 살던 폴란드 마을에 도착했으나 마을은 이미 폐허로 변한 상태였고 주민들은 몰살당한 뒤였다. 불에 탄 회당에서 남은 것은 지하창고밖에 없었다.

지하 계단을 내려가 보니 불에 그슬리고 물에 젖었으나 아직 읽을 만한 랍비 주석집이 있었다. 난민들은 즉시 양초에 불을 붙이고 둘러앉아 두어 쪽을 함께 낭독했다. 그 곁을 지나가던 한 피난민이 달음질하며 외쳤다. "살려고 도망 중인 걸 잊었어요? 소련이 국경을 폐쇄하고 있어요. 아직 한참은 더 가야 미군 지대가 나온다고요! 어서 도망가요!" 그러나 무리 중 한 사람이 그를 향해 손사래를 치며 말했다. "잠잠해요. 사람은 모름지기 배워야죠!"[1]

시대를 막론하고 유대인이 얼마나 신앙 공부religious study를 사랑했는지는 이루 다 말하기 어려울 정도다. 공부에 관한 열심과 애정 덕분에 그들은 오래전부터 '책의 민족'으로 불렸다. 왜 그리도 열광하는 걸까? 유대 어법에서 (정관사 the가 없는) '토라'는 (그리스도인이 성경을 '하나님 말씀'으로 부르는 것처럼) 성경 전체와 유대 저술 전체를 일컫는 애정 어린 표현이다. 우리가 '율법'으로 번역하는 것을 유대인은 더 정확하게는 '길잡이' 또는 '가르침'으로 이해한다. 우리는 그저 거추장스러운 짐처럼 여기지만, 유대인은 토라를 하나님의 생각 자체를 길어올리는 수단으로 받아들인다.

신약에서도 이런 성경 공부에 대한 열정을 발견할 수 있다. 1세기 회당에서는 안식일마다 지식인 평신도가 회중 앞에서 성경을 낭독하고 가르쳤다. 일부 열심 있는 평신도 학자들은 평상시 상인이나 기술자로 생업에 종사하다가 때때로 마을을 순회하며 회당에서 강연하였고, 마을 사람들은 이들을 돌보았다. 예수 시대 몇십 년 후에 이런 순회교사들을 '랍비'라고 불렀는데 그 전통은 예수님 출생 이전으로 거슬러 올라간다. 예수님과 바울 역시 하나님 말씀을 배우려는 열심을 가진 사람들에게 가려면 회당의 열린 강단을 찾아야 했다.

그리스도인인 우리는 주님의 생각을 더 분명하고 깊이 있게 알길 원한다. 그러나 예수님이 알았던 이야기, 그분이 부르셨던 노래, 그분의 지상 사명이 된 예언들은 아직 우리가 다 깨지 못한 구약이라는 단단한 껍질 속에 놓여 있다. 유대인은 수백 년 동안 이 성경과 더불어 살았던 민족이다. 그들의 머릿속에서 성경 공부는 하나님을 사랑하고 하나님의 뜻대로 사는 삶에서 본질적인 부분을 차지한다. 이러한 유대인의 전통은 하나님 말씀을 사랑하고 배우는 것에 관해 우리에게 어떤 점을 시사하는가?

## 수면 아래의 빙하를 보다

예수 시대의 사람들이 성경에 통달했다는 사실을 처음 들었을 때 난 충격을 받았다. 나도 책장에 기독교 서적이 가득한 집에서 성장했다. 그러나 예수님이 읽으셨던 성경(구약성경)은 내게는 대체로 신비였다. 당신은 구약을 얼마나 잘 아는가?

복음서에 나오는 예수님의 말씀은 청중이 성경 본문을 속속들이 알고 있으며 성경과 친숙하다는 것을 전제로 한다. 예수님은 이따금 성경을 인용하시면서 자신의 메시아 사명에 관해 대담한 주장을 펼치셨는데, 만일 해당 본문이 머릿속에 없다면 그분의 강력한 메시지 중에 놓치는 부분이 많았을 것이다.[2]

세례 요한이 투옥되었을 때 요한은 제자들을 보내 예수님께 이런 날 선 질문을 던졌다. "오실 그 이가 당신이오니이까 우리가 다른 이를 기다리오리이까." 예수님은 그들의 눈앞에서 벌어지는 경이로운 사건들을 언급하시는 것으로 답을 대신하신다. "맹인이 보며 못 걷는 사람이 걸으며 나병환자가 깨끗함을 받으며 못 듣는 자가 들으며 죽은 자가 살아나며 가난한 자에게 복음이 전파된다 하라"(마 11:2~5).

이 대화 자체만 놓고 보면 예수님이 요한에게 확신을 심어주시고자 사역 현장에서 일어나는 하나님의 기적들을 열거하시는 것으로만 보인다. 그러나 실은 두 스승 사이에는 훨씬 더 심층적인 논의가 진행되고 있었다. 비유하자면 발밑에는 거대한 빙하가 떠다니는 중이었다. 선지자 말라기는 말했다.

> 보라. 내가 내 사자를 보내리니 그가 내 앞에서 길을 준비할 것이요 또 너

희가 구하는 바 주가 갑자기 그의 성전에 임하시리니 곧 너희가 사모하는 바 언약의 사자가 임하실 것이라. 그가 임하시는 날을 누가 능히 당하며 그가 나타나는 때에 누가 능히 서리요 그는 금을 연단하는 자의 불과 표백하는 자의 잿물과 같을 것이라(말 3:1~2).

요한은 자신의 사명을 오실 그리스도와 결부시킨 말라기의 강력한 예언을 염두에 두었다. 어릴 적부터 자신의 부르심이 앞서 길을 예비하는 '전령자'가 되는 것임을 알았다. 그러나 말라기는 연이어 그리스도가 임하실 그 날이 얼마나 큰 진노의 날이 될지를 말한다. 하얗게 타오르는 용광로처럼 그분은 성전에서 부패를 척결하시고 이스라엘을 압제하는 자들을 심판대에 올리실 것이다.

하지만 헤롯 일당은 하나님이 명하신 요한의 사역을 돌연 중단시킨다. 요한은 신실하게 그 길을 준비했지만 이제 이 불같은 선지자는 하나님의 원수가 멸망당하는 모습을 보지 못한 채 원수의 쇠사슬에 묶여 옥에서 썩고 있었다. 그렇다면 예수님은 언제 '임하실 자'처럼 행하실까? 답답한 마음에 요한은 성경을 들어 예수님에게 그분의 사명에 관해 독촉했던 것이다. 예수님은 심판의 불을 일으키는 일을 시작하셔야 했다. 요한의 목숨이 이에 달려 있었다.

예수님은 요한의 제자들에게 하나님의 '임하심'에 관해 말하는 다른 선지서, 특히 이사야 35장을 인용하심으로써 질문에 응답하신다.[3]

너희는 약한 손을 강하게 하며
떨리는 무릎을 굳게 하며
겁내는 자들에게 이르기를

군세어라 두려워하지 말라
보라 너희 하나님이 오사
보복하시며 갚아주실 것이라
하나님이 오사 너희를 구하시리라 하라
그때에 맹인의 눈이 밝을 것이며
못 듣는 사람의 귀가 열릴 것이며
그때에 저는 자는 사슴같이 뛸 것이며
말 못하는 자의 혀는 노래하리니(사 35:3~6).

예수님은 몇 단어만 인용해도 이 구절의 나머지 부분을 요한이 기억할 것을 아셨다. 여기서 하나님은 두려워하는 자를 위로하시며 결국 그분의 공의가 도래할 것임을 보이신다. 하나님의 임하심은 병 고침의 기적이라는 표적으로 나타날 것이다. 이것이 예수님의 사역에서 이미 일어나고 있었다. 예수님은 비록 요한이 상상한 것과는 다른 방식이지만, 당신이 실제로 그 말씀의 성취임을 요한에게 일러주신 것이다. 이제야말로 하나님의 자비의 때였다. 심판은 후일에 임할 것이다. 이처럼 요한과 예수님의 대화는 그들의 사고 저변에 있는 예언을 상기하지 않고는 그 온전한 의미를 이해할 수 없다.[4]

## 유구한 성경 공부 전통에 합류하다

내가 2장에서 언급했듯이 유대 아이들은(특히 남자아이들은) 아주 어릴 적부터 성경을 배우기 시작한다. 바울은 디모데가 어린아이 때부터 성경을 알았다고 했다(딤후 3:15). 유대인들은 십 대 소년이 되면 성경 본문의 상당 부분을 암송하며, 십 대 이후에는 토라를 해석한 구전 전승을 배운다.

공동체 전체는 남녀 불문하고 매주 회당에 모여 큰 소리로 토라를 낭독하는 것을 들었다. 유대인은 2천 년 넘게 전 세계적으로 성경을 공부하고 매주 모든 사람이 토라의 같은 본문*parasha*, 파라샤을 묵상한다.[5] 예수님은 매주 회당에서 토라를 공부하며 성장하셨고, 열정적이던 예루살렘의 초대교회 역시 그랬다. 사도행전 15장 21절에서 야고보는 이 관습을 이렇게 묘사했다. "이는 예로부터 각 성에서 모세를 전하는 자가 있어 안식일마다 회당에서 그 글을 읽음이라."

수 세기에 걸쳐 이어온 종교적 대화는 여러 대륙에 뿔뿔이 흩어져 살던 유대인에게 일체감을 부여했고 선조들과의 연결고리가 되었다. 유대인은 매년 새해가 시작된 후 가을에 '토라의 기쁨'이라는 '심하트 토라'*Simchat Torah*(토라 1독을 마치는 날—편집자) 축제를 열고 신명기부터 창세기까지 거꾸로 두루마리를 되감는다. 또다시 새로운 공부가 시작되는 것이다.

그리고 매주 구약의 다른 부분에서 뽑은 두 번째 본문을 낭독하는데, 이를 '하프타라'*haftarah*(처음에 읽는 토라의 내용과 일치하는 선지서의 부분들을 한데 모아놓은 본문—편집자)라고 한다. 예수님이 누가복음 4장에서 이사야서 두루마리를 펼쳐 낭독하신 것은 이 하프타라 전통에 참여하셨음을 보여준다. 십중팔구 예수님은 그 주에 해당하는 토라 본문을 낭독하신 후 하프타라를 낭독하셨을 것이다.[6]

수년 전, 나는 친구들과 함께 이 유구한 전통에 참여하기로 하고 파라샤 낭독을 하는 모임을 만들었다. 우린 매주 목요일 밤마다 모여 아브라함, 이삭, 야곱의 삶을 묵상했고 노예제와 희생제 율법에 관해 토론했다. 우리는 예수님이 인용하신 구약 본문이 어떤 맥락을 갖는지 살폈고, 이것이 우리의 성경 이해에 어떠한 영향을 미치는가를 토론했다. 그러나 토라에 나오는 정황을 이해하기란 만만치 않은 일이었다. 여러 아내와 첩을 두었던 족장들에게서 우리가 과연 뭘 배워야 할까? 그들이 드렸던 온갖 희생제들이 의미하는 바는? 우리는 왜 구약의 율법을 읽기 위해 1년을 투자한다고 했을까?

우리는 모임에 합류한 의외의 인물에게 도움을 받았다. 근래에 나의 고향 미네소타의 신학교로 유학 온 우간다 출신 목사 티투스 바라카였다. 온갖 희한한 생각을 하는 미국인을 만나리라 각오했던 티투스도 토라 공부 모임에 초대받을 줄은 상상도 못했다. 그는 복음주의자로 훈련받은 사람이었고 우리만큼 신약을 통달하고 있었다. 티투스는 우리와 함께 공부하기로 했고 초반에는 정중한 침묵으로 우리의 토론을 관찰하기만 했다. 그러다가 몇 주가 흐르며 티투스는 매우 색다른 관점에서 통찰을 제시함으로써 우리의 가장 소중한 발언자가 되었다. 티투스는 마치 '내부자'처럼 본문을 읽는 것 같다는 느낌을 받을 때가 많았다.

> 자녀가 토라를 공부하길 진심으로 원한다면 자녀들이 보는 앞에서 당신 스스로 토라를 공부하라. 그러면 아이들이 본 대로 할 것이다. 그렇지 않으면 자기는 토라를 공부하지 않으면서 자녀에게만 공부하라고 시키는 부모가 될 것이다.
>
> **– 코츠커의 메나헴 멘델, 랍비**

우리는 왜 요셉의 형들이 그토록 요셉을 미워했는지 궁금했다. 그리고 왜 요셉은 애굽에서 친동생 베냐민을 그리도 염려했을까? '아 그건…' 하고 운을 떼며 티투스가 말했다. "일부다처제 가족에서는 늘 그래요. 보통 후처가 더 사랑을 받고, 아버지는 후처의 자식들을 응석받이로

키우며 상속자로 삼고 싶어 해요." 티투스는 야곱이 요셉에게 채색옷을 입힌 것은 요셉이 그가 택한 '장자'임을 선언한 것이라고 했다. 요셉의 어머니가 레아보다 더 사랑받는 부인 라헬이었기 때문이다. 베냐민은 라헬의 다른 아들이었으므로 요셉은 형들이 베냐민도 해하지 않을까 염려했을 것이다.

그다음 티투스는 한 가족에서 장자가 되는 것이 얼마나 중요한지 설명했다. 장자는 가장 큰 상속 지분을 차지할 뿐 아니라 티투스가 살던 지역에서는 어릴 적부터 다른 형제들에게 특별대우를 받는다. 형들이 자신에게 절했다는 꿈을 요셉이 이야기하자 형들이 분개했을 법도 하지 않았겠는가.

## 성경 속 드라마

구약을 공부하면서 우리는 창세기를 새발견했다. 창세기는 누가 하나님의 언약이라는 축복을 상속하게 될지를 둘러싼 '대하 드라마'임을 발견한 것이다. 야곱의 열두 아들은 언젠가 이스라엘 열두 지파의 시조가 될 것이었다. 궁극적으로는 세상을 축복하시기 위해 하나님은 어떤 지파를 사용하실까? 고대 독자에게는 이것이 손에서 책을 내려놓을 수 없을 정도로 흥미진진한 주제였다.

당시에는 야곱의 장자 르우벤이 확실한 승자라고 생각했을지도 모르겠다. 하지만 르우벤은 아버지의 첩과 동침하여 아버지의 이름을 더럽혀 자격이 박탈되었다(창 35:22, 49:4). 그 다음 서열인 레위와 시므온 역시 누이 디나의 명예를 지키기 위해 세겜 마을을 잔인하게 습격한 일로 탈락했다(창 34, 49:5~6). 과연 누가 최종적으로 축복을 거머쥘까? 레아의 넷째 아들 유다일까, 아니면 야곱이 사랑한 요셉일까? 이 고대 연속극에 채널을 고정한 후 직접 확인해 보길 바란다.

내가 이 부분을 언급하는 이유는 현대의 독자는 자신이 어릴 적에 읽었던 대로 별 고민 없이 성경을 읽기 때문이다. 우리의 어린이 성경책은 짤막짤막한 도덕적 교훈 위주로 본문을 쪼개 놓은 동화식이 많았다. 그래서 어른이 되어서도 그런 식으로 본문을 읽는 것을 당연하게 여긴다. 하지만 성경은 그렇게 단순한 동화 모음집 수준으로 기록되지 않았다. 성경은 복잡다단한 줄거리로 꿰어진 정교한 대하 드라마다. 고대 근동문화의 요체는 기억과 가족의 역사였다. 성경은 르우벤의 낯뜨거운 불륜이나 추악한 세겜 사건처럼 도덕적으로 귀감이 될 수 없는 사건까지 빠짐없이 기록하고 있다. 후일에 일어나는 사건들의 깊은 의미를 설명하기 위해서는 반드시 그렇게 해야만 했다.

우리에게는 성경 본문이 어려운 게 사실이다. 종종 랍비들 역시 성경을 이해하는 데 고전했다. 한 성경 교사는 이렇게 비유했다.

> 성경은 왕이 사랑하는 백성에게 쓴 편지와 같다. 편지가 도착했으나 글씨색이 바래고 무슨 말인지 잘 이해가 안 되는 부분도 많다. 그러나 백성은 왕을 사랑하기에 왕이 친필로 쓴 글을 읽고자 기꺼이 그 편지를 해독하는 수고를 감당한다. 사실 그는 이 고단한 작업에 대해 왕을 향한 자신의 사랑을 가늠하는 시험대로 여겼다.[7]

우리가 난해한 본문을 가지고 씨름하거나 지루한 배경이 얽힌 설명을 파고들 때, 그리스도를 향한 우리의 사랑을 보여주는 셈이 된다. 그분이 하신 말씀을 분별하는 일에 기꺼이 시간과 에너지를 쏟을 마음이 있다는 뜻이기 때문이다.

성경이 고대 문헌이라는 사실을 인정하는 것만으로도 실제적인 도움이 된다. 만일 당신이 주일학교 만화와 플란넬 그림판으로 주로 성경을 접하며 성장했다면, 몇 분만 연습해도 금세 연주할 수 있는 동요처럼 성경도 단순하게 파악할 수 있다는 생각을 할지도 모르겠다. 하지만 사실 성경은 여러 악장에 걸쳐 불협화음과 단조 주제부가 반복되는 라흐마니노프 교향곡에 더 가깝다. 수년을 연습해야 겨우 연주할 수 있지만, 평생을 연주해도 쇠하지 않는 선율의 풍성함이 있다.

> 성경은 게으른 사람에게는 자기 뜻을 가르쳐주지 않는다.
>
> – 아더 W. 핑크

우리가 성경을 배우는 데 도움이 될 만한 것을 유대 전통에서 찾아본다면 어떤 부분일까? 하나는 배운다는 것 자체에 있다. 예수 시대에 한 선생은 이렇게 말했다. "토라를 많이 배웠다면 우쭐거리지 마라. 당신은 바로 이 목적을 위해 창조된 거니까."[8] 랍비들은 하나님의 말씀을 배우는 일에는 이 세상뿐 아니라 다음 세상에서도 상급이 있다고 말한다. "원금은 다음 세상에서 누릴 수 있도록 남아 있으면서, 그 배당금으로 이 세상에서 누릴 수 있는 것이 있다. 곧 부모 공경, 사랑 어린 선행, 사람 사이에 화평을 도모하는 일이 그것이다. 그러나 토라 공부는 이 모든 것을 합친 것과 동급이다."[9]

가장 미천한 거지부터 가장 부유한 자산가까지 누구나 사람은 공부하는 데 매일 시간을 써야 한다. 너무 늙어 공부를 하지 못할 사람은 없다. 나의 어머니는 몇 주 전 여든아홉이 되셨는데, 요양원에서 생활하면서 또렷한 정신으로 하루하루를 채우기 위해 고전하신다. 어머니와 전화

통화를 할 때마다 나는 그날의 성경 공부를 잘 하셨느냐고 묻는다. 어머니는 아직도 기독교 서적을 많이 읽으시지만, 그래도 내가 이런 질문을 해주는 걸 좋아하신다. 아직도 여전히 배워야 하고 날마다 하나님의 말씀을 상기해야 한다는 사실을 일깨워주기 때문이다.

## 폭포수보다는 낙숫물

어느 날 양을 치던 랍비 아키바의 눈길을 끈 광경이 있었다. 비탈을 따라 아래쪽 강으로 흐르던 실개천이 벼랑 너머로 떨어지는데, 벼랑 바로 밑에 있는 큰 바위에는 놀랍게도 깊숙한 구멍이 패어 있었다. 수 세기에 걸쳐 떨어진 낙숫물이 바위에 구멍을 낸 것이다. 아키바는 말했다. "한낱 물이 단단한 바위에 이런 일을 할 수 있다면 하나님의 말씀은 얼마나 더 내 육신을 뚫고 마음속으로 파고들어 길을 낼 수 있겠는가?" 아키바는 물이 바위 위로 한꺼번에 쏟아졌다면 바위가 변형되지 않았을 것임을 깨달았다. 작은 한 방울 한 방울이 한 해 한 해 느리지만 꾸준한 충격을 가했기에 바위가 완전히 새로운 모습으로 변한 것이다.

랍비들은 성경 본문의 각 줄은 '일흔 가지 얼굴을 한 보석'이라고 한다. 그러니까 우리는 이 보석을 "돌리고, 돌리고, 또 돌려야 한다." 하나님의 말씀에는 무궁무진한 방식으로 우리 삶에 말을 걸어오는 능력이 있다. 아브라함 헤셀은 이를 이렇게 요약했다.

> 논란의 여지 없이, 확고 불변하게, 성경은 결코 시간에 마모되지 않으며, 시대를 넘나들며, 마치 지상에 거하는 모든 영혼의 소유인 것처럼 만인에

게 자신을 스스럼없이 내어준다. 성경은 모든 언어로, 모든 시대 속에서 말을 건넨다. … 비록 성경의 언어가 평범하고 그 관용구는 투명해 보이일지라도 미처 보지 못한 의미와 꿈도 꾸지 못한 암시가 줄기차게 성경에서 터져 나온다. 2천 년이 넘는 시간 동안 읽고 또 연구해도 성경의 의미를 다 발굴하지 못했다. 오늘도 성경은 한 번도 누군가의 손길이나 눈길이 닿지 않은 것처럼, 우리가 읽기를 시작하지도 않은 것처럼 그렇게 존재한다. 성경의 영성은 한 세대가 짊어지기에는 너무 과하다. 성경의 언어는 우리가 흡수할 수 있는 것보다 더 많은 것을 계시한다.[10]

성경의 히브리 맥락에 관한 공부를 시작하면서 나는 이 모든 것을 단박에 가르쳐줄 하나의 주석, 혹은 강의를 원했다. 단 한 번의 장거리 경주를 통해 모든 '정답들'을 배울 수 있다면 얼마나 좋을까 하는 마음이었다. 하지만 요즘 들어서는 여러 해에 걸쳐 다른 사람과 더불어 공부하는 과정에서 진리를 계시하길 원하심을 깨닫는다. 이젠 안다. '첨벙'하고 요란한 소리를 내는 것은 내게 하나님이 일하는 방식이 아니라는 것을. 오히려 하나님은 공부와 기도의 느린 낙숫물을 통해 하루하루 한 해 한 해 당신께서 원하시는 모습으로 우리를 빚어가신다.

## 14장

# 하나님이 지키시는 비밀

경외의 시작은 경이로움이고
지혜의 시작은 경외다.

**- 아브라함 헤셸[1]**

당신이 토라의 두루마리를 처음으로 가까이에서 보았다면 홀딱 반하지 않고는 못 배길 것이다. 유대 서기관들은 천연 안료를 갈아 잉크를 얻고 정결한(코셔) 짐승의 가죽으로 양장피를 마련하는 수천 년의 전통을 이어가며 두루마리를 한 장 한 장 손으로 기록했다. 각고의 노력으로 손수 한 글자 한 글자 기록한 히브리어 문자들은 매혹적이면서도 오묘하다. 맨 처음 일점일획에서부터 이 고대 형상은 하나님의 음성으로 호흡하는 듯하다.

בְּרֵאשִׁית בָּרָא אֱלֹהִים אֵת הַשָּׁמַיִם וְאֵת הָאָרֶץ׃

베레쉬트 바라 엘로힘 에트 하샤마임 브에트 하아레츠.

*Beresheet bara Elohim et hashamayim v'et ha'aretz.*

태초에 하나님이 천지를 창조하시니라.

창세기 첫 줄부터 하나님의 명령으로 우주가 생성되는 장면이 연상되며 경외감을 자아낸다. 그러나 이보다 더 우리의 관심을 끄는 것은 이 첫 줄에서 말하지 않은 바다. 네 살배기 아이라도 이 첫 줄에서 빠진 질문이 무엇인지 알 것이다.

'하나님은 어디서 왔을까?'

현대의 독자들은 우리의 신학적 물음에 흡족한 대답을 내놓지 않는 성경 때문에 종종 실족한다. 성경이 우리를 믿음으로 인도하기 위한 책이라면 응당 하나님의 존재를 입증해야 하는 것 아닌가? 그러나 우리의 기대와는 달리 성경의 처음 단어들은 하나님의 실존을 증명하지 않고 그냥 있는 그대로 받아들인다.

고대의 독자들도 창세기에서 똑같은 답답함을 느꼈다는 사실을 안다면 당신도 좀 놀랄 것이다. 고대인이 창세기를 답답하게 여긴 이유는 영적 세계의 존재를 믿지 못해서가 아니라 창세기가 그들이 알던 창조 설화와는 너무나 달랐기 때문이었다. 그들은 숭배하는 신들의 기원과 은밀한 사생활에 대해 상상의 나래를 펴는 재미에 흠뻑 빠져 있었다. 말하자면, 창조 신화는 모든 호기심을 충족시키는 고대판 통속 잡지였다. 영적 세계 안에 우리가 아직 발견하지 못한 어떤 충격적인 진실이 숨어 있는 것은 아닐까? 우리의 따분한 현실 뒤에는 어떤 비밀이 있을까? 궁금한 건 못 참는 사람들!

근동 신화는 성적 흥분을 자극하는 신들의 애정 행각과 신들 사이에 벌어진 유혈 전투에 관한 환상적인 대서사로 가득 차 있었다. 마르둑이 자신의 어머니인 괴물 티아맛을 살해하고 토막 낸 시신을 조합하여 지구를 빚은 사실을 아는가? 크로노스가 아버지 우라노스를 거세하고 우라노스의 성기가 떨어진 거품 이는 바다에서 아프로디테가 나왔다는 것은? 저녁 모닥불 주변에 모이기만 하면 이런 피가 뚝뚝 떨어지는 이야기를 들을 수 있는데 누가 최근의 엘비스 프레슬리 목격담이나 UFO 착륙 이야기를 궁금해하겠는가?

이런 면에서 창세기의 창조 서사 기술 방식은 주변 민족들의 육감적이면서도 피비린내 나는 멜로 드라마와 현저한 대조를 이룬다. 창세기는 고대 세계가 알았던 모든 것으로부터 급진적으로 이탈했다. 《창세기 이해: 역사에 비춰본 성경 세계》*Understanding Genesis: The World of the Bible in the Light of History*에서 저자 네이훔 사르나는 말한다.

> 히브리적 기술記述은 그 엄숙하고도 웅장한 단순성에서 가히 필적할 상대가 없다. 창세기에는 하나님의 탄생이라는 개념도 없고 하나님의 과거 이력도 없다. 심지어 하나님의 실존을 언급하는 데서 출발하지도 않는다. … 성경 입장에서 하나님의 실존은 생명만큼이나 자명한 것이다.[2]

성경의 기술 방식은 당대 창조설화 중 독보적이다. 창세기는 소소한 디테일은 신경 쓰지 않고 절제된 품격과 고고한 위용으로 말한다. 이런 스타일은 슈퍼마켓 가판대의 통속 잡지 같은 이웃 나라의 창조 설화와 충격적인 대조를 이루었다. 창세기는 하나님이 어떻게 존재하게 되었는가를 설명하지 않는다. 이스라엘의 하나님은 변명하지 않는 위엄으로 이 자명한 질문에 답할 필요를 느끼지 못하신다.

주변 세계의 정교한 신화들에 비춰 이스라엘의 하나님을 본다면 성경이 (환상이 아닌) 현실을 묘사한다는 느낌을 받는다. 이스라엘 민족은 시내산에서 이 땅의 존재가 아닌 이해를 초월하는 존재와 실제로 만났고, 그 두렵고 경이로운 경험은 이스라엘의 뇌리에 지워지지 않는 화인을 남겼다. 그들이 경험한 참 하나님은 이교도 세계에서 마구 양산하는 파격적인 신화와는 비교할 수 없는, 과거 그 누구의 머리로도 생각해내지 못한 개념이었다. 이 신비한 존재는 어떤 물리적인 형태로 형상화되길 거부했으며 이교도들이 상상한 어떤 신과도 철저하게 차별화되는 존재로 자신을 자리매김했다. 이스라엘은 세인에게 하나님의 실존을 설득하기 위해 신의 기원에 관한 공상 설화를 지어낼 필요가 전혀 없었다.

## 성경이 말하지 않는 바

창세기 첫 절에서 우리는 하나님이 모든 물음에 답하지는 않으실 것임을 예상한다. 유대 사상가들은 성경의 맨 첫 글자부터 이 부분이 드러난다고 본다. 토라 두루마리의 첫 히브리 단어인 베레쉬트(태초에)의 첫 글자 '베트'(ב)는 본문의 다른 글자보다 크고 진한 볼드체로 잉크 처리했다. 이 히브리어 문자는 영어 알파벳 B에 해당된다. B가 영어 알파벳의 두 번째 글자인 것처럼 베트 역시 히브리어 알파벳의 두 번째 글자다.

랍비들은 이런 질문을 했다. "왜 성경은 알파벳의 첫 글자가 아닌 두 번째 글자로 시작할까?" 그들의 답은 "성경이 모든 물음에 답하는 것은 아님을 보여주기 위해서이다. 그리고 인간이 모든 지식에 접근할 수 없으며 어떤 지식은 하나님만 알게 되어 있음을 보여주기 위함이다."[3]

이 점은 베트 문자의 생김새에서도 드러난다. 이 글자는 오른쪽으로는 닫혀 있지만, 왼쪽으론 열려 있다. 히브리어는 오른쪽에서 시작해 왼쪽으로 진행하며 읽는데, 랍비들은 성경의 첫 글자가 성경이 읽히는 방향으론 열려 있지만, 본문의 시작점 쪽으론 닫혀 있다고 고찰한다. 베트는 우리가 여기에서 출발해야 하며, 하나님의 뜻이 무엇이며 어떻게 그 뜻을 삶으로 살아낼지를 질문하며 앞으로 나가야 함을 알리는 일방통행 표지판이다. 베트 글자의 위와 뒤와 아래가 닫혀 있다는 사실은 무엇이 뒤에 있는가(창조 전에 무엇이 존재했는가), 혹은 위(하늘)에 있는가, 혹은 아래(지옥)에 있는가를 놓고 추측하는 일은 부질없다는 뜻이다.

베트에 관해 랍비들이 하는 말의 요점은 연구와 탐문을 억누르기 위함이 아니라 성경이 끝도 없이 현학적인 지적 탐구의 도구로 사용되어선 안 된다는 데 있다. 여기서 우리는 또 다른 역설을 발견한다. 우리는 평생토록 하나님의 말씀을 연구하고도 결코 그 끝에 도달하지 못한다. 우리는 성경이 모든 질문에 답하도록 강제할 수 없으며, 모든 호기심을 낱낱이 만족하게 할 때까지 본문을 비틀거나 쥐어짜선 안 된다. 하나님은 어떤 것은 계시하지 않기로 작정하셨다.

내가 만난 한 랍비는 이렇게 표현했다. "하나님이 계시하지 않은 것에 관해 추측하는 것은 손가락으로 눈꺼풀을 짓누르는 것과 같다. 그 상태에서 눈에 보이는 빛은 상상의 산물일 뿐이다."

## 알레프로 시작하는 토라

유대 사상가들은 다니엘서를 통해 하나님이 모든 것을 계시하지는 않으심을 깨달았다. 천상에서 벌어지는 종말론적 전쟁의 큰 환상을 목격한 다니엘 선지자가 천사에게 묻는다. "내 주여 이 모든 일의 결국이 어떠하겠나이까." 천사는 짤막하게 답변한다. "다니엘아 갈지어다. 이 말은 마지막 때까지 간수하고 봉함할 것임이니라"(단 12:8~9).

부활 후 제자들도 호기심으로 예수님께 꼬치꼬치 캐물었다. "주께서 이스라엘 나라를 회복하심이 이때니이까." 예수님의 답변은 불투명하고 퉁명스러웠다. "때와 시기는 아버지께서 자기의 권한에 두셨으니 너희가 알 바 아니요"(행 1:6~7). 예수님은 궁금한 건 못 참는 사람들이 장차 일어날 일에 관해 물어보면 종종 이런 식으로 답하셨다.

주님은 자신도 재림의 때를 알지 못하셨다. "그러나 그날과 그때는 아무도 모르나니 하늘에 있는 천사들도, 아들도 모르고 아버지만 아시느니라"(막 13:32). 하나님께서 계시하지 않으시는 것이 있다.

그런데 랍비 저술에는 한 가지 기막힌 예언이 담겨 있다. 장차 메시아가 임하실 때 그는 토라의 스승일 것이며 그의 토라는 알레프로 시작한다는 예언이다. 메시아는 알려지지 않은 것을 계시할 것이다. 유대 설화를 집대성한 책에서 하워드 슈왈츠는 이런 말을 했다.

> 메시아는 그가 하나님에게 받은 새로운 토라를 이스라엘에게 전수할 것이다. 그다음 모든 의인과 천사를 포함한 천국 거주민 앞에서 하나님이 직접 토라를 강해하실 것이다. …
> 현 세상의 토라는 '장차 올 세상의 메시아 토라'에 비하면 무가치하다. 메시아가 이 토라를 가르치실 것이며 더러는 하나님이 직접 가르치실 것이라고 한다. 하나님은 이 토라를 즐거워하실 것이며 장차 올 세상에서 의인들은 이 토라를 공부할 것이다. 지상의 토라가 알파벳 두 번째 글자인 베트로 시작한다면 이 토라는 알파벳 첫 글자인 알레프로 시작한다.[4]

우리는 예수님이 지상에서 살아가시며 이 예언을 어떻게 이루어가셨는지 본다. 예수님은 어떻게 토라를 적용할지를 가르치셨고, 토라를 삶으로 살아낼 방법을 제자들에게 세세히 일러주셨다. 그다음 예수님은 죽음과 부활을 통해 오랜 세월 동안 성경에 숨겨져 있던 위대한 비밀을 계시하셨다. 바울은 이를 이렇게 표현했다. "내가 교회의 일꾼 된 것은 하나님이 너희를 위하여 내게 주신 직분을 따라 하나님의 말씀을 이루려 함이니라. 이 비밀은 만세와 만대로부터 감추어졌던 것인데 이제는 그의 성도들에게 나타났고"(골 1:25~26).

그러나 그리스도의 재림까지는 완전히 계시되지 않는 것들이 있을 것이다. "우리가 지금은 거울로 보는 것같이 희미하나 그때에는 얼굴과 얼굴을 대하여 볼 것이요. 지금은 내가 부분적으로 아나 그때에는 주께서 나를 아신 것같이 내가 온전히 알리라"(고전 13:12). 하나님은 어떤 것들은 현세의 인간에게 비밀로 남겨두기로 작정하셨다. 말세에 그리스도가 보좌에 좌정하실 때, 오직 그리스도만이 다니엘의 눈앞에서 봉인된 두루마리를 열기에 합당하심이 드러날 것이다(계 5:1~5).

> 유대의 하나님은
> 철학자가 아니며
> 그의 길은 논리적 모순으로
> 얽히고설켜 있다.
>
> **– 레온 로스**

## 제자들도 다 알지는 못한다

하나님은 현세에 우리의 모든 의구심에 답하시거나 모든 것을 우리가 흡족한 수준으로 해명하지 않으신다. 답을 알지 못하는 우리의 무능함을 어찌해야 할까?

욥기는 심오한 히브리적 지혜를 계시한다. 여기서도 우리는 자신을 고스란히 열어 보이기를 꺼리시는 하나님과 마주한다. 비통과 고통 가운데 욥은 왜 무고한 자에게 고난을 허락하시는지 설명해달라고 절규한다. 장장 서른일곱 장에 걸친 욥과 친구들 간의 언쟁 끝에 마침내 하나님이 홀연히 무대 위로 등장하신다. 그러나 하나님은 창자를 끊어내는 듯한 욥의 물음에는 답하지 않으신다. 오히려 질문의 머리를 욥 쪽으로 돌려 그를 심문하신다. 욥은 겸허하게 자신의 질문을 취소한다. 하나님은 시대를 초월한 질문에 대한 답은 공개하지 않으신다.

오히려 하나님은 욥에게 자연의 오묘함을 설명하고 어떻게 자신이 땅의 기초를 놓았는가를 이야기해보라고 도전하신다. 그러나 이 혼란스러운 '답 아닌 답'을 통해 실은 욥에게 무언가를 계시하신다. 인간과 신의 지성 사이에 놓인 무한한 골을 깨달은 욥은 철저하게 낮아진다. 하나님이 욥의 질문에 답하시는 것보다 아인슈타인이 아메바에게 상대성 원리를 설명하는 일이 더 쉬울 것이다. 욥이 알고자 했던 것은 자기 이해력의 한계를 완전히 넘어서는 문제였다.

욥에게 주신 하나님의 답은 우리가 우주에 관해 발견한 것에 비춰보면 훨씬 더 이치에 맞다. 이사야 55장 9절에서 하나님은 선포하셨다. "이는 하늘이 땅보다 높음같이 내 길은 너희의 길보다 높으며 내 생각은 너희의 생각보다 높음이니라." 옛사람들에게 하늘은 아마도 10 내지 20킬로미터 높이의 커다란 장막처럼 보였을 것이다. 그러나 이제 우리는 별들과의 거리가 수십억 광년이 넘는다는 것을 안다. 만약 하나님이 그 지혜를 한 톨이라도 계시하신다면 우리는 그 어마어마함에 압도당할 것이 분명하다. 우리는 하나님이 중성자부터 은하계까지 만물을 디자인하신 분이시며 지각을 초월하는 하나님의 광대함에 비하면 그저 티끌만도 못한 존재임을 자꾸만 망각한다. 인간 세포 하나의 작동 원리를 설명하기 위해 도서관을 가득 채울 만한 책이 필요하다. '난 몰라요'라고 말할 수 있는, 하나님 한 분만이 모든 것을 아신다는 걸 받아들이는 겸허함 속에 지혜가 깃든다.

## 욥 친구들의 잘못

때로는 하나님의 마음을 읽으려는 열망으로 우리는 곤경에 빠진다. 욥의 친구들을 생각해보라. 빌닷, 엘리바스, 소발은 욥이 하나님을 고발한 사실에 충격을 받았다. 충분히 이해할 만한 일이다. 친구들은 욥에게 답하기 위해 왜 욥이 틀렸는가를 주장하고 논쟁하고 논증했다. 그들은 빈틈없이 신앙 변론을 해나갔다. '하나님은 전능하시며 완벽하게 의로우시며 만인의 죄를 알고 계신다. 그러므로 욥의 시련은 타당한 것이 틀림없다.' 우린 친구들이 내린 모든 결론을 수십 장에 달하는 성경 구절에서 찾아볼 수 있으며, 이들이 경건한 정통파이며 진지한 사람들임을 안다. 만일 이 이야기의 결말을 알지 못했다면 우린 아직도 친구들 편을 들었을지 모른다.

마침내 하나님이 의중을 밝히셨다. 얼핏 보기에는 흠잡을 데 없는 논증과 정교한 변론으로 하나님의 공의를 옹호했음에도 불구하고 하나님은 엘리바스를 노도와 같이 몰아치신다. 하나님은 친구들의 말에 분개하신 것이다! "내가 너와 네 두 친구에게 노하나니 이는 너희가 나를 가리켜 말한 것이 내 종 욥의 말같이 옳지 못함이니라"(욥 42:7). 하나님은 욥의 분노에 찬 말은 진실하나, 친구들의 바른말로 가득한 변론은 진실하지 않다고 생각하셨다. 어떻게 그럴 수 있을까?

욥이나 친구들 모두 하나님이 욥에게 시련을 허락하신 진짜 이유를 알지 못했다. 하나님의 영원한 계획은 유한한 인간인 그들에게는 전혀 닿을 수 없는 영역에 있었다. 그러나 그들의 무지에도 친구들은 주제넘게 하나님을 대신하여 말하려 했고 입바른 소리로 욥을 유죄로 몰아갔다. 우리가 하나님의 대변인 노릇을 자처하고픈 유혹을 받을 때마다 욥의 이야기를 기억하고 몸을 낮춰야 할 것이다. 하나님이 뭐라고 말씀하실지 우리가 어떻게 자신하겠는가?

> 물이 높은 곳에서 낮은 곳으로 흐르듯, 토라를 통해 말씀하시는 하나님의 음성도 교만한 자를 지나쳐 영혼이 겸손한 자들 곁에 머무른다.
>
> **–아가, 미드라쉬 라바 2:8**

욥의 친구들처럼 '하나님에 대한 앎', 즉 다앗 엘로힘*da'at Elohim*에 대한 히브리적 이해가 없는 오늘날의 서구 그리스도인 역시 종종 비슷한 실수를 한다. 하나님의 존재를 입증하길 원하는 서구인은 성경을 펼쳐 들고 하나님의 본질을 설명하는 신학을 세운다. 우리는 이를 '하나님을 아는 지식'이라고 부를 것이다. 그러나 히브리어에서 누군가를 '안다'는 것은 아내가 남편을 알듯 경험과 관계를 통해 친밀한 사이가 되는 것이다. 여기서 '앎'은 헌신과 충성을 전제로 하며 때로는 성적인 부분까지 내포한 친밀함을 뜻한다. 윌리엄 바레트의 설명이다.

> 비록 그 앎이 그리스 세계의 지식적인 앎은 아닐지라도 성경 속 인간 역시 '앎'을 가졌다. 이는 인간이 이성을 통해 획득할 수 있는 그런 종류의 앎이 아니다. 어쩌면 이성을 통해서는 전혀 알 수 없는 앎이다. 인간은 오히려 육신과 피와 뼈와 창자를 통해, 신뢰와 분노와 혼돈과 사랑과 두려움을 통해, 지성으로는 결코 도달할 수 없는 존재에 대한 믿음과 열정적 밀착을 통해 이 앎을 얻는다.[5]

욥의 친구들은 하나님에 대해 이론적 지식을 가지고 있었지만, 욥은 하나님을 '알았다.' 여기서 '앎'은 지식에 해당하는 히브리 단어의 두 번째 의미이다. 기독교 철학자 피터 크리프트의 글이다.

> 욥은 하나님과 밀착되어 친밀감, 열정, 관심을 유지했지만, 욥의 세 친구는 입바른 말, 즉 '죽은 전통'에 머물렀다. 욥의 말은 친구들처럼 하나님을 적확하게 표현하지는 못했지만, 욥은 하나님과 진실한 관계를 맺고 있었고 욥의 세 친구는 그러하지 못했다. 이 관계는 마음과 혼, 사활을 건 열정의 관계였다. … 욥은 하나님과 결혼한 사이였다. 그래서 하나님께 접시를 던진다. 세 친구는 하나님과 점잖은 비혼인 관계였다. 그래서 각방을 쓰며 각자 휴가를 보낸다.[6]

이 히브리적 의미의 '하나님을 아는 지식'을 이해하게 되면 어떻게 욥이 하나님께 비난을 투척했는데도 하나님이 "욥의 말이 옳다"고 하셨는지 알 수 있다. "어떤 사람은 고아를 어머니의 품에서 빼앗으며 가난한 자의 옷을 볼모 잡으므로 … 성 중에서 죽어가는 사람들이 신음하며 상한 자가 부르짖으나 하나님이 그들의 참상을 보지 아니하시느니라"(욥 24:9, 12). 욥이 가난한 자의 입장에 서서 그들의 고난을 항변했을 때, 그는 하나님이 실제로 궁핍한 자에게 느꼈을 열렬한 관심을 표현한 것이다. 그러나 욥의 친구들 신학에는 하나님 사랑에 대한 개념이 없었으므로 하나님의 마음을 제대로 표현하지 못했다. 욥이나 친구들 모두 하나님의 생각을 알지 못했지만, 욥은 적어도 하나님이 아파하는 자들을 향해 큰 긍휼을 가지신 분임을 이해했다. 어쩌면 하나님은 사랑이 느껴지지 않는 안일한 신학 체계보다 타인의 고통을 향해 관심을 드러내며 울

분 어린 회의를 토로하는 편을 더 듣기 좋아하시는지 모른다.

우리는 이 세상에서 많은 이들이 부당하게 고통당한다는 사실에 번민한다. 그런 우리의 죄 사함을 위해 죄 없으신 그리스도가 우리 대신 고난 받으셨음도 안다. 비록 하나님의 생각을 다 알지는 못하지만, 우리는 그분이 긍휼하시고 선하심을 늘 신뢰한다. 작고 유한한 우리가 하나님을 영화롭게 하는 길은 하나님이 아시는 모든 것을 알려고 노력하는 게 아니라 하나님이 사랑하시는 것처럼 사랑하려고 노력하는 데 있다.

## 궁금한 건 못 참는 사람들과 말세

아무도 재림의 때를 알지 못한다고 예수님이 말씀하셨음에도 불구하고 오늘날 많은 그리스도인은 재림에 관한 모든 비밀을 들추고자 한다. 불확실한 세상에서 성경의 예언을 꼼꼼히 살펴보려는 심정은 어느 정도 이해가 된다. 우리는 현재 사건에 남긴 의미를 바로 알고, 예수님이 승리자로 재림하시는 징조를 분별하고 싶다. 그러나 내가 나눴던 어떤 대화를 회상해본다면, 과연 이런 지식을 얻으려는 갈망이 우리를 더 나은 제자가 되게 하는지는 회의가 든다.

어느 늦은 저녁 레스토랑의 은은한 불빛 아래에서 난 그날 성경 세미나에서 처음 만난 부부와 대화를 나누고 있었다. 수북이 쌓인 나초를 함께 나눠 먹고 있는데, 남자는 자신의 '예언 중심적' 교회에서 최근에 회자되는 뉴스를 전해 주었다. "다마스커스의 멸망이 임박했다는 소식을 들었어요." 그는 별일 아니라는 듯 말을 건넸다.

주류 기독교 출신인 나는 이런 발언을 어떻게 받아들여야 할지 판단이 서질 않았다. 모여서 하나님의 자비를 구하는 기도 모임을 결성해야 하나? 아니면 재앙 대비 기금을 마련하기 위해 누군가가 모금을 시작해야 하는 건가? 하지만 저녁 식사 동반자들은 눈 하나 깜짝하지 않았다. 거의 이백만의 시리아인이 죽을 수 있는데도 그들은 별로 개의치 않는 듯했다. 그들에게 중요한 것은 그런 사실도 안다는 짜릿함이었다.

어쩌면 너무 많은 예언을 들어온 이들에게는 이 예언이 먼 훗날의 일기예보처럼 들렸는지도 모른다. 실제로 대부분 예언은 실현되지 않았으므로 어느덧 무뎌진 걸지도 모른다. 그러나 그것 역시 문제가 아닐까. 성경 시대에는 거짓 예언이 돌로 쳐 죽일 만한 범죄 아니었나?

이 대화로 떠오르는 사건이 하나 있었다. 미국 사람이라면 세계무역센터 폭발 시 생생한 장면은 지금도 머릿속에 정지화면처럼 남아 있다. 재를 뒤집어쓴 생존자들이 도망가는 모습, 그 뒤로 빌딩들이 무너져 내리고 옆에 서 있던 사람들이 파괴의 참상에 망연자실하여 얼어붙어 있던 모습. 한번은 9.11 동영상을 보는데 문득 잡음 섞인 일본 흑백 공상과학 영화에서 보았던, 예전에는 너무 비현실적이라 웃어넘겼던 한 장면이 떠올랐다. 거대한 도마뱀이 도쿄 시내를 활보하는데 공포에 질린 시민들은 달음질치고 그 뒤로 빌딩들이 와르르 무너지는 장면이었다. 두 장면은 한 가지만 빼곤 흡사했다. 처음 장면은 여전히 내 눈에서 눈물을 자아내는 악몽 같은 현실이었지만, 두 번째는 짜릿한 오락물로 만든 공상 영화였다.

그들에게 말세의 예언은 어떤 느낌으로 다가오는 걸까? 폭발은 특수효과이고 배경의 군중은 배우들과 엑스트라 알바생인, 성경에 기반한 공상과학 영화? 그들은 다마스커스에 관한 예언이 9.11 사태처럼 실제로 일어날 수 있다는 점을 생각지 못했을까? 그런 생각을 했다면 어떻게 가슴이 미어지지 않을 수 있을까?

우리는 그리스도의 재림이 찬란한 승리인 동시에 끔찍한 심판임을 종종 망각한다. 하나님의 자비로 그 날이 미뤄진 것이다. "주께는 하루가 천 년 같고 천 년이 하루 같다는 이 한 가지를 잊지 말라. 주의 약속은 어떤 이들이 더디다고 생각하는 것같이 더딘 것이 아니라. 오직 주께서는 너희를 대하여 오래 참으사 아무도 멸망하지 아니하고 다 회개하기에 이르기를 원하시느니라"(벧후 3:9).

초기 그리스도인은 박해를 끝낼 그리스도의 재림을 간절히 사모했다. 계시록 환상은 하나님이 통치하신다는 약속이었기에 그들은 그 환상에서 위로를 얻었다. 우리 역시 세상의 부패와 고난, 광기에서 벗어날 수 있는 그리스도의 재림을 사모한다. 하지만 우리에게 구원받지 못한 친지와 가족이 있다면 하루라도 더 미뤄달라고 간구해야 하지 않을까? 아모스 선지자는 그 날을 두려워하여 이렇게 선포했다.

> 화 있을진저 여호와의 날을 사모하는 자여
> 너희가 어찌하여 여호와의 날을 사모하느냐
> 그 날은 어둠이요 빛이 아니라. …
> 여호와의 날은 빛 없는 어둠이 아니며
> 빛남 없는 캄캄함이 아니냐(암 5:18, 20).

예수님은 종종 말세의 재림을 언급하셨다. 하지만 짜릿함을 주거나 블록버스터 영화 후속편을 홍보하는 것처럼 말씀하시지 않았다. 오히려 예수님의 메시지는 때가 가까우므로 회개해야 한다는 것이었다. 롯의 때처럼 아무도 그 시각이 임박한 것을 미리 알 수 없으니 말이다.

사람들이 먹고 마시고 사고팔고 심고 집을 짓더니 롯이 소돔에서 나가던 날에 하늘로부터 불과 유황이 비 오듯 하여 그들을 멸망시켰느니라. 인자가 나타나는 날에도 이러하리라(눅 17:28~30).

말세에 관한 예수님의 말씀을 읽을 때 우리의 날을 계수해야 함을 염두에 두는가? 아니면 끝없는 추측과 논쟁으로 빨려 들어가는가? 잃어버린 영혼에게 더 관심을 기울이는가, 아니면 냉담한 구경꾼으로 남아 있는가? 탈출구를 찾아 두리번거리는가, 아니면 그리스도의 사랑을 나누고 지상에서 그리스도의 통치를 확장하기 위해 우리 생의 매 순간을 사용하겠다고 다짐하는가?

누군가의 말처럼 글쓰기의 으뜸 수칙은 "발사—탕!"과 같은 문장으로 글을 여는 것이다. "그러면 단박에 독자의 관심을 끌 것이다. 문장을 충분히 강력하게 만들어라. 그러면 총성의 연기가 가신 후에도 독자는 여전히 귓전을 울리는 총성을 느끼며 읽기를 멈추지 않을 것이다."[1]

몇 가지 기억에 남을 만한 첫 줄을 살펴보자.

- 그날은 화창하고 추운 4월의 어느 날이었고 시계는 열세 시를 울리고 있었다. —《1984》, 조지 오웰
- 우린 눈이 내리기 전 죽기 시작했고, 눈처럼 계속 쓰러졌다. —《트랙스》, 루이스 어드리치
- 남자를 바다로 내모는 것 중에 가장 흔한 재앙이 여자라는 사실을 난 알게 되었다. —《미들 패시지》, 찰스 존슨

성경 역시 나름의 기억에 남을 만한 오프닝 라인을 갖고 있다. 그중

내가 가장 좋아하는 것은 이런 문장이다.

> 태초에 말씀이 계시니라. 이 말씀이 하나님과 함께 계셨으니 이 말씀은 곧 하나님이시니라. 그가 태초에 하나님과 함께 계셨고 만물이 그로 말미암아 지은 바 되었으니 지은 것이 하나도 그가 없이는 된 것이 없느니라. 그 안에 생명이 있었으니 이 생명은 사람들의 빛이라(요 1:1~4).

난 요한이 우리를 끌어들이는 방식을 좋아한다. 궁금해진다. 대체 이 불가사의한 '말씀'이 누구지? 그리고 왜 요한은 그를 하나님 그리고 태초와 연결하는 걸까? 궁금한 건 못 참는 영혼들은 알고 싶어 한다. 그래서 우린 페이지를 앞으로 넘겨 창세기 1장의 오프닝 대사를 읽는다.

> 태초에 하나님이 천지를 창조하시니라. 땅이 혼돈하고 공허하며 흑암이 깊음 위에 있고 하나님의 영은 수면 위에 운행하시니라. 하나님이 이르시되 빛이 있으라 하시니 빛이 있었고(창 1:1~3).

이 두 구절을 비교하면 연결고리가 확연히 눈에 들어온다.

창세기에서 하나님은 그저 존재하라고 말씀하심으로 세상을 창조하신다. 어둠에서 빛을. 무에서 유를. 문득 신약에서 독보적인 권위로 말씀하시던 예수님이 떠오른다. "예수께서 깨어 바람을 꾸짖으시며 바다더러 이르시되 잠잠하라 고요하라 하시니 바람이 그치고 아주 잔잔하여지더라"(막 4:39). 이것도 있다. "중풍병자에게 말씀하시되 일어나 네 침상을 가지고 집으로 가라 하시니 그가 일어나 집으로 돌아가거늘"(마 9:6b~7). 여기서 예수님은 유려하게, 설득력 있게, 강력하게 말씀하시고 예수님의 모든 언행은 우리에게 하나님을 소통한다. 예수님의 말씀은 우리의 깨어진 세상을 재건할 능력을 지니고 있다는 점에서 독보적이다. 그분을 '말씀'으로 부르는 것은 너무도 지당하다.

그럼에도 우리가 늘 예수님을 이해하는 건 아니다. 시차와 문화적 차이가 백내장처럼 복음을 타고 올라와 복음의 의미를 희뿌옇게 가리고 말씀의 진의를 온전히 파악하지 못하게 한다. 우리는 예수님이 살던 시대와 문화로부터 멀찍이 떨어져 있다. 하지만 역설적으로, 우리가 살아가는 이 시대는 어느 때보다 1세기의 유대 세상을 면밀히 들여다볼 수 있도록 하는 특별한 기회를 제공한다. 이런 기회는 유대교와 기독교 학계 양측의 작업으로 가능해졌고, 덕분에 우리는 예수님 당시의 문화를 완전히 새롭게 이해하게 되었다. 과거에는 초기 1세기 유대교를 이해하기 위해 역사의 흙먼지 사이로 눈을 찌푸리며 보아야 했다면 이젠 강력한 망원경을 가지고 관측할 수 있게 되었다. 덕분에 우리는 예수님이 거닐며 가르치셨던 시대의 종교적, 문화적 분위기를 더 잘 이해할 수 있다.

최근까지 이루어신 많은 발견은 주로 학문 서적 코너에 파묻혀 있었다. 다행스럽게도 저자가 문헌 연구를 통한 중노동을 한 덕분에 유대적 맥락 속에서 예수님을 이해하길 원하는 진지한 독자들은 귀한 통찰을 얻을 수 있다. 로이스의 글쓰기를 통해 우린 랍비 예수가 얼마나 대단한가를 재발견한다.

주님의 말씀은 때론 충격을 주면서도, 늘 통찰력 있고 예리하며 강력하다. 익히 알고 있다고 생각한 본문이 갑자기 살아 움직이기 시작하고 우리를 헷갈리게 한 구절이 또렷하게 보이기 시작한다. 백성을 술렁이게 하고 교계 전체의 신경을 곤두서게 했던 그 말씀이 더 큰 능력으로 우리의 관절과 골수를 찌른다. 이 책을 통해 우리는 예수님을 더 많이 알게 되고, 당대의 사람들이 왜 그렇게 반응했는지를 이해하기 시작한다.

균형감각과 통찰을 갖춘 로이스의 이번 작업은 예수님이 유대인이라는 진실에 관해 더욱 알고자 하는 열망을 일깨웠다. 이 책이 나에게 준 가장 큰 선물은 그러한 입맛을 자극한 것이다. 내가 받은 도움을 당신도 받길 바란다.

앤 스팽글러

이 책을 집필하는 내내 나와 동행해 준 모든 이에게 노르웨이식으로 감사를 전한다. '망게 투센 타크'*mange tusen takk*. 수천 번의 감사를 전합니다. 특별히 두 사랑하는 친구, 셜리 후게분과 매럴린 브라이트에게 감사한다. 그들은 이 책을 쓰는 내내 기도하고 함께 브레인스토밍을 하면서 수개월 동안 격려를 아끼지 않았다. 두 사람의 신실한 우정이 내게 얼마나 큰 의미인지는 말로 다 표현할 수 없다. 사랑 어린 지원에 동참해준 이도 기억한다. 힐러리 매디슨, 캐서린 코브니, 샌디 스자르다, 엘리자베스 클라르, 스테파니 위긴스, 빌 보어스마, 매리와 브루스 오케마 부부, 나의 멋진 가족, 특히 데이비드와 로라 쓰버그, 그리고 당연하지만 나의 사랑하는 엄마.

또한 데이비드 비빈, 토비 그루펜, 리사와 로렌 브레데부드 부부, 디나 톰슨, 트라비스 웨스트를 비롯하여 내 글에 피드백을 해준 모든 이에게 감사한다. 여러분이 매번 비난받을 위험을 감수하면서까지 진솔한 비판을 해줄 때마다 내 생각을 잘 정리할 수 있었어요. 그리고 자나 라이스, 당신의 빈틈없는 편집력과 이 책을 돋보이게 한 여러 탁월한 제안에 감사드려요. 무엇보다 각 장을 잘 다듬어준 로리 반덴 보쉬의 혜안과 즐거운 우정에 감사하고 싶다. 당신과 함께 일하는 건 기쁨이었습니다!

특히 이 작업에 전문가의 손길을 더해준 존더반 출판사의 편집이사 샌드라 밴더 직트에게 큰 빚을 졌다. 또한 편집장 페를린 퍼브루페는 역사 및 성경 본문의 디테일을 다루는 데 있어 놀라운 안목을 보여주었다. 이 책을 대중의 손에 쥐여주기 위해 많은 수고를 한 마케팅 부장 톰 딘에게도 깊이 감사드린다. 이 책과 관련하여 도움을 주신 존더반 출판사의 다른 여러분에게도 감사를 전한다.

집필을 시작하면서 예루살렘에 몇 주간 체류하며 이 책에 관해 학자 친구들과 아이디어를 교환했다. 그때 '학자의 집'에서 날 푸근하게 맞아주시고 성경의 문화적 배경에 관한 전문지식도 나눠준 할보르와 미르자 로닝 부부에게 감사를 전한다. 성경 번역에 관한 로닝 부부의 방대한 서가는 내 연구를 시작하기에 안성맞춤의 환경이었다. 그리고 이마 부스, 그곳에서 사랑 많은 엄마처럼 날 대해준 것 감사드려요! 랜덜과 바가렛 부스 부부, 데이비드와 조사 비빈 부부, 브라이언 크바스니카, 데이비드 필레기, 조너선 마일즈를 비롯하여 나의 원고를 읽고 의견을 준 모든 분께 깊이 감사드린다. 이 여행의 재정을 지원해준 '온세상이알게하라 선교회'에도 진심으로 감사드린다.

레이 밴더 란과 앤 스팽글러 두 사람이 이 책에 글을 보내주었다는 사실은 개인적으로 큰 감동이었다. 두 사람 모두 내 삶이 지금의 방향으로 물꼬를 트는 데 결정적인 역할을 했기 때문이다. 15년 전 레이의 열정적인 가르침으로 내게는 새로운 세계가 열렸다. 레이, 최근에 당신이 해준 격려는 엄청난 축복이었어요. 이 책의 초고를 보고 피드백을 보내주어 정말 감사해요. 나의 에이전트, 공동 저자, 좋은 친구인 앤과 함께 작업하는 것은 소중한 선물과도 같다. 앤, 출판과 글쓰기에 대한 진솔한 조언에 감사드려요. 내 인생의 결정적인 순간에 여러분을 만나도록 해주신 주님과 그 부르심에 응답해준 레이와 앤 두 사람에게 감사드린다.

여러 학자들의 노고에서 이삭줍기를 했다는 사실이 날 언제나 겸허하게 한다. 날이 갈수록 논문을 뒤적이고 고대 문헌과 씨름하며 끝도 없는 시간을 보낸 학자들의 노고를 실감한다. 예수님의 유대 맥락에 관한 나의 연구는 데이비드 비빈, 랜덜 부스, 스티븐 노트리, 마빈 윌슨, 드와이트 프라이어, 브래드 영, '예루살렘공관연구소' 여러 전문가들의 노고에 빚진 바가 크다.

아브라함 헤셸, 나훔 사르나, 제프리 타이가이, 제이콥 밀그롬과 같은 유대인 학자들의 작업으로 내 인생도 새로워졌다. 그들의 통찰 덕분에 히브리어 성경이 열렸고 이스라엘의 하나님에게서 엄청난 헤세드가 계시되었으며, 특히 조셉 텔루슈킨의 윤리에 관한 저술에서 큰 도움을 받았다. 그리스도인은 랍비 텔루슈킨으로부터 우호적으로 판단하기와 라숀 하라를 자제하는 것의 중요성을 배워야 한다!

다른 그리스도인과 더불어 우리가 유대 민족에 진 엄청난 빚에 감사를 표한다. 수 세기에 걸친 핍박을 받고 있지만, 하나님은 여전히 여러분을 세상의 복의 근원으로 사용하고 계십니다.

### 1장. 세월의 흙먼지 털어내기

1. 자신의 문화적, 영적 유산에 관해 생각해보라. 어떤 면에서 그 유산이 예수님을 정확하게 반영하고 있다고 생각하는가? 아니면, 그 유산으로 예수와 그 가르침에 대한 견해가 왜곡된 부분이 있는가?
2. 왜 우리는 히브리 문화와 맥락에 대한 이해의 끈을 놓치게 되었을까? 이것이 오늘날 우리의 사고방식에 영향을 미치게 하려면 어떻게 해야 할까?
3. 예수의 제자뿐 아니라 반대자도 모두 유대인이었고 여기에는 종종 예수님을 반대한 유대 지도자도 포함되어 있었음을 염두에 두고 요한복음 7장을 읽어 보라. 새롭게 읽히는 부분이 있는가?
4. 사도행전의 유대 신자들과 고린도의 이방인 신자들 사이에는 성숙도에서 큰 차이가 있었음을 지적했다. 당신의 삶과 교회의 상태를 생각해보라. 당신은 성숙의 징표가 나타나는 사람인가, 아니면 고린도 교인들처럼 아직 가야 할 길이 먼 사람인가? 당신과 교회가 어떻게 영적 성숙을 도모할 수 있을까?
5. 예수가 머무셨던 당시의 문화에 대한 이해는 그분의 말씀을 더 잘 해석하고 적용하는 데 어떠한 도움이 될까?

**2장. 쉐마: 들은 대로 살기**

1. 이 책의 288~289쪽에 나온 쉐마의 세 단락을 읽어보라. 그들은 왜 이 단락을 뽑아 아침저녁으로 반복하게 했을까? 쉐마를 읽으면서 머릿속에 떠오르는 질문이 있다면 무엇인가?
2. 첫 성전 준공식 때 솔로몬이 드린 기도인 역대하 6장 19~27절을 읽어보라. '쉐마'의 폭넓은 의미를 알았을 때 본문을 더 풍성하게 이해하는 데 어떤 도움이 되었는가?
3. 뭔가를 (이해한다는 의미로) 들었지만, (그 지식을 행동으로 옮기는) 순종은 하지 못한 경우는 언제였는가? 왜 이런 일이 일어날까? 이에 관해 우리는 무엇을 할 수 있을까?
4. 흔히들 쉐마를 '하나님은 한 분이시다'라는 유일신 사상 선언으로 받아들인다. 그러나 쉐마는 또한 "오직 주님만이 우리의 하나님이다"로 번역할 수도 있다. 이렇게 번역한다면 나의 하나님 이해나 하나님과 관계 맺는 방식은 어떻게 달라질까?
5. 바울 역시 고린도전서 8장 4절에서 쉐마를 인용했다. 바울은 그의 가르침 속에서 쉐마를 어떤 의미로 인용했는가?

**3장. 가진 전부를 바쳐 하나님 사랑하기**

1. 당신의 하나님 사랑은 어떤 면에서 낭만적이고 열정적인가? 사랑을 감정으로 생각하는 것의 장단점은 무엇인가? 당신이 하나님과 동행하는 데 있어서 감정은 얼마나 중요한 요소인가?
2. 어떻게 당신의 머리mind로 하나님을 사랑할 수 있을까? 성경을 암송하고 공부하는 유대 전통에서 당신은 무엇을 배울 수 있을까?
3. 지난주 당신이 한 활동을 생각해 보라. 스포츠, 취미, 투자, 영화, 페이스북, TV와 같이 우리의 정신을 분주하게 하는 셀 수 없는 것들과 하나님이 서로 경쟁하는 상태인가? 초점을 하나님께 맞추기 위해 삶을 조율하려면 어떻게 해야 할까?

4. 하나님의 자비롭고 충성스러운 사랑인 헤세드를 당신의 결혼생활과 가족과 친구 관계와 교회에서 어떻게 구현할 수 있을까? 출세와 자아실현에 최고의 가치를 부여하는 문화 속에서 살아가는 우리가 충성과 헌신을 삶으로 보여주려면 어떻게 해야 할까?
5. 당신이 가진 돈으로 하나님에 대한 사랑을 드러내려면 어떻게 해야 할까?

**4장. '이웃 사랑' 계명에 담긴 하나님의 진심**

1. 믿음 안에서 성장해가면서, 하나님을 홀로 경배하는 것과 다른 이들과 더불어 그렇게 하는 것 중에서 당신은 어느 편이 더 편한가? '우리'로 또는 '나'로 찬양하고 기도하는 일은 어떤 차이가 있는가? 신앙을 삶으로 살아내는 일을 왜 공동체 안에서 해야 하는 걸까?
2. 한 현명한 친구는 내게 이런 말을 했다. "당신이 어떤 이웃인지가 당신이 어떤 사람인지를 보여준다." 말 그대로 당신은 바로 옆집 사람에게 어떤 이웃인가?
3. 최근에 당신을 화나게 했거나 오랫동안 미워한 사람을 떠올려보라. 어떤 면에서 당신은 이 사람과 닮은꼴인가?
4. 당신이 누군가에게 상처를 받은 후에, 돌아봤을 때 당신도 그렇게 해왔던 행동에는 어떤 것이 있는가?

**5장. 좋은 눈 얻기**

1. '눈'에 관한 관용구에 담긴 의미를 알기 전, 당신은 마태복음 6장 22~23절을 어떻게 이해하고 있었는가?
2. 하나님이 당신의 경제적, 정서적 필요를 채우신다는 점을 확고하게 신뢰하는가? 이 신뢰는 당신이 이웃과 나누는 방식에 어떤 영향을 주고 있는가?
3. 본 장에 나온 랍비의 말로 인해 새로운 관점에서 읽게 된 예수님의 말씀이 있는가?

4. 당신의 교회, 동네, 직장에서 빈궁한 자의 이름을 댈 수 있는가? (그렇게 하지 못한다면, 이런 사실이 당신의 삶에 대해 무엇을 말해주는가?) 주변 사람들이 어떻게 살아가는지에 대해 평소 어느 정도 생각하는지 돌아보라.
5. 당신의 이기심, 즉 나쁜 눈은 당신의 씀씀이를 통해 어떤 식으로 드러나는가? 반대로, 당신의 너그러움과 친절함, 즉 좋은 눈을 드러내는 씀씀이에는 무엇이 있는가?
6. 헌금과 십일조 생활에 대한 당신만의 철학은 무엇인가? 가령 교회에만 십일조를 하는가? 소액으로 나눠 드리는가 혹은 큰 액수로 드리는가? 다수의 사업을 후원하는가 혹은 소수의 몇몇 사업에 집중하는가? 당신의 관심을 얻고자 아우성치는 온갖 선한 사업 중 어디에 나눌지를 어떤 기준에 따라 결정하는가?

### 6장. 그 이름의 비밀을 드러내는 사람

1. 신명기 9장 25~29절에서 이스라엘의 황금송아지 숭배 이후 모세가 하나님께 한 말을 읽어보라. 모세는 어떻게 하나님의 '이름'에 호소하면서 백성을 용서해 달라고 간구하는가?
2. 히브리어에서처럼 '이름'이 사용되는 용례를 우리말에서 생각해볼 수 있는가?
3. 에스겔 36장 16~26절을 읽으라. 이스라엘 백성은 어떻게 하나님의 이름을 더럽혔는가? 열방에서 자신의 명예를 회복하기 위해 하나님은 어떤 일을 하시겠다고 말씀하시는가?
4. 다음 구절을 읽어보라. 신 18:5, 왕상 5:5, 마 18:20, 요 17:11~12. 이 구절을 해석하는 데 '이름'에 관한 관용구를 이해하는 것이 어떤 도움을 주는가?
5. 당신이 하는 일 중에 하나님의 인상에 나쁜 영향을 미칠 만한 부분이 있는가? 하나님의 성품을 비추는 거울이 되기 위해 당신의 품행을 어떻게 바꿀 수 있을까?

### 7장. 코셔 입을 가지는 법

1. 마태복음 18장 15~17절을 읽어보라. 나에게 죄 지은 사람을 개인적으로 찾아가라는 예수님의 말씀은 윤리적 말하기에 관련한 유대 사상과 어떻게 통하는가?
2. 말하기와 관련해서 인터넷에서 흔하게 볼 수 있는 죄의 유형은 무엇인가? 무엇이 가장 위험하다고 생각하는가?
3. 나 자신이나 다른 사람이 한 말로 상처받았던 때를 돌아보라. 혀를 잘못 사용하는 문제에 있어 과거의 경험에서 얻어야 할 교훈은 무엇인가?
4. 근래에 남의 지식을 훔치는 '제네이밧 다앗'을 경험한 사례가 있는가?
5. 어떻게 우리의 혀를 쓸지를 생각하면서 떠오르는 예수님의 다른 말씀이 있는가? 가령 다음 구절을 참조하라. 마 5:37, 눅 6:28, 17:3 등등.

### 8장. 판단의 저울에서 엄지 떼기

1. 최근에 누군가에게 정말 화가 났던 때를 돌아보라. 겉으로 드러난 정황은 어땠는가? 그들에게 어떤 내면의 동기가 있었다고 여겼기에 그런 분노를 사도 마땅하다고 생각했는가?
   그들의 행위를 (부분적으로라도) 해명할 만한 두 가지 이유를 생각해보라. 합리적인 이유가 있는가? 예수님이라면 당신이 무엇을 해야 한다고 말씀하실까?
2. 당신이 강한 애착을 가진 사안이 있는데, 누군가가 적극 반대 의견을 낸다면 화가 날 것이다. 왜 화가 날까? 그들이 어떤 그릇된 동기를 품고 있기에 유죄라고 보는 걸까?
   당신을 반대하는 편은 어떻게 해서 그런 관점을 갖게 되었을까? 가능한 시나리오를 두 편 정도 상상해보라. 그럴듯한가? 당신이 실제로 반대편의 동기를 알 수 있을까? 예수님이라면 그런 당신의 감정을 어떻게 하라고 말씀하실까?
3. 당신에게는 혹시 경멸의 감정을 느끼는 사람이 있는가? 이번 장을 읽은 후 자신의 태도에 달라진 부분이 있다면 말해보라.

### 9장. 예수도 '후츠파'를 좋아하셨다

1. 나는 기도할 때 하나님을 어떻게 부르는가? 나의 기도는 하나님을 어떤 분으로 인식하고 있음을 드러내는가?
2. 마태복음 15장 22~28절을 읽어보라. 본문을 이스라엘 민족의 '후츠파'라는 관점에서 해석할 때 어떤 새로운 사실을 발견하는가?
3. 창세기 18장 20~33절과 출애굽기 33장 12~23절을 살펴보라. 당신의 기도는 담대함과 불경不敬, 이 둘 사이에서 어디쯤 있다고 평가하는가?
4. 시편 74편처럼 절박하고도 직설적인 기도를 드린 적이 있는가?
5. 죄악으로 가득 찬 주변 세상에 대해 당신은 고립과 외면의 태도로 일관하는가? 아니면 그리스도를 알지 못하는 사람들에게도 관심이 있는가?

### 10장. 양손으로 생각하기

1. 창세기 32장 22~30절을 읽어보라. 이 이야기 속에서 어떤 역설을 발견하는가? 당신은 그 역설을 어떻게 받아들이는가?
2. 당신이 가장 힘들어하는 성경의 역설은 무엇인가? '지워버리고 싶은' 유혹이 드는 성경 이야기나 구절이 있는가?
3. 이 책의 앞장에서 '양손' 논리가 언급된 부분을 찾아보라. 어느 부분이 가장 도움이 되는가?
4. 〈지붕 위의 바이올린〉에 등장하는 테비예조차 "때로는 다른 손이 없다"라고 결론지을 때가 있다. 기독교 신앙에서 타협 불가한 것은 무엇일까?
5. 두 계명 중 '더 무거운' 쪽이 무엇인지 판단해야 했던 경우가 있는가? 그때 당신은 어떤 행동을 취했는가?

### 11장. 입체시: 구약과 신약을 통합적으로 보다

1. 당신은 그리스도와 하늘 아버지가 하나라는 사실을 쉽게 받아들이는가? 구약을

내다 버려도 상관없다는 마르시온의 주장에 공감한 적은 없는가?

2. 마음의 눈으로 볼 때, 하나님은 강 건너 불구경하듯 이 세상에는 무관심하신 분은 아니신가?
3. 예레미야 2~3장과 31장을 읽어보라. 거기서 탕자의 이야기를 볼 수 있는가? 호세아 11장은 어떠한가?
4. 죄에 무관심하거나 격분하는 대신 번뇌하시는 하나님을 발견한 후 당신의 하나님 개념에는 어떤 변화가 일어났는가?
5. 사랑과 분노 사이의 긴장으로 힘들어한 적이 있는가?
6. 만일 당신의 자녀 중 하나가 가족에게 수치를 안겨주거나 인연을 끊었다가 집에 돌아온다면 당신은 어떻게 반응하겠는가? 주위에서 이런 상황을 경험한 사람이 있는가?

**12장. 티끌 속에 찍힌 하나님의 형상**

1. 당신이 자주 읽어보아야 할 쪽지는 어떤 쪽인가? "세상은 나를 위해 창조되었다"인가 아니면 "난 그저 티끌과 재에 불과하다" 혹은 "단지 나만이 아니라 인류 전체가 하나님 보시기에 존귀하다"인가?
2. 최근에 주위 그리스도인의 삶 속에 새겨진 그리스도의 형상을 본 적이 있는가? 그 형상은 어떤 모습이었는가?
3. 창세기 1~4장을 읽어보라. 당신이 보기에 죄와 타락은 인간 안에 있는 '하나님의 형상'에 어떤 영향을 미쳤는가?
4.. 당신이 가장 한심하다고 생각하는 사람은 누구인가? 하나님이 자신의 형상대로 그들을 빚으셨음을 안다면, 당신의 생각은 어떻게 달라지겠는가?
5. 당신은 예수님이 언급하신 '상급'이라는 단어를 어떻게 이해하고 있는가? 누가복음 6장 20~23절 또는 6장 35절을 참조하라.

### 13장. 일흔 가지 얼굴을 한 보석

1. '율법'이란 단어를 '가르침'으로 바꿔서 시편 1장 1~3절과 119장 1~20절을 읽어보라. "여호와의 율법"을 "여호와의 가르침"으로 바꾸면 시편 읽기가 어떻게 달라지는가?
2. 당신은 말씀 공부를 경배의 한 형태로 보는 편인가? 나의 하루 일정과 한 주 일정에 성경 공부를 위한 시간을 마련하려면 구체적으로 어떤 방법이 필요한가?
3. 신명기 6장 4~9절에서 하나님이 이스라엘에게 하라고 명하신 일을 어느 정도 실천에 옮기고 있는가? 하나님의 말씀을 공부하는 것이 하나님과 예수님에 대한 사랑을 키우는 데 어떤 도움이 되었는가?
4. 성경 공부를 할 때 겪는 가장 큰 좌절이나 어려움은 무엇인가?
5. 우리의 복음주의 문화는 극적 회심과 돌이킴을 좋아하는 경향이 있다. 하나님이 '낙숫물'로 당신을 빚어가셨다고 생각되는 방식이 있는가?

### 14장. 하나님이 지키시는 비밀

1. 욥 1~4장과 40~42장을 읽어보라. 만일 당신이 욥과의 논쟁에 참여한 상황이라면 무슨 말을 한 것인가? 욥 친구들의 논리는 어떤 부분이 정도에서 벗어났다고 보는가?
2. 하나님은 인간 이해의 저 너머에 계신다는 동양적 태도가 '양손' 논리와 어떻게 일맥상통하는가?
3. 당신의 영적 생활은 (하나님에 대한 히브리적 앎, 즉 다앗 엘로힘에 반대되는) 이론적인 의미에서의 '하나님에 대한 지식'에 초점을 맞추고 있지는 않는가?
4. 하나님이 성경에서 계시하지 않으시는 것에는 무엇이 있을까?

| 주 |

**1장. 세월의 흙먼지 털어내기**

1. James Patrick, *Renaissance and Reformation* (New York: Marshall Cavendish, 2007), 713. 재인용.
2. Lorenzo Matteoli, "The Restoration of the Last Supper: Homage to Pinin Brambilla Barcilon," http://members.iinet.net.au/~matteoli/html/Articles/Leonardo4.html (단축주소 https://goo.gl/Syh4sA). 다빈치 삽화를 공유해 준 것에 대해 Center for Judaic-Christian Studies(www.jcstudies.com)의 설립자이자 타고난 교사였던 드와이트 프라이어(Dwight Pryor, 1945~2011)에게 감사한다.
3. Hershel Shanks, "Where Jesus Cured the Blind Man," *Biblical Archaeological Review* 35/5 (2005년 9월/10월): 16-23. 저수지는 일부만 발굴되었기에 이 수치는 추정치다.
4. 대부분 학자는 '구약'이란 단어가 구태의연하고 신약에 의해 대체되었다는 어감을 풍긴다는 이유로 '구약'보다는 '히브리어 성경'이란 용어를 선호한다. 학자들은 그리스도인과 유대인이 공유하는 성경 유산에 경의를 표하고자 양측이 모두 읽는 성경에 좀 더 중립적인 용어를 사용한다. 나는 '구약'이 더 친숙하므로 여기서는 이 용어를 사용한다.
   이 책의 서문을 쓴 레이 밴더 란(Ray Vander Laan)은 역동적인 강사다(한 친구는 그를 '피부가 있는 번개'라고 했다). 1999년 나의 첫 번째 이스라엘 연구 답사 시절에도 란이 함께 했다(무서웠던 히스기야 터널도 이 답사 때였다). 란은 또한 〈Faith Lessons DVD〉 시리즈의 제작자이다. 자세한 정보는 FollowTheRabbi.com 참조.
5. 나는 여러 전문가에게 빚을 졌다. 특히 데이비드 비빈(David Bivin, JerusalemPerspective.

com), 랜덜 부스(Randall Buth, BiblicalLanguageCenter.com), 스티븐 나틀리(Steven Notley, EmmausOnline.net)에게 빚진 바가 크다. 난 6년간 부르스와 매리 오케마 부부와 함께 작업하여 미시간 홀랜드에 소재한 엔-게디 연구소(En-Gedi Resource Center)를 설립했다. www.ergc.net 참조.

6. 하나님은 아브라함에게 짐승을 통째로 불사르는 '번제'(burnt offering)로 제사를 드리라고 구체적으로 지시하셨다.

7. John Varriano, *Tastes and Temptation: Food and Art in Renaissance Italy* (Berkely, CA:Univ. of California Press, 2009), 102. 당시 르네상스 시절의 이탈리아에서는 장어구이가 인기 있는 별미였던 것 같다.

8. 상세한 내용은 다음을 참조하라. Ann Spangler and Lois Tverber, *Sitting at the Feet of Rabbi Jesus: How the Jewishness of Jesus Can Transform Your Faith* (Grand Rapids: Zondervan, 2009), 101-12. 요한이 마지막 만찬 사건 날짜를 유월절 '전날'로 기록했기 때문에 유월절 식사는 예수의 마지막 식사가 아니었다는 의혹을 제기하는 이들이 있다. 다른 복음서는 그 식사가 분명히 '유월절' 식사였다고 명시한다(눅 22:15). 이 논쟁에 관한 논의와 이 식사가 유월절 식사라는 강력한 증거 자료는 다음을 참조하라. Joachim Jeremias, *The Eucharistic Words of Jesus* (Long: SCM, 1966), 15-88.

9. John MacArthur, *Grace to You*, "Understanding the Sabbath"(2009년 9월 20일). 다음 링크에서 볼 수 있다. www.gty.org/Resources/Sermons/90-379 (단축주소 https://goo.gl/XAYX6a).

10. 에센파는 유대의 종교 의례 관행에 이방인의 영향이 유입되는 것을 거부한 1세기의 유력한 종파였다. 많은 에센파가 유대 광야에 있는 쿰란 공동체로 이주하여 고도의 의례적 순수성을 유지하며 살았다. 사해 두루마리 속에서 에센파의 저술이 발견되었다.

11. Paula Fredriksen, "The Birth of Christianity and the Origins of Christian Anti-Judaism," in *Jesus, Judaism, and Christian Anti-Judaism: Reading the New Testament after the Holocaust*(Louisville: Westminster John Knox, 2002), 8-30.

12. Luke Timothy Johnson, "The New Testament's Anti-Jewish Slander and the Conventions of Ancient Polemic," *Journal of Biblical Literature* 108 (1989): 419-41.

13. 이런 태도로 인해 유대인이 당했던 박해 사례를 들자면 끝도 없다. 스페인 종교재판과 러시아의 반유대인 폭동(포그롬), 홀로코스트까지 모두, 예수가 메시아라는 사실을 믿지 않는다는 이유로 품었던 그리스도인의 적개심에서 발화했다는 사실을 대체로 알지 못한다. 역사가 에드워드 프래너리(Edward Flannery)가 고찰했듯이 안타깝게도 "유대인

이 암기했던 페이지들은 우리의 기독교 시대 역사에서 찢겨 나갔다"(*The Anguish of the Jews* [New York: Macmillan, 1965], xi).

이 책은 이방인 출신의 복음주의 그리스도인이 기독인 독자를 위해 쓴 것이다. 내 이웃의 다소 공격적인 발언에 대해 유대 독자들에게 사과를 전한다.

14. Peter Jones, *Stolen Identity: The Conspiracy to Reinvent Jesus* (Colorado Springs: Cook, 2005), 10.

15. 역사적 예수에 대한 학계의 최근 동향과 도가 지나친 행동에 관해 다음 자료가 잘 요약했다. Craig A. Evans, *Fabricating Jesus: How Modern Scholars Distort the Gospels* (Downers Grove, IL: InterVarsity Press, 2006).

16. 요한복음 10장 22절은 수전절 기간이었다고 기술한다. 마카비의 승리와 성전 탈환을 기념하는 수전절은 후에 하누카로 불렸다. 베이글의 기원은 17세기 오스트리아이고, 큐브퍼즐(드라이델)은 유럽의 어린이 놀이에서 유래했다.

17. 본서에 언급된 탈무드는 모두 바빌로니아 탈무드다.

18. 불과 수십 년 전만 해도 학자들은 신약시대 연구에 랍비가 쓴 문서를 사용하는 데 회의적이었다. 최근 들어서야 사용 가능하다는 자신감이 커졌다. 상세한 정보는 다음을 참조하라. David Instone-Brewer, *Traditions of the Rabbis from the Era of the New Testament* (Grand Rapids: Eerdmans, 2004), 28-40; 상기한 책에 수록된 평론 글은 다음을 참조하라. "The Use of Rabbinic Sources in Gospel Studies," *Tyndale Bulletin* 50 (1999), 291-98. 이 책에서 나는 가능하면 초기 유대 문헌을 많이 사용하려고 애썼다. 후기 유대 문헌에서 가져온 내용은 예수의 세계관이 아닌 일반적 지혜의 범주에 포함했다. 일반적으로 학자들의 추정에 의하면 예수는 당대의 사상을 알고 있었지만, 후기 랍비들은 예수의 말씀을 알지 못했다고 본다. 그 둘 사이의 평행 구도는 공통의 문화적 배경에서 비롯된 것이다.

19. 한 흥미진진한 연구에서 문화인류학자들은 유럽과 아시아에서 수천 년간 존재한 전통 유대인 촌락인 '슈테틀'(*shtetls*)의 문화생활을 살펴보았다(〈지붕 위의 바이올린〉을 떠올리면 된다). 문화인류학자들은 대륙 양 끝의 종교적 전통이 얼마나 유사한가, 그리고 수 세기 동안 일어난 변화치고는 얼마나 적은지를 보며 놀랐다. 강한 박해 탓에 대부분 유대 공동체는 더 큰 세상으로부터 스스로 벽을 쌓았고 완강하게 전통을 지켰다. Mark Zborowski and Elizabeth Herzog, *Life Is With People: The Culture of the Shtetl* (New York: Schocken, 1952). 가장 큰 변화는 지난 세기에 일어났다. 이 시기에 유대 종파들은 자유주의(개혁파 또는 재건파)와 보수파, 정통파, 초정통파(하시드) 등 여러 갈래로

쪼개졌다.

20. Kenneth Bailey, *Finding the Lost: Cultural Keys to Luke 15* (St. Louis, MO: Concordia, 1992), 28-29. 베일리는 경제와 정치 현실 같이 급속도로 변하는 측면도 있지만, 세계관과 문화적 전제 및 태도는 수 세기 동안 지속한다고 밝힌다.
21. Eugene Nida, *Meaning Across Cultures* (Maryknoll, NY: Orbis, 1981), 29.
22. 하나님 나라와 예수의 메시아 주장과의 연관성에 대한 세부 논의는 다음을 참조하라. *Sitting at the Feet of Rabbi Jesus*, 180-95. 아울러 다음 자료도 참조하라. Craig Evans, "Messianic Hopes and Messianic Figures in Late Antiquity," *Journal of Greco-Roman Christianity and Judaism* 3 (2006): 9-40. 이 자료는 다음 링크에서도 볼 수 있다. www.craigevans.com/studies.htm
23. 어떤 이들은 '랍비'가 공식 직함으로 사용된 것은 수십 년이 지난 주후 70년 이후였음에 주목한다. 이러한 이유로 현대 학자들은 예수 시대의 선생을 '랍비'라고 부르지 않고 '현자'(sages)로 부른다. 예수 생전에 랍비는 '나의 주인'이라는 뜻으로 종교적 선생을 부르는 존칭이었다. 복음서에서 예수가 '랍비'로 칭함을 받은 장소는 다음 구절에 나온다. 막 9:5, 11:21, 요 1:37, 3:2, 4:31, 6:25, 11:8 등등.
24. 미쉬나 아봇(Mishnah Avot) 1:4에 수록된 이 말은 주전 2세기에 살았던 요세 벤 요에제르(Yose ben Yoezer)의 말로 추정된다. 본문의 히브리어를 문자적으로 해석하면 "그들 발의 먼지로 너 자신을 칠하라"(powder yourself with the dust of their feet) 정도로 옮길 수 있다. 종종 "그들 발의 먼지 가운데 앉다"로 번역되는 이 문구는 바울이 사도행전 22장 3절에서 가말리엘의 발치에 앉았듯이 제자들이 스승의 발치에 앉았음을 뜻한다. 그러나 저명한 유대 학자 쉬므엘 사프라이(Shmuel Safrai)는 흙먼지 길을 함께 나란히 걷는 것을 말할 가능성이 있다고 주장한다. 그의 책은 아래 참조. *The Jewish People in the First Century* (Amsterdam: Van Gorcum 1976), 965. 더 자세한 정보는 다음의 글을 참조하라. "Covered in the Dust of Your Rabbi: An Urban Legend?" at OurRabbiJesus.com.

**2장. 쉐마: 들은 대로 살기**

1. Rabbi Jonathan Sacks, *The Koren Sacks Siddur: A Hebrew/English Prayerbook* (Jerusalm: Koren, 2009), 96-98.
2. Slovie Jungreis-Wolff, *Raising a Child with Soul* (New York: Macmillan, 2009), 85.

3. 자녀들이 말을 하기 시작하자마자 쉐마를 가르치라는 계명은 탈무드, 수카(*Sukklah*) 42a(5세기)에 나온다. 신약과 다른 문헌에서도 아이들이 아주 어린 나이부터 성경을 배우기 시작했다고 한다. 가령 바울은 디모데가 유아기부터 성경을 알았다고 언급했다(딤후 3:10). 1세기의 유대 역사가 요세푸스의 저작과 사해 두루마리(200 BC~AD 68) 역시 매일 아침저녁으로 쉐마를 반복하는 관습에 관해 언급한다.
4. Geza Vermes, *The Religion of Jesus the Jew* (Minneapolis: Fortress, 1993), 37-45. 성경 요약에 관한 랍비 사이의 논의에 대한 상세한 설명은 다음을 참조하라. *Sitting at the Feet of Rabbi Jesus*, 17-78.
5. 이 말씀을 예수가 일부러 자신의 메시지를 숨기신다는 뜻으로 오해하는 경우가 많으나 이 비유의 초점은 정반대다. 즉, 문제는 예수의 가르침이 난해한 게 아니라 청중이 반응할 의향이 없다는 데 있다. 예수의 말씀이 문제가 아니라 청중의 귀가 문제였다. 수천 개의 랍비 비유와 마찬가지로 예수께서 비유를 드신 의도는 혼돈을 주기 위함이 아니라 밝히 해명하기 위함이었다.
6. 히브리어를 아는 독자들을 위해 추가로 언급하자면, '쉐마'는 š-m-C로 음역한 히브리어 동사(שָׁמַע)를 정확한 형태로 분석한 단어는 아니다. 그럼에도 내가 계속 '쉐마'라는 단어를 거친 상응어로 사용하는 이유는 히브리어 단어를 영어 상응어(비상응어)로 대체하며 히브리어를 왜곡하게 되는 것보다는 그리스도인이 (폭넓은 연결고리를 가진) 히브리어 단어를 자신의 사유 속으로 가져오도록 돕는 것이 더 낫다고 여겼기 때문이다.
7. 성경에 수록된 히브리어 단어 8천 개의 어근(뿌리말)은 고작 2천 1백 개에 지나지 않는다. 실제 고대 히브리어 어휘는 이보다 더 방대했지만, 성경에 수록된 히브리어는 구약에 사용된 단어만 포함한다.
8. 다음에서 발췌했다. *Searchlight on Bible Words*, compiled by James C. Hefley(Grand Rapids: Zondervan, 1972), 19-23.
9. '야훼'(YHWH)라는 단어는 출애굽기 3장 14절에서 모세가 받은 하나님 이름의 히브리어 자음 네 개를 음역한 것이다. 유대인은 경외감으로 이 이름을 절대 소리 내어 말하지 않고 보통 '아도나이'(*Adonai*, '나의 주')나 '하쉠'(*HaShem*, '그 이름')을 대신 사용한다. 대부분의 성경 번역은 이 전통을 존중하여 이 이름을 '주'(the Lord)로 옮긴다.
10. *Tanakh: The Holy Scriptures: The New JPS Translation According to the Traditional Hebrew Text* (New York: Jewish Publications Society, 1985).
11. Jeffrey Tigay, *The JPS Torah Commentary: Deuteronomy* (New York: Jewish Publication Society, 1996), 76. 타이가이는 쉐마 두 장 앞에 있는 신명기 4장 35~39절

에서 유일신 사상을 가장 명백하게 진술한 내용을 찾을 수 있다고 주목한다. 타이가이는 또한 1세기에 쉐마를 언약적 맹세로 간주했다는 사실을 뒷받침하는 여러 증거를 공유한다. 에센파는 쉐마를 암송하는 행위가 "하나님의 언약으로 진입하기"라고 했다. 쉐마 직후의 예배 의례는 마치 화자가 하나님 앞에서 엄숙하게 서약을 확인하듯이 법적 문서를 확증하는 데 사용하는 여러 용어로 끝맺는다.

12. 학자들은 또한 쉐마의 도입부와 (십계명의) 1계명 간의 대응성에 주목한다. "나는 너를 애굽 땅, 종 되었던 집에서 인도하여 낸 네 하나님 여호와라. 나 외에는 다른 신들을 네게 두지 말지니라"(신 5:6~7). 둘 다 두 문장으로 구성되어 있고, 첫 문장은 계명 준행에 동기를 부여하는 하나님에 관한 진술이다. 즉, 주님이 너의 하나님이시고 너를 종살이에서 구출했기 때문에 너는 다른 신을 두지 말라는 것이다.

**3장. 가진 전부를 바쳐 하나님 사랑하기**

1. Mishnah, *Avot* 5:20
2. Victor Frankl, *Man's Search for Meaning* (Boston: Beacon, 1992 ed), 48-50. (《죽음의 수용소에서》, 청아출판사, 2005).
3. 히브리어에서 동사의 미래(불완전)형은 명령으로 사용될 수 있다.
4. Maimonides, *Laws of Repentance* 10.3.
5. Jeffrey Spitzer, "Shema as a Love Story," www.myjewishlearning.com.
6. Brian McLaren and Tony Campolo, *Adventures in Missing the Point* (GrandRapids: Zondervan, 2006), 236-38.
7. Chuck Warnock, "The Most Important Thing Jesus Said," www.ethicsdaily.com/the-most-important-thing-jesus-said-cms-13379 (단축주소 https://goo.gl/n5JxP7).
8. 2002년 이스라엘 상(Israel Prize)을 수상한 히브리대학교의 유대사 교수 쉬므엘 사프라이에 관해 스티븐 노틀리와 데이비드 비빈이 개인적으로 전해준 내용이다.
9. Nida, *Meaning Across Cultures*, 29.
10. Talmud, *Bereshit* 61b.
11. Jonn Oswalt, *The Bible among the Myths* (GrandRapids: Zondervan, 2009), 71.
12. '메오드'(*Me'od*)는 히브리어 성경에서 약 300회 정도 등장한다. *Me'od*가 명사로 나온 다른 곳은 열왕기하 23장 25절이다. "요시야와 같이 마음을 다하며 뜻을 다하며 힘을 다하

여 모세의 모든 율법을 따라 여호와께로 돌이킨 왕은 요시야 전에도 없었고 후에도 그와 같은 자가 없었더라." 여기서 성경 기자는 요시야의 헌신을 설명하기 위해 쉐마를 실제로 인용하고 있다.

13. 나의 원 출처는 2003년 11월 23일 성경문헌협회 연례회의(Society for Biblical Literature Annual Meeting)에서 랜덜 부스(Randall Buth)가 발표한 논문 "A Four-fold Shma Between Qumran and the Gospels"이다. 다음을 또 참조하라. Serge Ruzer, "The Double Love Precept: Between Pharisees, Jesus, and Qumran Covenanters" in *Mapping the New Testament: Early Christian Writings as a Witness for Jewish Biblical Exegesis*(Leiden: Brill 2003), 71-100. 마가복음과 마태복음의 고대 원본조차 '주님을 사랑하라'가 세 부분인지 네 부분인지에 관해 의견이 일치하지 않는다. 마가복음의 초기 사본 중 일부는 세 요소만 열거하고 마태복음의 사본 일부는 네 요소가 들어있다.
14. Robert Harris, Gleason Archer, and Bruce Waltke, *Theological Wordbook of the Old Testament* (Chicago: Moody Press, 1980), 487.
15. 히브리어 쉐마의 오디오 파일은 OurRabbiJesus.com에서 얻을 수 있다.

**4장. '이웃 사랑' 계명에 담긴 하나님의 진심**

1. Rabbi Moses Cordovero (1522-1570), *The Palm Tree of Deborah* 5.
2. *Cliff Ellis: The Winning Edge* (Champaign, IL: Sports Publishing, 2000), 253-54.
3. Marvin Wilson, *Our Father Abraham: Jewish Roots of the Christian Faith* (GrandRapids: Eerdmans, 1989), 185-90.
4. Ismar Schorsch, "You Can't Be Holy Alone," *Judaism: A Quarterly Journal of Jewish Life and Thought* 55 (Fall-Winter 2006): 73-83. 쉬무엘 사프라이에 의하면 1세기 민얀 계수에는 여성도 포함되었다. 다음을 참조하라. "Were Women Segregated in the Ancient Synagogue?" *Jerusalem Perspective* 52 (July-Sept 1997): 24-36. 물론 10명의 정족수를 요하는 것이 하나님의 임재를 제한하는 건 아니다. 공동체로 모일 것을 의무화하고 강화하는 민얀 수칙으로 인해 유대인은 흩어진 민족이 아니라 함께 살고 예배하는 민족이 되었다.
5. 아미다에 대해서는 다음을 참조하라. *Sitting at the Feet of Rabbi Jesus*, 212-15.
6. 영어에서는 'and'와 'but'가 다른 뜻으로 쓰이지만, 히브리어의 *ve*라는 접속어는 'and'를 뜻할 수도 있고 'but'를 의미할 수도 있다.

7. 랍비 스승들은 또한 두 번째 '큰' 계명의 중심성을 강조했다. 예수 시대로부터 약 1세기 후 랍비 아키바는 이렇게 선언했다. "네 이웃을 네 자신과 같이 사랑하라. 이것이 토라의 대원칙이다"(Sifra, *Qedoshim* 4). 예수 사역 이전에도 두 사랑 계명을 서로 연관되는 것으로 보았을 수 있다. 예수의 사랑에 관한 말씀은 유대 전통 중 최상의 것을 끄집어내어 확증하신 것이지 유대 전통을 내팽개치고 사랑으로 대체하신 게 아니었다. 참조. David Flusser, *Judaism and the Origins of Christianity* (Jerusalem: Magnes, 1988), 474.
8. James Kugel, *The Bible as It Was* (Cambridge: Belknap, 1997), 455-60.
9. Joseph Telushkin, *A Code of Jewish Ethics*, Volume 2, *Love Your Neighbor as Yourself* (New York: Bell Tower, 2009), 8-9.
10. *Jubilees* 36:4, 재인용. Kugel, *The Bible as It Was*, 455.
11. David Bivin, *New Light on the Difficult Words of Jesus* (Holland: En-Gedi Resource Center, 2004), 89-92. Quote from the Manual of Discipline, IQS, 1:9-10.
12. Sirach 28:2-4 (NRSV, 강조 추가). 벤 시라(Ben Sira)는 주전 180년경에 활동했다. 이에 관한 내용은 다음을 참조하라. "Jesus' Jewish Command to Love" by R. Steven Notley, www.jerusalemperspective.com/4433. 참조. David Flusser, *Judaism and the Origins of Christianity* (Jerusalem: Magnes, 1988), 469-89.
13. Josephus, *Jewish Wars* 2.232-34.
14. 선한 사마리아인의 비유와 역대하 28장 1~15절의 유사성에 관한 논의는 오래전부터 있었지만, 예수께서 자신의 논점을 증명하기 위해 이 이야기를 사용하셨는가에 관해서는 이견이 존재한다. 최근 한 저명한 학자는 예수가 이 이야기를 사용하신 게 맞다고 주장했다. 참조. Craig Evans, "Luke's Good Samaritan and the Chronicle's Good Samaritans" in *Biblical Interpretation in Early Christian Gospels*, Volume 3, The Gospel of Luke, ed. Thomas R. Hatina (New York: T&T Clark, 2010), 32-42.
    예수 시대의 사마리아인들은 주전 722년 앗수르 침공 이후 사마리아에서 뒤섞여 산 유대인들과 외국인들을 가리킨다. 예수가 우상숭배하는 오벳 시대의 북이스라엘 지파들과 사마리아인을 연결하는 것은 청중에게 별 문제가 되지 않았다. 사마리아인도 자신들이 북이스라엘 지파의 후손이라고 믿었다.

**5장. 좋은 눈 얻기**

1. 미쉬나(Mishnah)는 주전 200년부터 주후 200년까지 랍비 학자들이 기록한 문서들이다.

미쉬나는 대부분 법률 해석에 관한 것이지만, '피르케 아봇'(*Pirke Avot*, "아버지들의 말씀") 혹은 줄여서 '아봇'(*Avot*, "아버지들") 섹션은 예수 시대와 그 전후 시대의 윤리와 지혜와 관련된 발언을 담고 있다.

2. Elizabeth Clare Prophet, *The Lost Teaching of Jesus* (Gardiner, MO: Summit Univ. Press, 1986), 281; Ethan Walker, *The Mystic Christ* (Redmond, OR: Devi, 2003), 77-78.
3. Herbert Lockyer, *All the Parables of the Bible* (GrandRapids: Zondervan, 1988), 149-50.
4. 예수의 '좋은 눈/나쁜 눈' 언급에 관한 상세한 정보는 다음을 참조하라. Samuel Tobias Lachs, *A Rabbinic Commentary on the New Testament: The Gospels of Matthew, Mark and Luke* (Jersey City, NJ: KTAV, 1987), 127-29. Craig Keener, *A Commentary on the Gospel of Matthew* (GrandRapids: Eerdmans, 1999), 232. 비록 예수는 아람어를 구사할 수 있었지만, 그 시대의 다른 유대 스승들처럼 십중팔구 히브리어로 가르쳤을 것이다. 참조. Randall Buth, "The Language of Jesus' Teaching" (subsection of "Aramaic Language"), *Dictionary of New Testament Background*, ed. Craig Evans and Stanley Porter (Downers Grove, IL: InterVarsity Press, 2000), 86-91.
5. 마태복음 6장 22~23절의 헬라어 본문은 문자적으로 *haplous*(단일한) 눈과 *poneros*(나쁜) 눈을 대조한다. 종종 사람들은 예수께서 일편단심 또는 진실함에 관해 설교하셨다고 짐작한다. 그러나 '하나의 눈'은 진실함을 뜻하는 히브리어 관용구가 아니다. 십중팔구 마태의 헬라권 독자들은 우리만큼이나 '좋은 눈'을 이해하지 못했을 것이므로 마태가 *haplous*를 사용하여 번역했을 것이다. 헬라어에서 *haplous*는 '너그럽다'는 뜻의 관용어이다. 고후 9장 11절에서 바울은 고린도 교인들에게 하나님이 그들에게 부요를 허락하셔서 그들이 *haplotes*('너그럽다') 할 수 있다고 말한다. (참조. 롬 12:8, 고후 8:2, 9:13). (David Bivin, 사적인 의견교환.) 또한 다음을 참조하라. Henry Cadbury, "The Single Eye," *Harvard Theological Review* 47 (1954): 69-74.
6. *ayin ra'ah*, 나쁜 눈, 자기중심적인 태도를 가졌다는 것을 '악한 눈'(*ayin ha'ra*)와 혼동해선 안 된다. *ayin ha'ra*는 한 사람이 시샘 어린 눈길로 마법을 걸 수 있다는 미신에서 비롯되었다.
7. 아브라함이 이 말을 한 곳은 훗날 예루살렘의 터전이 된 모리아산이다. 수 세기 후 이곳에서 예수는 자신을 희생제물로 드리셨고, 이로써 하나님은 결국 어린양을 제공하셨다.
8. Mishnah, *Avot* 2:10

9. 하늘에 보물을 쌓아둔다는 것은 경건한 우선순위를 세우라는 일반적인 의미로 이해할 수도 있지만, 신약의 여러 말씀(마 19:21, 막 10:21, 눅 12:33, 18:22, 딤전 6:19)과 다른 유대 문헌을 보면 분명 가난한 자에게 베푸는 것을 뜻한다. 이 표현은 잠언에서 연유한다. "가난한 자를 불쌍히 여기는 것은 여호와께 꾸어 드리는 것이니 그의 선행을 그에게 갚아 주시리라"(19:17). 보통 꾸어주는 건 이자소득을 기대하기 때문이다. 한 사람이 가난한 자에게 베풀면 하나님 자신이 그 빚을 짊어지신다. 다음 세상에서 하나님이 그 투자를 보너스까지 얹어 되갚아주실 것이다. 참조. Joseph Frankovic, "Treasures in Heaven," www.jerusalemperspective.com/4661.
10. "Receive the Coming Supernatural Wealth Transfer," Benny Hinn email newsletter, 2010년 5월 21일, www.bennyhinn.org/articles/articledesc.cfm?id=7052. (지금은 연결되지 않음)
11. 초기 교회는 사람들에게 가진 재산을 전부 기부하라고 하지 않았다. 아나니아와 삽비라가 땅을 판 돈 일부를 공동체에 헌납했을 때 그들은 매각 금액에 대해 거짓말을 했다. 베드로는 땅을 팔고 얼마를 헌금할지는 그들 선택이라고 했다. 그들의 죄는 거짓말을 했다는 데 있었다(행 5:1~5).
12. Christian Smith and Michael Emerson, *Passing the Plate: Why American Christians Don't Give Away More Money* (Oxford: Oxford Univ. Press, 2008), 32-33. 이 수치는 설문 참여자의 자발적 보고에 따른 것으로 결과는 실제 데이터보다 낙관적일 가능성이 있다. 자선단체에 기부하지 '않는' 유대교인의 비율은 8퍼센트밖에 되지 않았다.
13. Henry Assael and C. Samuel Craig, edg., *Printer's Ink: A Journal for Advertisers: Fifty Years:1888-1938* (NewYork: Garland, 1986), 362.
14. *Madame Blueberry* (VeggieTales, Big Idea, Inc., 1998).
15. Smith and Emerson, *Passing the Plate*, 144.
16. 6.5퍼센트 이율의 30년 주택담보대출이 있으면 412,000달러를 더 지불하는 셈이다. 만일 집을 사지 않는다면 그들이 열정을 가지고 있는 주님의 선한 사업에 매년 14,000달러 넘게 후원할 수 있다.
17. Adapted from Paul Forchheimer, *Living Judaism: Maimonides' Commentary on Pirkey Avoth* (New York: Feldheim, 1974), 101. 예수는 가난이 그 자체로 미덕이라고 가르치지 않았으나 부는 풍성한 열매를 맺지 못하도록 막는 가시떨기라고 하셨다(마 13:22). 예수와 제자들은 누가복음 10장 4~7절처럼 종교적 스승을 손 대접하는 문화 덕분에 적은 소유로도 활동할 수 있었을 것이다. 참조. Bivin, *New Light on the Difficult Words of*

*Jesus*, 109-14.

18. Rabbi Shmelke of Nicholsberg (d. 1778) 다음에서 재인용. *Jewish Wisdom*, ed. Rabbi Joseph Telushkin (New York: William Morrow, 1994), 15. (《죽기 전에 한 번은 유대인에게 물어라》, 북스넛, 2013).
19. Zborowski and Herzog, *Life Is With People*, 193.
20. David L. Baker, *Tight Fists or Open Hands: Wealth and Poverty in Old Testament Law* (GrandRapids: Eerdmans, 2009), 307-15.
21. John Walton, *Ancient Israelite Literature in Its Cultural Context* (GrandRapids: Zondervan, 1994), 229-47.

**6장. 그 이름의 비밀을 드러내는 사람**

1. 티어베르그의 미출간 회고록에 실린 사건으로 1919년경 일어난 일이다. Svein and Elise Tverberg, *From Farm to Mission Field*.
2. 일례가 1930년대에 출현하여 지지자들이 진짜라고 믿는 이름들을 수록한 여러 성경 역본을 출간한 '거룩한 이름 운동'(Sacred Name Movement)이다.
3. 바벨론 창조 서사인 에누마 엘리쉬(Enuma Elish)는 창조 이전 시대를 "높은 곳에서는 하늘이 [아직] 이름 지어지지 않았으며 낮은 곳에서는 단단한 땅이 [아직] 이름을 받지 않았다"라고 묘사한다. From Nahum M. Sarna, ed., *JPS Torah Commentary: Genesis* (New York: Jewish Publication Society, 1989), 7.
4. 영어는 히브리 단어의 음가를 근사치로만 표현할 수 있기에 예수의 히브리어 이름을 *Y'shua*나 *Yeshuah*와 같이 다른 철자로 표기할 수도 있다. 일각에서는 '지저스'(Jesus)가 *Yeshua*를 일부러 틀리게 발음한 것이라고 보기도 하지만, 이는 히브리어를 영어로 음역하는 방식에 연유한 것이다. 불어에서는 그 이름을 '야이수'로, 말라가시어로는 '제슈쉬'로 발음하는 것만큼 별 의미가 없는 음역의 한계일 뿐이다.
5. '예슈아'(Yeshua)는 실제로 1세기에 흔한 이름이었고 구약에도 등장한다. 구약에서는 '예슈아'(Yeshua)란 이름이 '제슈아'(Jeshua)로 음역된 형태로 28군데에 등장한다.
6. 예수는 청중이 나머지 이야기를 알고 있으리라 기대하면서 습관적으로 성경을 인용한다. 보다 상세한 내용은 다음을 참조하라. *Sitting at the Feet of Rabbi Jesus*, 36-50. 예수의 히브리적 발언에 관한 상세한 정보는 비빈의 여러 글을 참조하라. Bivin, *New Light on the Difficult Words of Jesus*와 *Jerusalem Perspective Online*(jerusalemperspective.com).

7. Gregory K. Beale and D. A. Carson, *Commentary on the New Testament Use of the Old Testament* (GrandRapids: Baker Academic, 2007), 35.
8. 당신은 이방인 창기가 의롭다는 명망을 얻지 못하리라고 생각하겠지만 야고보는 이렇게 기록했다. "또 이와 같이 기생 라합이 사자들을 접대하여 다른 길로 나가게 할 때에 행함으로 의롭다 하심을 받는 것이 아니냐"(약 2:25). 그리고 히브리서는 "믿음으로 기생 라합은 정탐꾼을 평안히 영접하였으므로 순종하지 아니한 자와 함께 멸망하지 아니하였도다"(11:31)라고 기록한다. 초기 랍비 문헌 역시 라합을 개종자의 모델로 그린다. 참조. Leila Bronner, *From Eve to Esther: Rabbinic Reconstructions of Biblical Women* (Louisville: Westminster John Knox, 1994), 148-50.
9. 키두쉬 하셈(*Kiddush hashem*)이란 표현은 초기 랍비 문헌에서 발견된다. 현대 용례에서 키두쉬 하셈은 배교를 거부하여 순교를 당한다는 보다 구체적인 의미로 쓰인다. 스페인 종교재판부터 홀로코스트까지 수 세기에 걸친 유대인 박해 가운데 이러한 순교 사례가 빈번하게 발생했다. 키두쉬 하셈과 힐룰 하셈의 사례에 관한 상세한 내용은 다음을 참조. Joseph Telushkin, *A Code of Jewish Ethics*, Volume 1, *You Shall Be Holy* (New York: Bell Tower, 2006), 456-75.
10. 셰벳 아힘에 관한 상세한 정보는 다음을 참조하라. www.shevet.org.

**7장. 코셔 입을 가지는 법**

1. Jim Casey and Philip J. O'Connor, "Teacher's Nightmare Ends; False Sex Abuse Claims Found to Be a Ploy By His Students," *Chicago Sun-Times*, May 17, 1994.
2. NIV를 비롯한 대부분의 영어 역본은 "생명을 사모하고"(desiring life)와 "연수를 사랑하여"(loving many days)라고 옮기지 않고, 동사를 뒤바꿔 직역하여 "생명을 사랑하고"(loves life)와 "연수를 사모하여"(desires many good days)라고 옮겼다. 하지만 이 구절의 히브리어 원어는 직역하자면 "생명을 사모하고"(desiring life)를 뜻하는 '하페츠 하임'(*chafetz chaim*)이다. (아래 3번 주를 참조하라.)
3. 이 운동의 창시자는 19세기 후반에 활동한 랍비 이스라엘 메이어 케이건(Yisrael Meir Kagan)이다. 그는 유대문화에서 라숀 하라를 퇴치하는 일에 일생을 바쳤고 그 가르침으로 큰 명망을 얻어 "하페츠 하임"이라는 칭호를 얻었다(하페츠 하임은 시편 34장 12절에 나오는 "생명을 사모하는 자"이다. 랍비 케이건은 이 주제에 관해 동일한 제목으로 역작을 한 권 남겼다).

4. Dan Levin, "Weaning Teenagers Off Gossip, for One Hour at a Time," *New York Times*, 2008년 3월 27일, www.nytimes.com/2008/03/27/nyregion/27gossip.html?ref=nyregion (단축주소 https://goo.gl/rw2Qfc).
5. 비록 예수와 야고보도 악한 말에 대해 여러 차례 경고했지만, 본 장의 대부분 사유는 후기 유대교(주후 400년 이후)에서 가져온 것이다. 오늘을 사는 우리를 위한 지혜로운 사고방식으로서 나는 이 사유를 여기서 공유한다. 말하기의 윤리에 관한 탁월한 자료는 다음을 참조하라. Rabbi Joseph Telushkin, *Words That Hurts*, *Words That Heal* (New York: William Morrow, 1996).
6. Talmud, *Arachin* 15b. 일부 주석가들은 멧조라(*metzora*, 문둥병자)와 못지 라(*motzi ra*, 악한 말을 하는 자)를 병렬한다. 연례 토라 강독 주간에 말하기의 죄에 관해 설교하는 전통이 있는데, 그때 레위기 13~14장의 문둥병과 곰팡이에 관한 규례를 낭독한다.
7. 일반적으로 부정적인 정보를 나누는 것은 사람들이 그 정보 없이 의사결정을 내릴 경우 불이익을 당할 상황인 경우에만 허용된다. 가령 친구가 당신이 알고 있는 부정직한 사람과 계속 동업을 고민한다면 친구에게 말해야 한다. 그러나 그때에도 당신이 알고 있는 사실만 말하고 근거 없는 풍문은 말해선 안 된다.
8. 다음에 게재된 전통 유대 이야기에 근거한다. Telushkin, *Words That Hurt*, *Words That Heal*, 3.
9. *Bereshit Rabbah* 98:23.
10. Lori Palatnik with Bob Burg, "Evil Speech Is a Triple Murder Threat" in *Gossip: Ten Pathways to Eliminate It from Your Life and Transform Your Soul* (Deerfield Beach, FL: Simcha 2002), 34-38.
11. 해학은 해학의 대상이 그것을 재미있다고 여길 때만 괜찮다. 그러나 누군가를 조롱하고서 "그냥 장난친 거야"라는 핑계를 대선 안 된다.
12. Talmud, *Bava Metzia* 59a.
13. Edecio Martinex, "Alexis Pilkington Brutally Cyber Bullied, Even after Her Suicide," CBSNews.com, 2010년 3월 26일. www.cbsnews.com/news/alexis-pilkington-brutally-cyber-bullied-even-after-her-suicide (단축주소 https://goo.gl/Rfxhv4).
14. Tosefta, *Bava Kama* 7:3.
15. Joseph Telushkin, *The Book of Jewish Ethics* (New York:Bell Tower, 2000), 40-41.
16. Mishnah, *Avot* 4:1.

**8장. 판단의 저울에서 엄지 떼기**

1. Mishnah, *Avot* 1:6.
2. 고대사회에서 저울은 '판단'에 대한 익히 알려진 메타포였다. 종종 구약에서 하나님은 죄과를 '저울질'하시는 분으로 그려졌다(욥 31:6). 그리스 신화에서 저울을 들고 눈가리개를 한 여자는 공의의 상징으로 등장한다. 이집트에서는 최후의 심판을 묘사하면서 저울 한쪽 접시에는 깃털 하나를 올려놓고 다른 쪽 접시에 한 사람의 마음을 올려놓는 것으로 그린다.
3. Talmud, *Shabbat* 127a. 농부는 분노한 나머지 아들을 응징하려고 자신의 재물을 고르반("하나님께 바친 것")이라고 선포한다. 가을 절기 중에서 욤 키푸르에는 성급하게 한 서원을 취소할 수 있다. (예수도 고르반에 대해 말씀하신다. 참조. 마 15:5과 막 7:11)
4. Zelig Pliskin, *Love Your Neighbor* (New York: Aish Hatorah, 1977), 261.
5. Charles Swindoll, *The Grace Awakening* (Nashville, Nelson, 2006), 154. (《은혜의 각성》, 죠이선교회, 2006).
6. Joseph Telushkin, *A Code of Jewish Ethics*, Volume 1, You Shall Be Holy, 92 (랍비 Simcha Zissel Ziv가 인용한 내용을 포함한다.) '우호적으로 판단하기'의 윤리에 대한 거장의 고찰에 대해서는 69~94쪽을 참조하라. 여기서 '다른 손'을 사용하여 한 사상의 한계를 검토하는 텔루슈킨의 논증은 인간 행동에 관한 유대적 실용주의를 보여주는 좋은 사례다.
7. Based on a quote from Moshe Chaim Luzzato(1707-1746) in *Orchot Tzaddikim* ("Ways of the Righteous") on page 71 of *You Shall Be Holy*.
8. Malcolm Gladwell, *Blink: The Power of Thinking without Thinking* (New York: Little, Brown, 2005), 30. (《블링크》, 21세기북스, 2016).
9. John Gottman and Nan Silver, *The Seven Principles for Making Marriage Work* (London: Orion, 2004), 27. (《행복한 결혼을 위한 7원칙》, 문학사상사, 2017).
10. 대구법은 시편과 잠언에 널리 사용되었으며 많은 선지서에도 나타난다. 더 상세한 정보는 다음을 참조하라. David Bavin, "Cataloging the New Testament's Hebraisms: Part 4 (Parallelism)," www.jerusalemperspective.com/6626/.
11. Keener, *Commentary on the Gospel of Matthew*, 184.
12. Mishnah, *Avot* 2:4.
13. 유대교와 기독교의 주요한 차이점 중 하나는 사실 인류에 대한 평가에 있다. 유대교는 사람들이 상당히 의로운 삶을 살 수 있다고 믿지만, 그리스도인은 인간이 보편적으로 죄

로 인해 하나님으로부터 분리된 존재라고 본다. 내 생각에는 이 분열은 대속적 죽음을 통해 하나님이 "죄 사함을 위한 새 언약"(마 26:28)을 베푸신다고 가르치셨던 예수에게서 비롯되었다. 예수의 나라는 자신이 하나님의 죄 사함을 필요로 함을 깨닫고 다른 이에게 용서를 베푸는 자들로 이루어져 있다. 예수의 신학과 유대 동시대인들의 신학의 대조점에 관한 상세한 정보는 다음을 참조하라. *Sitting at the Feet of Rabbi Jesus*, 188-92.

**9장. 예수도 '후츠파'를 좋아하셨다**

1. Abraham Heschel, *Man's Quest for God* (Santa Fe, NM: Aurora, 1998), 87. (《하나님을 찾는 사람》, 한국기독교연구소, 2013).
2. Everett Fox, *The Five Books of Moses: A New Translation* (New York: Schocken, 1995), 384.
3. Brad Young, *Jesus the Jewish Theologian* (Peabody, MA: Hendrickson, 1995), 172, 178. "후츠파 신앙" 챕터(171-180쪽)의 나머지 부분을 보면 누가복음 11장 8절의 헬라어 용어 '아나이데이아'(*anaideia*)가 어떻게 (후츠파와 관련된) '하츠포'(*chatzufo*)로 번역될 가능성이 큰지에 관한 설명과 함께, 유사한 주제를 토대로 한 랍비의 비유에 관한 여러 설명이 나온다.
4. Lou Silberman, "Boldness in the Service of Justice," in *Preaching Biblical Texts: Expositions by Jewish and Christian Scholars* (GrandRapids: Eerdmans, 1995), 29-35.
5. Athol Dickson, *The Gospel according to Moses: What My Jewish Friends Taught Me about Jesus* (GrandRapids: Brazon, 2003), 19, 21.
6. Nahum Sarna, *Understanding Genesis: The World of the Bible in the Light of History* (New York: Schocken, 1966), 146-48.
7. *Fiddler on the Roof* (Santa Monica: MGM Entertainment, 1998), originally released in 1971. 유대 기도의 상당 부분이 공동체적이고 정례화되어 있지만 테비에의 개인적인 기도 스타일은 히트봇다두트(*hitboddadut*)라고 불리우는 하시드파의 전통 관행의 일부다. 어린아이같이 신뢰하는 신앙의 성장을 이루기 위해 매일 소리 내어 하나님과 단둘이 대화하며 자신의 기도와 문제를 나누는 관습이다.
8. Mishnah, *Taanit* 3:8.
9. Talmud, *Betsah* 32b. 여기서 쓰인 언어의 근저에는 후손이 조상과 같이 될 것이라는 전형적인 히브리식 사고가 있다. 이와 같은 유형의 논증이 마태복음 5장 44~45절에 나온다.

"나는 너희에게 이르노니 너희 원수를 사랑하며 너희를 박해하는 자를 위하여 기도하라. 이같이 한즉 하늘에 계신 너희 아버지의 아들이 되리니 이는 하나님이 그 해를 악인과 선인에게 비추시며 비를 의로운 자와 불의한 자에게 내려주심이라."

10. "그런즉 내가 하는 대로 두라. 내가 그들에게 진노하여 그들을 진멸하고…"(출 32:10; 신 9:14 참조). 하나님이 모세에게 하신 이 말씀은 역설적으로 모세가 백성을 위해 간구해야만 함을 암시한다. 사실 하나님은 모세의 허락 없이도 백성을 진멸하실 수 있었다. 그러나 하나님은 모세가 개입하여 구하지 않는다면 어떤 일이 일어날지를 모세에게 알리신다. 모세는 그 의중을 간파하고 내가 하는 대로 두라는 하나님의 명령을 무시하고 오히려 이스라엘을 위해 간구한다. 다음을 보라. *JPS Torah Commentary* notes on Exodus 32:10; Numbers 14:12; Deuteronomy 9:14.
11. 랍비 주석가들은 타인의 멸망을 별로 개의치 않는 노아를 어떻게 해석할지 몰라 고심했다. 일부 주석가는 노아가 최대한 늑장을 부려 사람들에게 회개할 시간을 벌어주기 위해 120년이나 걸려 방주를 지었다고 상상에 근거한 추정을 했다(120년이면 씨앗을 뿌려 목재를 얻는 데까지 걸리는 시간이다!). 어떤 주석가는 '의로운' 사람이라고 불린 노아라면 다가오는 심판을 사람들에게 분명 알렸을 것으로 보고 이와 관련된 이야기를 지어냈다. 베드로후서 2장 5절에서 베드로가 노아에 관해 "의를 전파하는 노아"라고 한 것은 이런 전승 때문이었을 것이다. 참조. James Kugel, *The Bible As It Was* (Cambridge, MA: Belknap, 1997), 113-17.
12. Nahum Sarna, *JPS Torah Commentary: Genesis* (Philadelphia: Jewish Publication Society, 1989), 50, 132.

#### 10장. 양손으로 생각하기

1. Marvin Wilson, *Our Father Abraham: The Jewish Roots of the Christian Faith* (GrandRapids: Eerdmans, 1989), 150-51.
2. Mark Galli, "The Man Who Give Up," *Christian History* 11/4 (1992): 11.
3. Rabbi Akiva(주후 2세기), Mishnah, *Avot* 3:16. 논의에 대한 내용은 다음을 참조하라. Wilson, *Our Father Abraham*, 151.
4. Wilson, *Our Father Abraham*, 152.
5. Dickson, *The Gospel according to Moses*, 80.
6. Abraham Heschel, *God in Search of Man: A Philosophy of Judaism* (New York: Farrar,

Straus and Girous, 1976), 20. (《사람을 찾는 하느님》, 한국기독교연구소, 2007).

7. '피쿠아크 네페쉬'를 내세우더라도 취소할 수 없는 율법이 세 가지 있는데, 살인, 우상숭배, 음행이다. 이것은 죄 중에서도 가장 흉악한 죄로 간주했다. 데이비드 비빈은 사도행전 15장 19~20절에서 '피'가 살인을 뜻하는 관용구인 '피흘림'(*shefichut damim*)일 가능성이 크다고 추정하며, 이방인에게 내린 처방도 이 세 가지일 것이라고 시사한다. 참조. Bivin, *New Light on the Difficult Words of Jesus*, 141-44.

8. A. K. Singla et al. "Are Women Who Are Jehovah's Witnesses at Risk of Maternal Death?" *American Journal of Obstetric Gynecology* 185/4 (2001): 893-95. 전통적인 유대법에서는 고대시대부터 낙태를 금하지만, 임신으로 산모의 목숨이 위험에 처할 경우는 낙태를 허용할 뿐 아니라 권장한다(Mishnah, *Ohalot* 7:6). 이는 태어나지 않은 태아보다 산모의 생명을 우선시하기 때문이다.

9. 거짓말을 함으로써 남의 생명을 구하기 위해 나의 생명을 위험에 빠뜨리는 것은 분명 이타적인 행위이지만, 유대법에서는 사람에게 남을 위해 자기 목숨을 희생하라고 절대 강제하지 않는다.

10. Augustine (주후 354~430), "On Lying," in *Treatises on Various Subjects*, Mary S. Muldowney 옮김, Roy J. Deferrari 엮음. (Washington DC: Catholic Univ. of America Press, 2002), 67.

11. Immanuel Kant (1724-1804), *Critique of Practical Reason* (Chicago: Univ. of Chicago Press, 1949), 346-50. 거짓말이 허용되는 경우에 관한 논의는 다음을 참조하라. Telushkin, *The Book of Jewish Values*, 100-105.

12. Telushkin, *The Book of Jewish Values*, 51-54.

13. 재인용. Telushkin, *The Book of Jewish Values*, 2.

14. Mishnah, *Avot* 2:21.

15. Dan Levin, "Weaning Teenagers Off Gossip, for One Hour at a Time," *New York Times*, March 27, 2008.

16. Markus Bockmuehl, *Jewish Law in Gentile Church: Halakhah and the Beginning of Christian Public Ethics* (London: Continuum, 2000), 6-8.

17. 치유를 위해 기도하는 것과 안수만 하는 것은 안식일에 금지된 일이 아니었다는 고찰이 많다. 그러나 고질병 치료를 위해 약초를 빻거나 약을 달이는 것은 금지되었는데, 그 이유는 안식일에 금지된 유형의 노동이기 때문이었다.

18. 바울은 고린도전서 9장 9절에서 일하는 소의 입에 멍에를 씌우지 말라는 율법을 근거로

들면서 믿는 자가 리더의 일을 후원해야 한다는 주장을 개진한다. 만일 소가 노동의 열매를 누릴 수 있다면 인간은 얼마나 더 그래야 하겠는가!

19. 약 1세기 후 사이몬 벤 메나시아(Simeon ben Menasia)가 비슷한 선포를 했다. "안식일이 너희에게 주어진 것이지 너희가 안식일에 주어진 것이 아니다"(*Mechilta de-Rabbi Ishmael* on Exodus 31:13).

**11장. 입체시: 구약과 신약을 통합적으로 보다**

1. Oliver Sacks, *The Mind's Eye* (New York: Knopf, 2010), 111-42. 한쪽 눈의 실명을 비롯한 다양한 이유로 입체적 시각이 결여된 사람이 소수 있다. 그러한 결핍을 인지하지 못하는 사람도 많다. 성인이 되어 입체시각을 갖게 된 수잔 베리의 사례는 그런 점에서 놀랍다. 보통은 유아기에 뇌가 이 능력을 배우지 못하면 훗날 시각을 재훈련하는 것이 불가능하다. (《마음의 눈》, 알마, 2013).
2. Susan Barry, *Fixing My Gaze: A Scientist's Journey into Seeing in Three Dimensions* (New York: Basic Books, 2009), xii-xiii. (《3차원의 기적》, 초록물고기, 2010).
3. 이 논의에서 성령이 차지하는 위치는 무엇인지에 관해 의문이 들겠지만, 삼위일체는 본 챕터의 논의 범위를 벗어난 주제이다.
4. 세월이 흐르며 마르시온의 관점을 수용한 몇몇 신학자의 사례에 관해서는 다음을 참조하라. Sidney Greidanus, *Preaching Christ from the Old Testament* (GrandRapids: Eerdmans, 1999), 22-25. 가장 유명한 예는 구약은 성경이 아니라 역사문학으로 강등되어야 한다고 주장했던 신학자 아돌프 폰 하르낙(Adolf von Harnack, 1851~1930)이다.
5. 마르시온과 하나님의 무감정성(impassibility)에 관한 그리스-로마적 견해는 다음을 참조하라. Abraham Heschel, *The Prophets* (New York: Harper, 2001), 318-92. (《예언자들》, 삼인, 2004).
6. Karen Armstrong, *A History of God* (New York: Ballentine, 1994), 98. (《신의 역사 1~2》, 동연, 1999).
7. 일례로 다음 참조. Eduard Scheweizer, *Jesus* (London: SCM, 1971), 28.
8. Henri Nouwen, *The Return of the Prodigal Son: A Story of Homecoming* (New York : Doubleday, 1994), 36. (《탕자의 귀향》, 포이에마, 2009).
9. Kenneth Bailey, *Poet and Peasant and Through Peasant Eyes: A Literary-Cultural Approach to the Gospel of Luke* (GrandRapids: Eerdmans, 1983), 162. (《중동의 눈으로

본 예수님의 비유》, 이레서원, 2017).

10. Philip Yancey, *Disappointment with God* (GrandRapids: Zondervan, 1988), 97. (《하나님, 당신께 실망했습니다》, IVP, 2013).
11. 재인용. Brad Young, *The Parables: Jewish Tradition and Christian Interpretation* (Peabody, MA: Hendrickson, 1998), 148-49. 랍비 메이어(주후 80~120)와 마르시온(주후 140)이 가르친 시기가 불과 몇십 년밖에 차이가 안 난다는 것은 아이러니하다. 랍비 메이어는 성경을 유대적 방식으로 읽고 은혜롭고 자비로운 하나님을 발견했지만, 마르시온은 헬라적 시각으로 구약을 읽고 가혹한 정죄의 하나님을 발견했다.
12. 예레미야 3장과 31장이 예수가 드신 비유의 배경이라고 볼 만한 근거가 또 있다. 선지자는 두 아들 이스라엘과 유다에 관해 말한다. 그중 하나는 하나님을 버렸고 다른 아들도 그보다 별로 의롭지 않다(3:19~20). 하나님은 이스라엘에게 아름다운 '기업'인 땅을 주었지만, 그들은 아버지를 배반하고 그 열매를 무가치한 우상에게 바침으로써 아버지의 가산을 탕진했다(3:25). 하지만 하나님은 자신이 "내가 이스라엘의 아비요 에브라임은 나의 장자라"(31:9)라고 선포하시고, 자녀들이 회개하기만 한다면 자녀들을 영적, 육적 유배지로부터 고향으로 다시 인도하겠다고 약속하신다.
13. Heschel, *The Prophets*, 364-65.
14. Jürgen Moltman, *The Crucified God* (Minneapolis: Fortress, 1993), 222. (《십자가에 달리신 하나님》, 대한기독교서회, 2017).
15. *Genesis Rabbah* 12:15
16. '과정신학'(Process theology) 운동은 하나님의 감정을 수용하지만, 하나님이 자신의 잠재성을 향하여 여전히 성장하는 '과정' 중에 있지 않은 한, 진정으로 우리를 공감할 수 없다고 한다. 하나님은 모든 것이 잘되기를 바라시지만, 영원까지는 다스리지 못한다. 이 신학이 나에게는, 최고의 신은 감정을 드러내지 못한다는 헬라식 사고방식의 표현처럼 들린다. 하나님이 공감하신다면 다스리시지 않는다는 것이다. 그냥 하나님이 통치하시지만, 여전히 인간의 고통과 죄로 번민하신다는 역설을 있는 그대로 받아들이면 안 될까? 예수도 죽은 나사로를 살리시기 직전에 마리아와 마르다과 함께 우시지 않았는가(참조. 요 11:35~43).
17. Walter Brueggemann, *Genesis* (Louisvile: Westminster John Knox, 1982), 81.
18. Terence Fretheim, *The Suffering of God* (Philadelphia: Fortress, 1984), 112.

12장. 티끌 속에 찍힌 하나님의 형상

1. Ethelbert Stauffer, *Christ and the Caesars* (Philadelphia: Westminster, 1955), 122-28.
2. Randall Buth, "Your Money or Your Life," *Jerusalem Perspective* 24 (January-February 1990): 9-10.
3. Mishnah, *Sanhedrin* 4:5, 이 말이 나온 시기는 예수 시대로부터 1세기가 넘지 않으리라고 추정한다.
4. 랍비의 제자훈련법에 관한 상세한 내용은 다음을 참조하라. *Sitting at the Feet of Rabbi Jesus*, 21~34, 51~65.
5. Philip Yancey and Paul Brand, *In the Likeness of God* (GrandRapids: Zondervan, 2004), 235-37. (《그분의 형상을 따라》, 포이에마, 2016).
6. Talmud, *Ta'anit* 20.
7. Young, *The Parables*, 9.
8. 재인용. Norman Wirzba, *The Paradise of God* (Cambridge, MA: Oxford Univ. Press, 2003), 128.
9. C. S. Lewis, *Prince Caspian: The Return to Narnia* (New York: HarperCollins, 2008), 218. (《캐스피언 왕자》, 시공주니어, 2001).
10. Homer, *Odyssey* 20.201-3; *Illiad* 26.388. 참조. William K.C. Guthrie, *The Greeks and Their Gods* (Boston: Beacon, 1955), 121. (《오뒷세이아》, 숲, 2015), (《일리아스》, 숲, 2015).
11. Steven Pinker, "A History of Violence," www.edge.org/3rd_culture/pinker07/pinker07_index.html (단축주소 https://goo.gl/1LrDHV). 핑커는 지난 몇 세기간 폭력의 강도가 감소세이며 특히 서구(덧붙이자면 유대-기독교 윤리)의 영향을 받은 사회에서 감소했다고 고찰한다.
12. Moshe Greenberg, "Some Postulates of Biblical Criminal Law," in *Essential Papers on Israel and the Ancient Near East*, ed. Frederick E. Greenspahn (New York: New York Univ. Press, 1991), 333-52.
13. 랍비들은 인간 생명에 극단적으로 가치를 부여하여 사형 집행을 꺼렸으며 유죄 입증을 거의 불가능하게 만드는 법을 제정했다(Mishnah, *Makkot* 1:10). 참조. Greenberg, "Some Postulates of Biblical Criminal Law," 343.
14. 랍비 심차 부님(Simcha Bunam of Peschischa)은 Mishnah, Sanherdrin 4:5와 창세기 18장 27절을 대조했다.

15. C. S. Lewis, *The Weight of Glory* (New York: HarperOne, 2001), 45-46. (《영광의 무게》, 홍성사, 2008).

16. Abraham Heschel, *The Insecurity of Freedom* (New York: Farrar, Strauss and Giroux, 1963), 153.

17. Heschel, *God in Search of Man*, 367.

**13장. 일흔 가지 얼굴을 한 보석**

1. Rabbi Dov Peretz Elkins, *Yom Kippur Readings: Inspiration, Information and Contemplation*(Woodstock, VT: Jewish Lights, 2010), 103.
2. 예수의 성경 인용 습관 및 성경을 인용하여 자신이 메시아임을 밝히신 대담한 주장에 관한 내용은 다음을 참조하라. *Sitting at the Feet of Rabbi Jesus*, 36-49.
3. 다음 구절도 보라. 이사야 26:19~21, 61:1~2.
4. 하나님의 왕국을 임하게 한다는 예언을 메시아가 어떻게 성취할지에 관해 예수와 요한(외 다른 이들) 사이에 벌어진 논쟁에 관해서는 다음을 참조하라. *Sitting at the Feet of Rabbi Jesus*, 180-96.
5. 아슈케나지(Ashkenazi, 유럽계) 유대인과 세파르딕(Sephardic, 스페인과 북아프리카계) 유대인이 어떤 본문을 읽었는지에 관해서는 약간의 이견이 있다. 오늘날 대부분의 보수파와 개혁파 유대교인은 1년에 3독하는 사이클로 토라를 강독한다. 매년 창세기부터 신명기까지 읽지만, 매주 각 파라샤의 3분의 1을 읽고 그것을 해마다 바꾼다. 그리스도인이 성경읽기표를 사용하여 1년 일독을 하는 관습은 이러한 유대 전통에서 유래한 것이다.
6. 예수 시대의 관행은 오늘날과 달랐다. 그 당시에는 한 사람이 토라와 하프타라를 둘 다 낭독했지만 오늘날은 7명이 나눠서 낭독한다. 또한 예수 시대에는 토라 본문이 정해져 있었지만, 하프타라는 낭독자가 자신의 메시지에 따라 자유롭게 선택할 수 있었다. 현대에는 하프타라 본문도 미리 주어진다.
7. Louis Jacobs, *The Book of Jewish Belief* (West Orange, NJ: BehrmanHouse, 1984), 2-3. 원저자는 11세기에 활동한 랍비 바야 이븐 파쿠다(Bahya Ibn Pakudah)였다.
8. Mishnah, *Avot* 2:8.
9. Talmud, *Shabbat* 127a.
10. Abraham Heschel, *God in Search of Man: A Philosophy of Judaism* (New York: Noonday, 1983), 242.

**14장. 하나님이 지키시는 비밀**

1. Abraham Heschel, *God in Search of Man*, 74.

2. Nahum Sarna, *Understanding Genesis: The World of the Bible in the Light of History* (New York: Schocken, 1966), 10.

3. *Genesis Rabbah* 1:10.

4. Howard Schwarts, *Tree of Souls: The Mythology of Judaism* (New York: Oxford Univ. Press, 2004), 36, 509. 메시아가 새로운 토라를 가르칠 것이라는 유대인의 기대는 이사야 51장 4절, "이는 율법이 내게서부터 나갈 것임이라"에서 유래한다고 슈왈츠는 설명한다 (522).

5. William Barret, *Irrational Man* (New York: Anchor/Doubleday, 1962), 79.

6. Peter Kreeft, *Three Philosophies of Life* (San Francisco: Ignatius, 1989), 89.

**후기**

1. Christopher Jackson, "The Most Important Sentence: How to Write a Killer Opening," posted on "Fuel Your Writing," www.fuelyourwriting.com/the-most-important-sentence-how-to-write-a-killer-opening. (지금은 연결되지 않음)

아래 단어들은 가장 비슷하게 발음되는 영어 단어로 음역한 것으로, 다른 철자로 표기할 수도 있다.

**게미룻 하사딤**(*Gemilut Hasadim*, 직역하면 '사랑과 친절의 행위'): 병문안, 주린 자에게 음식을 대접하기, 조문, 시신 매장과 같이 남을 돕는 행동.

**게제라 샤바**(*Gezerah Shavah*, 직역하면 '동등 비교'): 랍비 힐렐의 '일곱 가지 해석의 원칙' 중 하나로서 동일한 단어나 구절이 들어 있는 두 성경 본문이 서로를 해석할 수 있다는 원칙이다.

**라숀 하라**(*Lashon Hara*, 직역하면 '악한 혀'): 모든 종류의 험담과 악의적인 발언을 통칭하는 말이다. 구체적으로, 라숀 하라는 종종 쓸데없이 남에게 해가 되는 부정적인(그러나 진실인) 정보를 공개하는 것을 말한다.

**랍비**(*Rabbi*, 직역하면 '나의 주인'): 예수 시대에 성경의 스승과 대화할 때 존칭으로 사용된 단어. 주후 70년 후에는 공식 직함이 되었다.

**로쉬 하샤나**(*Rosh Hashanah*, 직역하면 '연초'): '욤 테루아'(*Yom Teruah*), 즉 '나팔 부는 날'로도 칭하는 유대의 새해.

**마르시온**(AD 85~160): 구약의 하나님은 원한에 가득 찬 신이며 신약의 그리스도에 비해 열등한 신이라고 믿었던 터키의 초기 그리스도인. 마르시온은 기독교 성경에서 구약 전체와 신약 일부를 제할 것을 주창했다.

**마쉬아흐**(*Mashiach*, 직역하면 '기름부음 받은'): 메시아를 뜻하는 히브리어. 헬라어는 '크리스토스'(*Christos*)다. 마쉬아흐는 문자적으로 '기름부음 받은 자'를 뜻하며, 하나님이 그 백성의 위대한 왕과 제사장으로 특별히 택하시고 기름 부으신 자가 올 것을 약속하셨다는 사실에서 연유한다.

**메시아파 유대인**: 예수님이 메시아임을 믿으면서도, 자신의 민족적 정체성을 고수하는 유대인. 일부 유대인은 그리스도인이 이방인이라는 통념 때문에 '그리스도인'이라는 용어를 기피한다.

**미드라쉬**(*Midrash*): 탈무드 훨씬 이전부터 이스라엘에서 전해 내려온 이야기로서, 성문화되지 않은 율법을 해석한 주석—편집자.

**미쉬나**(*Mishnah*): 랍비의 판결과 어록을 집대성하여 주후 200년 즈음 문서화한 것. 예수 시대 전후 4백여 년의 기간 중 가르쳤던 스승들의 발언을 기록한 것이다. (추가 설명: 유대인이 구약 토라를 자기 시대에 해석하고 적용하기 위해 랍비들이 추가로 설명하고 해설해놓은 것으로 "장로들의 유전"(막 7:3)이라고도 한다—편집자)

**미츠바**(*Mitzvah*, 직역하면 '계명', 복수형은 미츠보트[*mitzvot*]): 종교적 의무, '계명'을 뜻하는 히브리 단어. 종종 '선한 행위'라는 뜻으로도 쓰인다.

**민얀**(*Minyan*): 일부 공중기도는 최소정족수(열 명의 성인 남자)가 모여야만 할 수 있었다. 1세기에는 여성도 민얀 계수에 포함되었다.

**바리새인**(직역하면 '분리된 자' 또는 '분리주의자'): 이 종파의 뿌리는 주전 2세기로 거슬러 올라간다. 귀족적인 사두개인과 달리 대부분 바리새인은 여가를 공부와 가르침에 바친 평범한 노동자들이었다. 유배와 박해의 교훈을 상고한 후 미래를 위한 최고의 소망은 하나님을 경배하는 것이라는 결론에 도달했다. 바리새인들은 율법대로 살 최상의 방법을 찾고자 토라를 면밀하게 연구했다. 신약시대에 가장 유력한 종파 중 하나였던 바리새파는 주후 70년의 성전 붕괴 이후 랍비가 주도하는 유대교의 성격을 결정했다.

**사두개인**: 사두개파의 일원은 주로 지배 계층인 제사장과 귀족 계층 출신으로, 성전 예배를 관할했다. 많은 사람은 잇속만 챙기고 로마에 결탁하여 자기 지위를 공고하게 한 사두개인을 미워했다. 바리새파와 달리 사두개파는 죽은 자의 부활을 믿지 않았으며 성문 토라만이 구속력이 있다고 보았다. 주후 70년의 성전 파괴와 함께 그들의 영향력도 소멸했다.

**샤밧**(*Shabbat*): '안식일'에 해당하는 '그치다'는 뜻의 히브리어. 성경에 의하면 샤밧은 노동을 그치는 시간이다. 유대인들은 금요일 일몰 후부터 토요일 일몰까지를 샤밧으로 지켰다.

**샴마이**(*Shammai*): 토라 율법에 대한 엄격한 해석으로 정평이 난 주전 1세기의 저명한 유대인 학자. 1세기에 샴마이 학파는 보다 온건한 힐렐의 제자들과 자주 논쟁을 벌였고 이 논쟁은 예수님이 하신 발언의 맥락을 조명한다.

**숙곳**(*Sukkot*, 직역하면 '장막'): 초막절은 성경의 7대 절기 중 마지막 절기로 가을에 열리는 추수감사절 성격도 있다. 초막절에 유대인은 출애굽 후 40년간 광야에서 살았던 시절을 상기하기 위하여 7일간 장막에서 생활해야 했다.

**쉐마**(*Shema*, 직역하면 '들으라'): 쉐마는 기도문이 아니라 유대인이 하나님의 언약에 충성을 다짐하기 위해 매일 아침저녁으로 암송하는 세 단락의 성경 본문(신 6:4~9, 11:13~21, 민 15:37~41)을 말한다. 예수 시대 이전부터 수천 년에 걸쳐 유대인은 아침저녁으로 쉐마를 암송한다. 쉐마는 '듣다'를 뜻하지만, 행동을 내포하며 '유의하다'와 '순종하다'라는 뜻도 들어 있다. 사람들에게 하나님의 말씀을 늘 생각하며 자녀들에게 가르쳐야 함을 일깨운다. 쉐마로 기도한다는 것은 하나님을 사랑하고 율법을 순종하는 데 자신을 헌신하기로 다짐하는 것이다. 쉐마는 또한 하나님께 충성하면 그분이 백성의 필요를 채워주실 것을 약속하는 말씀이기도 하다.

> 이스라엘아 들으라. 우리 하나님 여호와는 오직 유일한 여호와이시니 너는 마음을 다하고 뜻을

다하고 힘을 다하여 네 하나님 여호와를 사랑하라. 오늘 내가 네게 명하는 이 말씀을 너는 마음에 새기고 네 자녀에게 부지런히 가르치며 집에 앉았을 때에든지 길을 갈 때에든지 누워 있을 때에든지 일어날 때에든지 이 말씀을 강론할 것이며 너는 또 그것을 네 손목에 매어 기호를 삼으며 네 미간에 붙여 표로 삼고 또 네 집 문설주와 바깥 문에 기록할지니라(신 6:4~9).

내가 오늘 너희에게 명하는 내 명령을 너희가 만일 청종하고 너희의 하나님 여호와를 사랑하여 마음을 다하고 뜻을 다하여 섬기면 여호와께서 너희의 땅에 이른 비, 늦은 비를 적당한 때에 내리시리니 너희가 곡식과 포도주와 기름을 얻을 것이요 또 가축을 위하여 들에 풀이 나게 하시리니 네가 먹고 배부를 것이라.

너희는 스스로 삼가라. 두렵건대 마음에 미혹하여 돌이켜 다른 신들을 섬기며 그것에게 절하므로 여호와께서 너희에게 진노하사 하늘을 닫아 비를 내리지 아니하여 땅이 소산을 내지 않게 하시므로 너희가 여호와께서 주신 아름다운 땅에서 속히 멸망할까 하노라. 이러므로 너희는 나의 이 말을 너희의 마음과 뜻에 두고 또 그것을 너희의 손목에 매어 기호를 삼고 너희 미간에 붙여 표를 삼으며 또 그것을 너희의 자녀에게 가르치며 집에 앉아 있을 때에든지 길을 갈 때에든지 누워 있을 때에든지 일어날 때에든지 이 말씀을 강론하고 또 네 집 문설주와 바깥 문에 기록하라. 그리하면 여호와께서 너희 조상들에게 주리라고 맹세하신 땅에서 너희의 날과 너희의 자녀의 날이 많아서 하늘이 땅을 덮는 날과 같으리라(신 11:13~21).

여호와께서 모세에게 말씀하여 이르시되 이스라엘 자손에게 명령하여 대대로 그들의 옷단 귀에 술을 만들고 청색 끈을 그 귀의 술에 더하라. 이 술은 너희가 보고 여호와의 모든 계명을 기억하여 준행하고 너희를 방종하게 하는 자신의 마음과 눈의 욕심을 따라 음행하지 않게 하기 위함이라. 그리하여 너희가 내 모든 계명을 기억하고 행하면 너희의 하나님 앞에 거룩하리라. 나는 여호와 너희 하나님이라. 나는 너희의 하나님이 되려고 너희를 애굽 땅에서 인도해 내었느니라. 나는 여호와 너희의 하나님이니라(민 15:37~41).*

***세 번째 단락(민 15:37~41)은 오전에 탈릿(옷단 귀에 술이 달린 옷)을 착용할 때만 암송한다.**

**쌀 발레이 하임**(*Tza'ar Baalei Hayim*, 직역하면 '생물의 고통'): 동물을 잔인하게 학대하는 것을 금하는 랍비의 율법 해석 원리.

**아도나이**(*Adonai*): '나의 주'를 뜻하는 히브리어. 하나님이나 왕에게 경의를 표할 때 쓰는 존칭.

**아미다**(*Amidah*, 직역하면 '일어서서'): 유대 예배 형식에서 중심이 되는 기도로 하루 세 번씩 일어선 자세로 기도한다. 원래 18개의 축도로 구성되어 있으므로 숫자 18을 뜻하는 슈모네 에스레(*shmoney esreh*)라고도 한다. 현재 열아홉 번째가 추가되었다.

**아바크 라숀 하라**(*Avak Lashon Hara*, 직역하면 '악한 혀의 흙먼지'): 소리 내어 악의적인 말을 발설(라숀 하라)하지 않으면서도 경멸을 드러내는 것을 일컫는 유대 표현. 싫어하는 사람에게 한심하다는 듯이 눈을 굴린다거나 누군가에게 수치심을 주는 유튜브 동영상을 전파하는 것이 모두 아바크 라숀 하라, 즉 라숀 하라의 '흙먼지'를 일으키는 죄다.

**에센파**(*Essenes*): 주전 1세기에서 주후 1세기 사이에 활발하게 활동했던 개혁파 유대인 무리. 바리새파, 사두개파, 열심당과 함께 예수 시대에 가장 유력한 4대 종파 중 하나였다. 에센파는 이교도적 요소로 유대교가 부패했다고 성토하며 일부는 유대 광야로 들어갔다. 그들은 광야에서 성경 공부를 하고 "빛의 아들들"(에센파)과 "어둠의 자식들"(에센파를 제외한 대부분) 간의 최후 전투를 대비하며 고도의 의례적 순수성을 유지하며 살았다. 사해 두루마리에는 수십 개의 성경 본문 사본과 에센파가 남긴 많은 저술이 들어 있다.

**에하드**(*Echad*): 대개는 단순하게 '하나'를 뜻하지만, 연관된 여러 의미(단일한, 홀로, 독특한, 통일된 등)를 포괄하는 단어다. 쉐마 첫 줄의 하나님에 관한 진술에서 중심 자리를 차지하는 에하드의 의미를 놓고 그리스도인과 유대인 간에 수 세기 동안 이견이 있었다.

**열심당**(*Zealot*): 열심당은 헤롯 치하에서 시작되었다. 종교적 신념을 가진 정치 정당으로서 로마에 항거하는 폭력적 민란을 주창했다. 예수님이 거주하고 가르치셨던 갈릴리 지역이 열심당의 본거지였다. 열심당은 주후 66~70년 로마에 반대하는 유대 반란 시기에 전면적으로 등장했다.

**예슈아**(*Yeshua*): 예수의 이름을 히브리어로 발음한 것. 이는 영어의 '죠수아'(*Joshua*)에 해당하는 '예호슈아'(*Yehoshua*)를 짧게 줄인 형태다. 예슈아와 예호슈아, 둘 다 '하나님의 구원'을 뜻한다. 그래서 천사가 이렇게 말한 것이다. "아들을 낳으리니 이름을 예수라 하라. 이는 그가 자기 백성을 그들의 죄에서 구원할 자 이심이라 하니라"(마 1:21).

**욤 키푸르**(*Yom Kippur*, 직역하면 '덮음의 날'): 대속죄일. 유대인에게는 연중 가장 거룩한 날이다. 유대인은 욤 키푸르에 금식하고 죄 사함을 구하는 기도를 한다. 성경 시대에는 희생 염소를 희생제로 드리고 민족의 죄를 속죄하기 위해 대제사장이 성전 지성소에 들어갔다.

**체다카**(*Tzedakah*): 문자적으로 '공의'를 뜻하는 히브리어이지만, 예수 시대 이전부터 구제를 뜻하는 관용구로 쓰였다.

**카바나**(*Kavanah*, 직역하면 '의도'): 하나님의 임재 안에 거하는 것에 관심을 기울이고 집중하는 것. 생각이 하나님을 향하게 하는 것.

**키두쉬 하솀**(*Kiddush Hashem*, 직역하면 '그 이름을 거룩하게 여기다'): 고결한 삶을 살거나 이타적인 행동을 함으로써 하나님을 알지 못하는 자들 가운데서 하나님의 이름이 높여지는 것. 근세기의 유대 박해 속에서 키두쉬 하솀은 하나님에 대한 믿음을 저버리지 않고 순교자로 죽는 것을 가리킨다.

**타나크**(*Tanakh*): 성경을 가리키는 유대 용어. 개신교의 '구약'과 동일한 책을 포함한다. 타나크는 실제로 주요한 세 부분의 첫 글자를 따서 조합한 약어다.

> ***토라**(*Torah*): 언약과 율법을 망라하는 모세오경.
> ***네비임**(*Neviim*, 직역하면 '선지자들'): 여호수아, 사사기, 사무엘상하, 열왕기상하, 이사야, 예레미야, 에스겔, 소선지서.
> ***케투빔**(*Ketuvim*, 직역하면 '저술'): 시편, 잠언, 욥기, 룻기, 그 외 언급되지 않은 다른 책들.

**탈무드**: 미쉬나에 대한 주석을 집대성한 방대한 책. 주석은 미쉬나의 각 절을 중심으로 한 단락씩 인쇄되었다. 탈무드는 주후 400년경 완성된 예루살렘(또는 팔레스타인) 탈무드와 그 후 1세기 후 완성된 바빌로니아 탈무드, 두 종류가 있다. 후자인 바빌로니아 탈무드가 정통으로 권위를 인정받았다.

**탈미드**(*Talmid*, 직역하면 '학생', 복수형은 탈미딤[*talmidim*]): 랍비와 삶을 같이하기로 헌신한 랍비의 제자나 학생. 탈미드는 겸허하게 랍비를 섬기며 랍비의 성경 해석과 랍비가 성경을 살아내는 법을 배웠다.

**토라**(*Torah*): 가르침, 명령을 뜻하는 히브리어. 모세오경이라고 부르는 성경의 처음 다섯 권을 가리킨다. 그리스도인은 종종 토라를 '율법'으로 번역하지만 유대인은 '가르침'으로 해석한다.

**피르케 아봇**(*Pirke Avot*, 직역하면 '아버지의 챕터들', 종종 줄여서 '아봇'이라고 한다): 미쉬나에서 주전 200년부터 주후 200년 사이의 기간 중 랍비의 윤리와 지혜에 관한 어록이 담겨 있는 부분. 많은 발언이 예수님이 언급하신 것과 같은 화두를 다루고 있으며 예수 시대의 사람들이 어떻게 그분의 말씀을 이해했을까를 잘 조명해준다.

**피쿠아크 네페쉬**(*Pikuach Nephesh*, 직역하면 '생명 보존'): 랍비의 율법 해석 법칙으로, 만일 생명이 위험하다면 세 가지(살인, 우상숭배, 음행)를 제외한 모든 율법을 제쳐둘 수 있다는 주장이다.

**하베이르**(*Haver*, 직역하면 '친구', 남성형 복수는 하버림[*haverim*]): 경전을 같이 공부하기 위한 스터디 파트너. 여성 파트너는 하베라(*haverah*, 여성형 복수는 *haverot*)라고 했다.

**하셈**(*Hashem*): '그 이름'이란 뜻의 히브리어. 현대 유대인들은 하나님에 대한 경외감으로 하나님의 이름 대신 하셈을 널리 사용한다. 아도나이('나의 주')는 하나님 이름의 또 다른 대체어다. 1세기에는 '하늘'과 '거룩한 자'를 대체어로 널리 사용했다.

**하시드**(*Hasidic*): 초정통 유대교인을 일컫는 형용사로 종종 1800년대에 시작된 신비주의와 경건성을 강조하는 유대 운동을 칭하기도 한다.

**할라카**(*Halakhah*, 직역하면 '걸음'): 유대 율법의 세부 시행규칙을 일컫는 히브리어. '토라'는 '명령'이나 '가르침'을 뜻하기도 했지만 '시행규칙'이라는 뜻으로는 사용되지 않았다. 할라카는 어떻게 삶의 '걸음' 속에서 토라를 적용할지를 규정하는 법과 윤리다. 예수님을 비롯하여 랍비들은 할라카(윤리와 법)와 하가다(성경을 설명하기 위한 이야기), 둘 다 가르쳤다.

**헤세드**(*Hesed*): 충성스럽고 오래 참는 사랑을 일컫는 히브리어. 헤세드는 가장 자격이 없는 자를 위해 취하는 은혜로운 행동으로 표현된다. 보통 자비, 친절, 사랑으로 해석되는 이 단어의 온전한 의미를 살릴 수 있는 번역을 찾기는 쉽지 않다.

**회당**(*Synagogue*, 직역하면 '회합'): 기도와 성경 공부를 위한 지역 회관. 회당은 유대인이 성전에서 예배드릴 수 없었던 바벨론 유수 기간에 생겼을 가능성이 크다. 1세기에는 온갖 종류의 모임이 회당에서 이뤄졌으며, 주중에는 학교로, 안식일에는 기도와 토라 공부 장소로 사용되었다.

**힐렐**(*Hillel*): 주전 30년부터 주후 10년 사이에 활발하게 활동한 유명한 유대의 스승. 힐렐은 온유하고 절제된 법 해석으로 명망을 얻었다. 힐렐 학파는 유대 율법을 보다 엄격하게 해석한 샴마이의 제자들과 자주 논쟁을 벌였다.

**힐룰 하셈**(*Hillul Hashem*, 직역하면 '그 이름을 더럽히다'): 공개적으로 악한 행동을 한 다음, 이 행위를 하나님과 결부시켜 하나님을 알지 못하는 자들이 하나님을 멸시하도록 하는 일을 뜻한다.

도서 및 DVD

- Bailey, Kenneth E. *Poet and Peasant and Through Peasant Eyes* (combined edition). Grand Rapids: Eerdmans, 1983. From his experience among traditional Middle Eastern peoples, Bailey shares a wealth of cultural insights on Jesus' parables.
- Bivin, David. *New Light on the Difficult Words of Jesus: Insights from His Jewish Context*. Holland, MI: En-Gedi Resource Center, 2005. Excellent overview of Jesus' first-century life and teachings in their Jewish context.
- Dickson, Athol. *The Gospel According to Moses: What My Jewish Friends Taught Me about Jesus*. Grand Rapids: Baker, 2003. A conservative Christian attends a Reform Jewish Torah study and uncovers rich wisdom for his own faith.
- Evans, Craig. *Fabricating Jesus: How Modern Scholars Distort the Gospels*. Downers Grove, IL: InterVarsity Press, 2006. Excellent popular-level book by a respected scholar on recent theories about the historical Jesus.
- Flusser, David, with R. Steven Notley. *The Sage from Galilee: Rediscovering Jesus' Genius*. Grand Rapids: Eerdmans, 2007. An academic study of the Jewish historical reality of Jesus by a renowned Jewish scholar.
- Heschel, Abraham. *God in Search of Man: A Philosophy of Judaism*. New York: Farrar,

Straus and Giroux, 1976. A comprehensive study of Judaism. Not light reading, but full of profound insights.

- ———. *The Prophets*. New York: Harper and Row, 1962. Another masterful book by Heschel that reveals the passionate God who spoke through the prophets.
- Instone-Brewer, David. *Traditions of the Rabbis from the Era of the New Testament* (vol. 1 of 6). Grand Rapids: Eerdmans, 2004. A scholarly study of rabbinic sayings that describe the Judaism of Jesus' day.
- Kaiser, Walter, and Duane Garrett. *Archaeological Study Bible: An Illustrated Walk through Biblical History and Culture*. Grand Rapids: Zondervan, 2006. Colorfully illustrated NIV study Bible, full of articles on culture and archeology that shed light on the biblical text.
- Pearl, Chaim. *Theology in Rabbinic Stories*. Peabody, MA: Hendrickson, 1997. A delightful collection of rabbinic stories and discussion of the ideas within them.
- Pryor, Dwight A. *Behold the Man*. Dayton, OH: Center for Judaic Christian Studies, 2008. (DVD Series & Study guide.) Twelve sessions on the significance of Jesus' Jewishness for Christians today. Excellent for a group study.
- ———. *Unveiling the Kingdom of Heaven*. Dayton, OH: Center for Judaic-Christian Studies, 2008. (DVD Series & Study guide.) Excellent introduction to Jesus' teaching on the kingdom and its implications for our lives.
- Safrai, Shmuel, and Menahem Stern, eds. *The Jewish People in the First Century*. (2 vols.) Philadelphia: Fortress, 1976. Scholarly and difficult to find, but an outstanding resource on first-century Jewish life and times.
- Schechter, Solomon. *Aspects of Rabbinic Theology*. Peabody, MA: Hendrickson, 1998 (1909). An overview of the theology of Judaism by a conservative Jewish rabbi; older but very readable.
- Spangler, Ann, and Lois Tverberg. *Sitting at the Feet of Rabbi Jesus: How the Jewishness of Jesus Can Transform Your Faith*. Grand Rapids: Zondervan, 2009. An introduction to first-century Jewish culture, prayers, and feasts that shed light on Jesus' life and words.

- Stern, David H. *Jewish New Testament Commentary*. Baltimore: Messianic Jewish Resources International, 1992. In depth, verse-by-verse commentary on the New Testament by a Messianic Jewish scholar. Very good reference.
- Telushkin, Joseph. *The Book of Jewish Values*. New York: Bell Tower, 2000. Daily readings on practical application of Jewish ethics. Very insightful — an outstanding book to discuss with a group.
- ———. *A Code of Jewish Ethics*. Vol. 1, *Love the Lord Your God*; Vol. 2., *Love Your Neighbor as Yourself.* New York: Random House, 2006, 2009. Comprehensive guide to biblical ethics from a Jewish perspective. An excellent guide to becoming more Christlike.
- ———. *Words That Hurt, Words That Heal: How to Choose Words Wisely and Well.* New York: Harper, 1998. Superb guide on how and how not to use your tongue.
- Tverberg, Lois, with Bruce Okkema. *Listening to the Language of the Bible: Hearing It through Jesus' Ears*. Holland, MI: En-Gedi Resource Center, 2004. Dozens of brief reflections on Hebrew words and Jewish concepts that enrich Bible reading.
- Tverberg, Lois. *Listening to the Language of the Bible: Companion Bible Study*. Holland, MI: En-Gedi Resource Center, 2005. A study guide for the previous book, for those who want to learn to read the Bible in light of its Hebraic context.
- Vander Laan, Ray. *Faith Lessons Video Series*. Grand Rapids: Zondervan, 1998 – 2008. (DVDs and study guides.) Outstanding video series that shares insights on the land and culture of the Bible, exploring its implications for Christians today.
- Wilson, Marvin. *Our Father Abraham: The Jewish Roots of the Christian Faith*. Grand Rapids: Eerdmans, 1989. A must-read introductory text for anyone wanting to learn more on this topic.
- Young, Brad. *Jesus the Jewish Theologian*. Peabody, MA: Hendrickson, 1995. Excellent study of Jesus' life and teachings in their Jewish context.
- ———. *The Parables: Jewish Tradition and Christian Interpretation*. Peabody, MA: Hendrickson, 1998. A scholarly examination of Jesus' parables in light of rabbinic parable traditions.

### 웹사이트

- **OurRabbi Jesus.com** / Our Rabbi Jesus: His Jewish Life and Teaching.
  Lois Tverberg's blog, which features insights from a Hebraic perspective on faith and daily living.
- **Egrc.net** / En-Gedi Resource Center.
  Educational ministry that teaches about the Jewish context of Christianity. Books and articles by Lois Tverberg and other authors. Hundreds of links to other recommended sites for study.
- **FollowTheRabbi.com** / Follow the Rabbi.
  Website of Ray Vander Laan, source of Faith Lessons video series, leads trips to Israel and Asia Minor. Many articles and resources available.
- **Hebrew4Christians.com** / Hebrew for Christians.
  Very nice site for learning Hebrew and about Christianity's Jewish heritage.
- **JCStudies.com** / Center for Judaic-Christian Studies.
  Material by Dwight Pryor and others. Excellent audio/video materials about applying Hebraic study to life today.
- **JerusalemPerspective.com** / Jerusalem Perspective.
  A large number of excellent articles on Jesus' first-century Jewish context.
- **JewishEncyclopedia.com** / Jewish Encyclopedia.
  Searchable online Jewish Encyclopedia in the public domain, published in 1905. Older, but has useful articles on Jewish traditions by outstanding scholars of its time.

국제제자훈련원은 건강한 교회를 꿈꾸는 목회의 동반자로서 제자 삼는 사역을 중심으로 성경적 목회 모델을 제시함으로 세계 교회를 섬기는 전문 사역 기관입니다.


랍비 예수

**초판 1쇄 인쇄** 2018년 2월 23일
**초판 1쇄 발행** 2018년 3월 2일

**지은이** 로이스 티어베르그
**옮긴이** 손현선

**펴낸이** 오정현
**펴낸곳** 국제제자훈련원
**등록번호** 제2013-000170호(2013년 9월 25일)
**주소** 서울시 서초구 효령로68길 98(서초동)
**전화** 02)3489-4300 **팩스** 02)3489-4329
**이메일** dmipress@sarang.org

ISBN 978-89-5731-739-6 03230

※ 책값은 뒤표지에 있습니다. 잘못된 책은 구입하신 곳에서 교환해드립니다.